مدخل الى علم السياسة

تأليف

د. صايل زكي الخطايبة

دار وائل للنشر

الطبعة الأولى

2010

رقم الايداع لدى دائرة المكتبة الوطنية : (2009/5/1548)
الخطايبة، صايل زكي
مدخل إلى علم السياسة/ صايل زكي الخطايبة.
- عمان: دار وائل، 2009.
(298) ص
ر.إ. : (2009/5/1548)
الواصفات: / العلوم السياسية// السياسة/

- تم إعداد بيانات الفهرسة والتصنيف الأولية من قبل دائرة المكتبة الوطنية

****

رقم التصنيف العشري / ديوي : 320
ISBN 978-9957-11-811-2 (ردمك)

* مدخل إلى علم السياسة
* الدكتور صايل زكي الخطايبة
* الطبعة الأولى 2010

دار وائــل للنشر والتوزيع

* الأردن - عمان - شارع الجمعية العلمية الملكية - مبنى الجامعة الاردنية الاستثماري رقم (2) الطابق الثاني
هـاتف : 00962-6-5338410 - فاكس : 00962-6-5331661 - ص. ب (1615 - الجبيهة)
* الأردن - عمـان - وسـط البـلد - مجمـع الفحيص التجـاري- هــاتف: 00962-6-4627627
www.darwael.com
E-Mail: Wael@Darwael.Com

" قد ينظر البعض الى المبادىء والقيم من منظار الوسـط، كـما يتسـنى للبعض ان يسمي نفسه، لكنها المبادىء والقيم لا يمكن ان تتجزأ او تتوسط الامور. فهي كالصـوم في شهر رمضان، حيث لا يجوز ان تصوم وتفطر عند الظهر.

لذا فإن المبادىء والقيم لا تنتقص تحت مسميات الوسطية الزائفة فماذا نسمي مـن يفطر في شهر رمضان قبل الاذان بثانية؟"

المؤلف

" لا يمجد المرء بأمواله بل بأقواله وأفعاله التي تترك أثرا طيبا بين الشعوب"

المؤلف

المحتويات

الوحدة الاولى

قصة الحضارة

الحضارة الانسانية بـدأت منـذ ان بـدأ الانسـان ينظم امـور حياتـه اليوميـة بمختلـف متطلباتهـا الصحية والغذائيـة والتنقـل مـن مكـان الى آخـر والدفاعيـة والهجوميـة أيضا (العسـكرية). بالإضـافة الى تنظيم علاقات الانسـان مـع الأخر بمختلـف الجوانب الاجتماعيـة والسياسـية والتجاريـة والدينيـة. هـذة الجوانب مجتمعـة تمثـل التطور الانسـاني لحيـاة البشرية ابتداءاً من عهد سيدنا آدم الى يومنا هذا .

إذن الحضارة بشـكل عـام هـي نتـاج لجهـد بشـري منظم استطاع عـبر السـنين الطويلة ان يمـر بمختلف التجـارب الحياتيـة اليوميـة بإرسـاء نمط حيـاتي منظم تنـتظم بـة سـلوكيات الافـراد داخـل مجتمـع معـين بهيكلـه السياسـي والاقتصادي والاجتماعي والصحي والزراعـي والعسـكري بالإضافة الى الـديني او الروحاني ، وبهـذا التنظيم لسـلوك الافراد داخـل المجتمـع اسـتطاع الانسـان ان يرسي نمـط حيـاتي منتظم ويتطـور تباعـا مـن جيل الى آخـر الى ان توصلت حضارة الانسان الى ما هو عليه اليوم .

نعـم هنالـك فـوارق في تقيم الجانـب الحضاري للأنسـان وهنـاك تفـاوت بمسـتوى الحضارات الانسـانية ، لكـن الحضارة كمسـيرة مسـتمرة رغـم هـذا التفـاوت بـين بنـي البشر ـ ورغم الاختلاف ورغم الاحتكار لـبعض جوانب الحضارة واختصارهـا علـى البعض دون الآخـر

.

هـذا مـن جانـب أمـا عـلى الجانـب الآخـر ، فالحضارة مسـيرة انسـانية بـدأت مـن حيـث بـدأ الانسـان ، تختلـف الشـعوب مـع بعضهـا البـعض عـلى مكـان نـزول سـيدنا آدم عليـة السـلام ، كـلا مـن العـرب والـروم والفـرس والهنـود يـدعون بـأن سـيدنا آدم قـد هبـط مـن السـماء عـلى أرضـهم، وهـذا الاختـلاف بـين بنـي البشـر لا يفسـد للـود قضيـة الا ان الامـور تأخـذ بمعطياتهـا الملموسـة وليـس الشـفهية ، فـأول حضـارة انسـانية سـجلت عـلى الكـرة الارضيـة الارضيـة هـي الحضـارة العربيـة القديمـة (حضـارة العبيـديين العـرب) التـي قامـت جنـوب أرض الرافديـن بالمنطقة المعروفة اليوم بالخليج العربي .

كانـت ارض الخليـج العربـي قبـل ان تغمـره الميـاة نتيجـة لارتفـاع منسـوب البحـر ارضـا خصبـة يمـر منهـا نهـري دجلـة والفـرات بمسـرب واحـد، اي يلتقيـان قبـل ان يمـرا في الخليـج العـربي، وبـأرض الخليـج العربـي قامـت أولى الحضـارات البشـرية منـذ الألـف الثامـن قبـل الميـلاد . هذا ما أكدتة نتائج أبحاث سفينة الأبحاث الألمانية "ميتور" في قاع الخليج انة:

" نتيجـة لانخفـاض مسـتوى ميـاة البحـر خـلال العصـر الجليـدي الأخـير الى حـوالي 110 مـتر عـما هـو عليـة اليـوم، كـان الخليـج العربـي أرضـا يابسـة تتكـون مـن منخفـض يبلـغ طولـة حـوالي 1100 كيلـو مـتر، ووسـطي عرضـة 180 كيلـومترا، ولا يتجـاوز عمـق غـورة 30 - 100 مـتر، وتشـق قـاع الخليـج قنـاة حفرتهـا ميـاه النهـرين تبـدأ قـرب الفـاو لتصـب في خليـج عمـان ، ومـن الجديـر الملاحظـة ، أن تضاريـس قـاع منطقـة الخليـج تشـبه الى حـدا كبـير طبيعـة الارض التـي يجتازهـا نهـر الفـرات في سـوريا الى درجـة دفعـت الباحثـين الى الاعتقـاد بـأن حـوض الخليـج يكـاد يكـون أسـتمرار للـأرض السـورية ، فـلا يفصـل المنخفـض الا السـهول الرسوبية المنبطحة المعالم. اعتبارا من اواخر العصر

الجليـدي الرابـع "الاخـير" اي منـذ حـوالي 14000 سـنة قبـل الميلاد تأخـذ ميـاه البحـر بالارتفـاع بفعـل منـاخ دافيء يسـود الكـرة الارضـية خـلال عصر الهولوسـين " الـدفيء " وباسـتثناء إنقطـاعين عارضـين حـدث الاول حـوالي 10000 قبـل الميلاد، والثـاني حـوالي 8000 سـنة قبـل الميلاد، بفعـل التذبـذبات المناخيـة تـابع مـاء البحـر إرتفاعـة واسـتمر يغمـر منطقـة الخلـيج حتـى اسـتقر مسـتواه تقريبـا ، اعتبـارا مـن حـوالي 4000 سـنة قبـل الميلاد عـلى وضـعه الـراهن في القـرن العشريـن، وبـذلك انفصـلت المرتفعـات التـي سـتعرف فـيما بعـد باسـم البحـرين و فيليكـا و بوبيـان وغيرهـا مـن الجـزر عـن الارض العربيـة التـي تحولـت بـدورها الى شـبه جزيـرة وبلغ ارتفاع منسوب المياة فيها الى 120 متر." [1]

هـذه الحضـارة العربيـة القديمـة التـي تعـود للألـف العـاشر قبـل المـيلاد او الثـامن قبـل الميلاد، كـما يؤكـد علـماء البحـث الألمـان لتفسـير وجـود "جنـة عـدن". التـي تحـدث عنهـا القـرآن الكـريم، حيـث كانـت طبيعـة الارض بقمـة العطـاء، منطقـة جغرافيـة طولهـا 1100 كيلـو مـتر وعرضـها 180 كيلـو مـتر ، يمـر منهـا نهـري دجلـة والفـرات متحـدين بنهـر واحـد تلـك المنطقـة التـي غرقـت بالمـاء فـيما بعـد نتيجـة لارتفـاع منسـوب ميـاه البحـر، حيـث انتقـل سـكانها نحـو الشـمال وأقـاموا في منطقـة أسـمها سـومر وأريـدو وأور لـذلك سـمي العـرب العبيـديون بالسـومرين نسـبة الى الاسـم الجغـرافي للمدينـة التـي ارتحلـوا اليهـا مـن أرض الخليج العربي.

خارطة توضح عمليات الهجرة العربية الى بقية مناطق العالم

سميت تلك الحضارة فيما بعد بالسومرية وهي اليوم كما يخبرنا العلماء بأنها أقدم الحضارات في العالم التي ما زالت آثارها ماثلة من لغة وتراث، أما حضارة العبيديين اسلاف السومريين فقد غمرتها مياة البحر، وأصبحت جزء من الماضي العربي .

يؤكد عالم الآثار الأمريكي جوريس زاريش الذي ظل يعمل في المنطقة الشرقية من الاراضي السعودية زهاء عشرة اعوام حيث توصل من خلال المكتشفات الى النتائج نفسها التي أكدتها سفينة الابحاث الألمانية "ميتور"، وقد اجرت معة احدى المجلات الأمريكية لقاء مطول في عددها الصادر في أيار عام 1987 تحت عنوان " هل تم العثور أخيرا على جنة عدن " أكد فية أن الموطن الأصلي للعبيديين هو الطرف الشرقي لشبة جزيرة العرب وأنهم أسلاف السومريين الذين خرجوا من أرض الخليج حيث "جنة عدن" العربية، وكانوا هم لا السومريين بناة المدن والحضارة في جنوب العراق . (2)

وبهذا التأكيد الذي أثبته علماء المناخ لم يعد هناك اي تفسير عن خروج السومريين العرب ومن اين جاءوا فالثابت انهم خرجوا من منطقة الجنة العربية وهي ارض الخليج الى جنوب ارض الرافدين ، وأكدت أبحاث سفينة الميتور الألمانية ايضا بأن العرب العبيديين وعند رحيلهم بالتدريج نتيجة لصعود الماء الى ارضهم أن ينتشروا الى الجوار الشرقي فنقلوا الى شواطيء الهند الغربية ما دعي بحضارة ما قبل الهندية والتي تعود للألفين السادس والخامس قبل الميلاد . وقد دعيت اللغة المكتشفة هناك ب " الدرويدية " وهي عربية شقيقة للعربية السائدة حينذاك في شرق شبة الجزيرة العربية . (3)

تعود أقدم حضارة في وادي اندوس في نحو 4000 قبل الميلاد الى 2000 قبل الميلاد ، واستنتج بعض الباحثين أن هذة الحضارات قد وصلت الى الهند من أقطار الشرق الأدنى القديم أو كانت ذات صلة بها. وقد تميزت تلك الحضارات باعتماد سكانها على الزراعة المستقرة وتربية الحيوانات، وتميزت مدن أولئك السكان القدماء بالطرق المستقيمة والمباني المختلفة والأقنية المفيدة ... الخ. وكانت تلك الجماعات ذات بشرة سمراء استوطنت الهند وعرفت بأسم درافيد نسبة الى لغتهم الدرافيدية* ... وربما كان أولئك الدرافيديون الجنس السائد في الهند قبل وصول الموجات البشرية النازحة من الشمال. وتميزت تلك الحضارة الدرافيدية الهندية القديمة بالازدهار مثل ازدهار حضارات وادي النيل وبلاد ما بين النهرين وبلاد الشام واليمن وغيرها . وأظهرت التنقيبات الأثرية مدينتين هامتين هما (هاربا) و(مهنجودارو)**، اللتين دلت أثارهما على مهارات فنية وبخاصة في ميادين عمل النسيج وصهر المعادن وطرق المعادن كالنحاس والبرونز... وربما دامت سلطات هاربا و مهنجودارو نحو تسعمائة سنة، وتركت أثرها في الهند وحضاراتها ومعتقداتها .[(4)]

اكتشف الهنود اخيرا تاريخ الهند ما قبل الغزو الآري أي ما قبل عام 1500 قبل الميلاد ، لان الاريون قدموا الى الهند في العام نفسة كغزاة. في الحقيقة الحضارة التي كانت سائدة في شبة القارة الهندية هي حضارة الدراويديون وهذة الحضارة ليست كحضارة الأريون (السنتكريتية) و(الهندية)، تدلل الاثار المكتشفة في مدينة مهنجودارو من عجلات وأواني فخارية على أنها شبيهة بمظاهر الحياة في أرض سومر العربية . وهذا ما يؤكدة العالم أ. كوندراتوف: بقوله: "ويجد اللغوين معالم التشابه بين لغة

الدرويديين ولغة العبيديين الذين عاشوا في وادي دجلة والفرات قبل السومريين وكثيرا ما كانوا يتحدثون عن الوطن الجد الغريق وعن "مملكتهم التي ابتلعتها مياه البحر" . وكان هولاء العرب الذين دعوا بالسومريين ونقلوا معهم ترابهم وقصصهم وذكرياتهم عن " الوطن الغريق "و" بحر الوطن "و" الجنة المفقودة تحت الماء " وجنة " دلمون " البحرية . (5)

يقول البرفيسور " جاك لابيري " أكبر علماء المناخ في اوروبا اليوم بهذا الصدد ما يلي : " ان حضارات القدامى بزغت وتلاشت بفعل حركة ارتفاع او انخفاض منسوب البحر والمياة فوق مستوى الارض . لنأخذ مثلا السومرين لقد ظهروا فجأة منذ حوالي ستة آلاف سنة عند نهري دجلة والفرات . كانوا يملكون أسلحة متطورة بالنسبة الى ذلك الزمان ، ويعيشون حضارة ناشطة فمن أين جاؤوا؟؟ ان علم المناخ والأرصاد يدل على أنة حين كان سطح المحيط منخفضا أي أقل ارتفاعا عما هو بمئة متر .

فالسومريين كانوا موجودين في مكان ما ، من المؤكد أنهم كانوا قرب نهر يؤمن لهم الشرب واستمرارية الحياة ، آنذاك كان البحر يغطي مدخل الخليج العربي الحالي ، وكان نهر دجلة والفرات نهرا واحدا يسير وسط منطقة الخليج "الحالي " ليصب في المحيط الهندي . اذن كان بحر الخليج ارضا يابسة يجتازها النهر المذكور كان سهلا واسعا وخصبا وفي هذا السهل منذ آلاف السنين ، حيث كان مستوى البحر منخفضا 100 متر، حدثت حتما عملية انتقال الانسان من حالة العصر- الحجري القديم الى حالة العصر- الحجري الأخير " المزارعين الثابتين " . لقد تم ذلك منذ حوالي ثمانية او تسعة الآف سنة وقد ظل سطح البحر يرتفع منذ سبعة الآف سنة دافعا بالسومريين الاوائل الى منطقة الشمال الغربي ، فبلغ البحر ومنذ خمسة الآف

سـنة المسـتوى الحـالي الـذي نعرفـه . فاسـتقر السـومريين في مدينـة أور وضـواحيها والمعـروف ان المـدن الكـبرى القديمـة في بـلاد الكلـدان توجـد عـلى بعـد 140 كيلـومترا تقريبـا مـن هـذة الأراضي . وهـذا المسـتوى كـان الأقصى الـذي بلغتـه ميـاه البحـر منـذ 5500 سـنة ، وحـين انحسرت مياه البحر في ما بعد بقي السومريين حيث كانوا ." (6)

إن حضـارة الدراويـديون العـرب في وادي السـند تتطـابق مـع الحضـارات البابليـة ففـي مجـال البنـاء والعمـران هنالـك تطـابق مـع البـابليين حيـث تتشـابة المـدن ، وتـدلل الاثـار المكتشـفة ان الطـابون الحـراري نفسـه الـذي اسـتخدم في ارض الرافـدين اسـتخدم في وادي السند قـي مـدينتي مهنجـودارو وهاربـا ، ولـيس ذلـك فحسـب بـل كـان هنالـك ازدهـار تجـاري مـا بـين وادي السـند وحضـارة اور ، واكتشـف اختـام تتشـابة مـع نفـس الاختـام الموجـودة في حضـارة اور بالإضـافة الى ان الفخـار الموجـود في بابـل نفسـه الفخـار الموجـود قـي وادي السـند ، كـل ذلـك يـدلل عـلى أن الحضـارة الموجـودة قبـل قـدوم الاريـين الى الهنـد هـي نفـس مظـاهر الحضـارة العربيـة القديمـة في ارض الرافـدين ، امـا كيـف اختفـت الحضـارة العربيـة في ارض السـند والهنـد ، فهنالـك اكـثر مـن نظريـة او فكـرة ، لكـن مـن المؤكـد ان هنالـك نظريتـان الاولى تقـول : ان قـدوم الاريـين في العـام 1500 قبـل المـيلاد الى الهنـد مـن اواسـط اسـيا ادى الى تـدمير هذة الحضارة وهروب سكانها الى الجنوب .

والنظريـة الثانيـة تقـول ان ارتفـاع منسـوب ميـاة نهـر الانـدوس ادى الى طمـر وتـدمير تلـك الحضـارة ، عـلى كـل حـال هاتـان النظريتـان لم يقنعـا علـماء الاثـار بنتيجـة نهائيـة عـن انتهاء حضارة وادي السند. (7)

لقـد تشـكلت فـيما بعـد حضـارة الدراويـدون العـرب في ارض السـند والهنـد حضـارة اسـمها حضـارة الانـدو - آريـان ، وهـي كـذلك مـيراث لحضـارة الدراويـديون العـرب ، لكـن اللغـة السـنتكريتية التـي جـاء بهـا الاريـون الغـزاة هـي التـي سـادت ارض الهنـد والسـند ، رغـم ان الاريـين قـد جـاءوا كغـزاة الى الهنـد ولـيس اصـحاب رسـالة حضـارية انسـانية ، بـل أنهـم تسربوا الى الهنـد كقبائـل رحـل ، وتميـز أفرادهـا بقـوة المحـاربين المقـاتلين الأشـداء فـوق عربـات تجرهـا الخيـول القويـة... مـما جعـل السـكان الدراويـديين الأصـليين يتجهـون الى الجنـوب ، وينشرـون حضـارتهم في شـبه القـارة الهنديـة . وقـد وصـف الآريـون بـأنهم مهـاجرون لهـم أجسـام قويـة ، وشـهية للطعـام ، ووحشـية في الهجـوم ، ومهـارة في الحـروب ، وشـجاعة في القتـال ، مـما جعلهـم ذوي سـيادة عـلى الهنـد . وكانـت لغـة هـولاء الأريـين هـي اللغـة السـنتكريتية التـي ظهـرت بهـا مؤلفـات دينيـة كثـيرة توارثتهـا الأجيـال شـفهيا قبـل ان تـدون لـتحفظ نهائيـا كجـزء مـن الـتراث الثقـافي الروحـي الهنـدي . ورأى ولـيم جـونز أن السـنتكريتية أكمل من لغة اليونان ، وأوسع من لغة الرومان وأرق من كلتيهما معا.

اذن تشـكلت الحضـارة الهنديـة مـن تيـاران واحـد للحـواس والآخـر للعقـل، واحـد للشـكل والاخـر للفكـر عـلى هـذا النحـو تطـورت الحضـارة الهنديـة منـذ ان عرفهـا الانسـان ، تـارة يلتقيـان وتـارة يفترقـان، أحـدهما كـان دراويـدي والآخـر آري، الاول ابتكـر الموسـيقى والـرقص والرسـم والنحـت والفنـون والعـمارة، أي ابتكـر بأختصـار مختلـف مشـاهد وأصـوات وأريـج الحضـارة الهنديـة اليـوم، والآخـر ابتكـر عـالم الفكـر... ابتكـر الفلسـفة الهنديـة وعـالم افكارها .(8)

وهكـذا سـاهمت حضـارة الدراويـديين العـرب في ارسـاء الحضـارة الهنديـة الحـاضرة ، وصهرت معهـا حضـارة الآريـين رغـم سـلبيات الحضـارة الآريـة والتـي تقـوم عـلى مبـدأ الطبقـات. الا انهـا في النهايـة أسـتوعبت هـذة الحضـارة العربيـة الآريـة القادمـة مـن الغـرب وأنشـأت فـيما بعـد الحضـارة الانـدو - آريـان وهـذا القـول لـيس سـليما، الا ان تناقـل علـماء الاثـار والتـاريخ لهـذا المصـطلح جعلـه هـو السـائد ، لكنـه وجـب علينـا ان نقـول الحضـارة العربيـة -الآريـة امتزجـت فانجبـت الحضـارة الهنديـة الحـاضرة . فهـي حضـارة رائعـة بكـل المقـاييس . وهنـاك دومـا تعمـد في اخفـاء الوجـة الحضـاري العـربي في كـل مكـان حتـى الحضـارة العربيـة الاسلامية والتـي مـا زالـت ماثلـة وملموسـة في الكثـير مـن بلـدان العـالم يسـعى العلـماء الى أخفائهـا والباسـها لحضـارات اخـرى دون وجـه حـق رغـم ان الحضـارة بشـكل عـام ليسـت حكـرا عـلى احد . فأمة العرب دوما مركز اشعاع حضاري تعطي للآخر وتأخذ منة اذا دعت الضرورة.

ومـن الهنـد أنتشرـت الحضـارة العربيـة الدراويديـة نحـو الصـين . يقـول أحـد سـفراء الصـين السـابقين في الولايـات المتحـدة السـيد هـوشي: "الهنـد فتحـت الصـين ثقافيـا وبسـطت سـيطرتها الثقافيـة عليهـا عـلى مـدى 20 قرنـا دون أن تكـون بحاجـة لارسـال جنـدي واحـد عـبر الحـدود".[9] ومـن الصـين نحـو اليابـان وهـذا الاشـعاع الحضـاري الـذي اشـع عـلى شـعوب العـالم القـديم ، انـذاك في الألـف السـادس والخـامس والرابـع والثالـث قبـل المـيلاد هـو الـذي اسـس لحضـارات الشرـق والغـرب معـا. وفـيما بعـد عنـدما أسـس و تـرجم العـرب المسـلمون العلوم بمختلف أنواعها.

انهـا ارض العـرب التـي اعطـت الآخـر مـن عطرهـا وعـرق جبينهـا لتعطـر بقيـة أنحـاء المعمورة، انها امة العرب التي علمت اليونان القراءة والكتابة على

يـد الفنيقيـين العـرب وأنشـأت حضـارة الرومـان عـلى يـد الفنيقيـين العـرب في الألـف الاول قبـل المـيلاد أيضـا. انهـا حضـارة العـرب الفنيقيـين الـذين عـبروا الاطلسي- لينشـئوا حضـارة امريكـا اللاتينيـة في الألـف الثالـث قبـل المـيلاد اي قبـل مجـيء كريسـتوف كولومبـوس والاوروبيـين الى امريكا ب 250 قرن .

وفي هـذا الاطـار يقـول الراهـب والمفكـر الاسـباني خـوان أنـدريس: " أن العـرب هـم أصـل كـل العلـوم الانسـانية ". فالحضـارة الاسـلامية في الانـدلس هـي التـي أعـارت للغـرب كلـة وليـس لاسـبانيا فقـط ، العقلانيـة والتنـوير ، وأسـباب النهضـة، فكانـت المفـردات العربيـة تـدخل كـل اللغـات ، وهنـاك آلاف المفـردات الاسـبانية ذات الاصـل العـربي تـأثرت بالحضـارة العربيـة في الأندلس قبل السقوط، وقد أثر العرب في كبار كتاب ومفكري المسرح الاسباني. (10)

ومـن هـذا المنطلـق وجـب تسـليط الضـوء عـلى التـاريخ باعتبـارة اخطـر العلـوم الانسـانية شـأنا ، اذ هـو العلـم الموسـوعي الشـمولي الوحيـد الـذي يتضـمن نشـاط الشـعب أو الامـة المـادي والروحـي، ويحمـل سـماتها وملامحهـا، وبـه ومـن خلالـه تتجـدد القسـمات القوميـة والسياسـية والحضـارية لأفـراد الامـة جـيلا بعـد جيـل وبالتـالي فـإن اي تزويـر عفـوي أو مقصـود لتـاريخ اي شـعب، انمـا هـو في النتيجـة، تشـوية لشـكل وجـوده القـومي ، ولشخصـية كـل فـرد مـن أبنائـه عـلى حـدة. لـذا تنظـر جميـع الشـعوب المتقدمـة الى تاريخهـا القـومي نظرتهـا الى امنهـا القـومي، تسـتبين خطوطـه وملامحـه ضـمن حقيقـة تواصـله، وتكتبـه بأيـدي أبنائهـا وحـدهم ، وتسـيج عليـة وتتصـدى لكـل مـن يحـاول أن يعبـث بـه أو يغـيره بـه مـن الخـارج وتحملـه ادوارا تعليميـة وتربويـة وطنيـة وقوميـة تجعـل، مـن خلالـه ، مـن أفـراد الأمـة الواحـدة جسـما واحـدا لـه مـاض وحـاضر وتطلعـات مسـتقبلية واحـدة، وان الامـم المتخلفـة أو النامية اليوم هي أكثر الامم اهمالا

لتاريخهـا ، وان العـرب يكـادون يكونـون الوحيـدين في هـذا العـالم يرسـلون أبنـاءهم الى خصومهم والطامعين فيهم ليتعلموا على أيديهم تاريخهم.

السـيد طوشـيو دوكـو رئـيس اتحـاد الهيئـات الاقتصـادية اليابانيـة وخـلال النـدوة الخاصـة بـ " مجـالات التعـاون بـين اليابـان والـوطن العـربي" والتـي عقـدت في طوكيـو باليابـان يـومي 11 و12 نـوفمبر تشريـن الثـاني 1976، برعايـة كـل مـن منظمـة الاقطـار العربيـة المصـدرة للبـترول واتحـاد الهيئـات الاقتصـادية الكـبرى في اليابـان (كيـدانرين ومجلـس أبحـاث المـوارد الدولية اليابان) ومركز اليابان للتعاون مع الشرق الاوسط يقول :

"ان اليابـان، وان كـان يفصـلها عـن العـالم العـربي بحـران وقـارة شاسـعة، قـد كانـت المسـتفيد الاكـبر مـن حضـارتكم حتـى منـذ عهـد الامبراطوريـة القديمـة التـي ازدهـرت في ديـار الاسلام . مـا كـان لكـم مـن فـن الطـب ومـا رافقـة مـن مستشـفيات كاملـة التجهيـز قبـل اربعـة قـرون مـن ولادة مثيلاتهـا في أوروبـا، ومـا كـان لكـم مـن اكتشـافات في مبـادىء علـم البصريـات ، واختـراعكم للتلسـكوب وغـيره مـن الالات، وصـقلكم لعلـم المثلثـات حتـى جعلتمـوه فنـا كـل ذلك وغـيره كثـير مـن التطـورات كـان لـه الفضـل في اغنـاء حياتنـا وقـد انتقـل معظمـه الينـا عـن طريـق ايطاليـا واسـبانيا وغـيرهما مـن الاوسـاط الاوروبيـة كـما جاءنـا بعضـه بـرا عـن طريـق الحرير عبر القارة الآسيوية .

ويضـيف والواقـع أن تلـك الـنعم التـي انهمـرت مـن العلـوم العربيـة هـي في صـلب أسـس اليابـان الصـناعية . أمـا بـذور هـذا التعاضـد العـالمي المسـتجد فقـد زرعـت بالفعـل قبـل مئـات السـنيين. وبعـد ذلـك بقـرون انشـأت اليابـان مجتمعـا صـناعيا خاصـا بهـا التصـقت فيـة التصاقا راسخا العلوم والتكنولوجيا الآتية

من الغرب بجذورنا الاجتماعية التقليدية. ولكن اذا نظرنا الى الماضي السحيق أدركنا عمق روابطنا بالعالم العربي." (11)

هذه شهادة احدى مقدري الحضارة العربية واثرها في نمو حضارة بلده اليابان، ودون مبالغة نقول ان تاريخنا العربي الذي هو دونما اية مبالغة، تاريخ التمدن البشري على هذا الكوكب ، يكاد يكون الوحيد الذي تضافرت علية جهود الدول الكبرى بكل مؤسساتها وامكاناتها من اجل مسخة وتقزيمة وان مثل ذلك التزوير الهائل لم يكن ليتم بالصورة التي هو عليها اليوم لولا أن واقعا كارثيا تعيشه مؤسساتنا الثقافية والتعليمية في الوطن العربي منذ بداية عصر الاستعمار وحتى اليوم .

لقد عمدت الدول الاستعمارية الى احداث مؤسسات استشراقية كان هدفها منذ البداية خلق الظروف والذرائع من اجل تمرير المخططات الاستعمارية وتبرير الوجود الاستعماري في المنطقة. فبترت العربي عن ماضية المجيد، وقزمت شخصية وشكل وجوده على الارض التي عمرها وأبدع فيها، ووضع بإنجازاته الحضارية المذهلة الاساس الحقيقي الراسخ الذي قامت عليه حضارات كل الامم الأخرى فيما بعد، وحولته الى وجود هامشي-بدائي متخلف، متطفل منذ القدم على حضارات الآخرين .

وصار على العربي اليوم ، لكي يعرف لغته وتاريخه، أن يذهب الى معاهد وجامعات تلك الدول التي عممت ورسخت ذلك التزوير، فيجري تلقينه تلك الصورة المشوهه المقزمة لتاريخ شعبة ، ثم يتحول في وطنه الى مجرد وسيط ينحصر دوره في نقل تلك الصورة وترسيخها في أذهان الأجيال العربية.

وضمن هذا المخطط وحده، ودون اي تدخل من أجهزة الدولة في البلدان العربية مجتمعة وكلا على حدة، أخذت تتم عملية اعداد ودفع "الكوادر" التي من شأنها أن تمسك بمقاليد أمور الثقافة والاثار، بحيث لا تخرج عن الخط ولا تتعدى نطاق الاطار المرسوم. ان بلدا عربيا واحدا لم يأخذ على عاتقة حتى هذا اليوم، انشاء معاهد مركزية قومية حقيقية لتدريس اللغة العربية القديمة بكافة لهجاتها وكتاباتها وبتسميتها الصحيحة، فيتولى خريجوها من بعد، الاضطلاع بهذة المهمة القومية العظمى وهي قراءة هذا التراث الزاخر الهائل الذي تزخر به الارض العربية. لقد بقيت هذة المهمة حتى اليوم منوطة بالأجانب وحدهم، بمن فيهم اليهود الصهاينة . ان دور مديرية الاثار لا يتعدى، في معظمة، تسلم بعض ما يجود به الدارسون الأجانب لتوزعها دونما أي بحث أو مناقشة أو دراية على معاهد التعليم ومؤسسات الاعلام والثقافة والسياحة ، وكثيرا ما يستبق القائمون على الآثار نتائج الاستكشاف ، ليقرروا نتائج وأحكام ومقولات هي صميمها صهيونية أو مغرضة. ان المكتشفات الأثرية ما تنفك تؤكد يوما بعد يوم أن تاريخ الوطن العربي هو تاريخ التمدن البشري على هذا الكوكب . فقد أثبتت بما لا يبقى مجالا للشك أن انساننا كان اول من عرف الزراعة وفن البستنة ، وأول من بنى المدن ، وشيد الحصون والقلاع ، وأول من عرف المعدن واستخدامه وأتقن فن التعدين وصناعة الادوات وأول من صنع الفخار والدولاب، وأول من اثبت دوران الأرض حول الشمس فدرس بناء على ذلك ظاهرة الخسوف والكسوف ، وأول من أكتشف، ومن عهد بابل أن الارض كروية ، وأنها هي التي تدور حول الشمس. ووضع المواقيت والتقاويم لأول مرة ، ووضع النظام الستيني منذ عهد بابل والذي ما زال مستخدما حتى اليوم ، فقسم بموجة النهار الى 12 ساعة ، والساعة الى 60 دقيقة والدقيقة

الى 60 ثانيـة. والشـهر ثلاثـون يومـا ، وتنظـيم دوائـر الابـراج ، والابـراج اثنـا عشرـ وتوصـلوا ايضـا الى النتـائج الحسـابية الفلكيـة المذهلـة المترتبـة عليهـا مـن التعـرف عـلى ظـاهرة الخسـوف والكسوف والتنبؤ بها، الى وضع التقاويم.

هـذا النظـام الـذي لم يحـد العـالم عنـة قيـد شـعرة حتـى هـذا اليـوم وذلـك قبـل ان يتوصـل غـاليليو وكـوبر نيكـوس الى القـول بـدوران الارض حـول الشـمس وتعتـبر بدعـة في أوروبا القرون الوسطى بما ينوف عن 2500 سنة.

والعـرب هـم اول مـن صـنع السـفن وأبحـر في البحـار والمحيطـات ، وأوجـد خطـوط التجـارة الدوليـة في الـبر والبحـر ودار حـول رأس الرجـاء الصـالح وبلـغ الشـواطيء الامريكيـة منـذ الالـف الثـاني والاول قبـل المـيلاد (أي قبـل كريسـتوف كولـومبس بمـا ينـوف عـن ألفـين وخمسمائة عام) .

وهـم العـرب اول مـن ابـدع عقيـدة الخصـب الزراعيـة بكـل تقاليـدها وتعاليمهـا وآدابهـا وأسـاطيرها وفنونهـا ، وأول مـن أبـدع عقيـدة التوحيـد ، وأول مـن عـرف الكتابـة واخـترع الابجديـة ، وصـنف الكتـب والمكتبـات ، وبنـى المـدارس، ووضـع القـواميس منـذ الالـف الثالـث قبـل المـيلاد (كـما أثبتـت مكتشـفات مـاري) وأول مـن صـنع النـول والمكـوك وعـرف الحياكـة والنسـيج ، وأول مـن بنـى دولـة مركزيـة كـبرى بـالمفهوم الحقـوقي والاداري والسـياسي والاقتصـادي والعسـكري، ووضـع الانظمـة وشرع القـوانين، وضرب النقـود وبنـى الجيـوش وأول مـن عـرف الخدمـة العسـكرية ، وأول مـن وضـع جـواز السـفر، وأول مـن وضـع تشرـيعات الـزواج وبنـاء الاسرة ، وأول مـن شرب الخمـور، وصـنع العطـور، وأول مـن أحـدث مجـالس للشـورى والنـدوة . وأول مـن وضـع نوتـة موسـيقية في العـالم وكـان ذلـك في الالـف الثالـث قبـل المـيلاد مـن مكتشـفات أوغاريـت بسـوريا ، وهـي تقـوم عـلى السـلم السـباعي الدياتوني الذي نقلة

فيثاغورث الصوري الى بلاد اليونان عـام 500 قبل الميلاد أي بعـد اكثر من الفي عام من وضعه على ايدي قدماء العرب السوريين . وأول مـن عرف القهوة ونقل زراعتهـا الى جميـع دول العالم اليوم.

وفي المجـال السياسي كـان العرب هـم اول من وضع مجلسين استشاريين للشيوخ والشباب ، والعرب هـم اول مـن تـزين بالحلي والكحل ولبس الجوارب ، وعرف الشطرنج والنرد والداما ... نعود لنقول : بالرغم من هـذا كلـه ، فقد تحول تاريخنا العربي القديم اليوم ، على أيـدي المـزورين في الخارج و" النقلـة " في الداخل ، الى تاريخ مجموعـات مـن القبائل البدوية الرعوية ، نتيجـة للروح التعصبية التزويرية التي سادت كتابة التاريخ على يـد الغرب الاستعماري ، فانقلبت كـل الحقائق راسـا علـى عقب ، وصارت أثينا وروما ، اللتان كانتا جزءا من الانجاز الحضاري العربي السوري ، كما صار يتأكد اليوم ، مرضعتين للحضارة على الارض.

وفوق هـذا كلـه فقـد مزقت وحدة الشعب العربي اللغوية والحضارية، فجرى عـن عمد وتصميم تغييب الهوية العربية ، حيث يسعى اعداء العروبة الى الغاء الاسم العربي عـن المنجـزات الحضارية وأسـتبدالها بأسـماء ويافطات مثل: العصـر الحجـري ، العصـر النحاسي ، عصر البرونـز، عصر الحديد، وكأنما لم يكن ثمة شعب هو صاحب ابداعات تلك العصور وانجازات استخدام المعـدن ، ثـم ما أن يـاتي الـزمن الـذي يفتـرض فيه وجـودا هندو أوروبـيا مزعومـا في تلـك الحضارة حتى تصير التسميات فجـأة مقرونـة باسمـاء الشعـوب والأقوام ، فنتعـرف علـى ما يـدعى بـ "العهـد"، و "الأثـار الرومانيـة" و "الأثار البيزنطيـة"، والأثار الاسلامية ... الخ . فمثلا الاثار الموجـودة في بلاد الشام مثل المدرج في عمان ومدينة جرش الاردنية تسمى وللأسف بالآثار

الرومانيـة علـما بـأن شـعب عـرب الشـام قـد بنـو مدينـة البـتراء في القـرن السـادس قبـل الميلاد اي قبل مجيء الرومان .

هـذا مـن جانـب اما عـلى الجانـب الاخـر للحضـارة العربيـة في الاردن فكيـف نفسر ـ كلمـة المـدرج الرومـاني في عـمان، هـل بنـي المـدرج عـلى يـد الرومـان.؟ ام عـلى يـد العـرب الاردنيـون في مرحلـة الاحـتلال الرومـاني ، لا شـك الـذين قـاموا ببنـاء هـذا المـدرج هـم العـرب الاردنيـون انـذاك ولكـن مـن المؤسـف جـرى تزويـر للحقيقـة المطلقـة حيـنما اسـتعمر الانجليـز والفرنسـيون الـوطن العـربي، وصـاغوا مناهجنـا المدرسـية واصـبحنا نـردد وبـدون شـك مـا كتـب في هذه المناهج المزيفة.

العـرب الفينيقيـين هـم مـن اسـس الحضـارة الرومانيـة وهنالـك الكثـير مـن ابـاطرة رومـا هـم مـن العـرب السـوريين ونقـل الفينيقييـون العـرب الحضـارة العربيـة الى بـلاد الرومـان وهـم الـذين اسسـو مدينـة رومـا، حيـث ان اولئـك السـوريين الفينيقيـين الـذين حكمـوا في الخـارج ولا سـيما في رومـا، وشـعروا بالتنـافس الخـارجي سرعـان مـا كـانوا يعمـدون الى الاصرار عـلى ابـراز أصـلهم العـربي ، فهـا هـو " سـبتيمو سـفيرو " امبراطـور رومـا (193 - 211) وهـو فنيقـي مـن لبـدة " طـرابلس الغـرب حاليـا " أصر عـلى ان يكـون " العـربي " مـن بـين القابـة الثلاثـة وقـد حكـم هـو وزوجتـه الحمصـية جوليـا التـي تحولـت في رومـا مـن امبراطـورة الى ربـة ثـم ابنهـا جيتـا ، ثـم ابنهـا كـراكلا ويعنـي اسـمة حصـن الـرب، وكـان هـذا الاسـم يطلـق عـلى عبـاءة أو مدرعـة عربيـة قديمـة ، ثـم ابنـة اختهـا جوليـا ميـزا ثـم جوليـا سـيما ثـم جوليـا ماميـا . كـما ان فيليـب العـربي مـن شـهبا في حـوران الامبراطـور العـربي السـابع الـذي حكـم رومـا أصر هـو الاخـر على ان يكون لقبه الأوحد "العربي" فدعي "فليبو أرببو" وترجم الى اللغات الأخرى

philip The Arab ولم يكـن سـوى احسـاس أكيـد مـن أولئـك الفنيقيـين العظـام بـانتمائهم العروبي الأصيل وهم يبنون حضارة روما .[12]

وحكـم الرومـان ايضـا الامبراطـور السـوري هيليـو جبـال، ومعنـى لقبـه (سبحان الخـالق) ولـيس (الـه الجبـل) كـما يـزعم . وهـو الـذي وطـد الحكـم في رومـا، وحـارب البرابـرة في اوروبـا في منطقـة الـدانوب وانتصر عليهم ، واسـتعان بأقربائـة السـوريين في الحكـم ، وجعـل أخـاه قائـدا عـلى جيـوش الشرـق. وفي عهـد الامبراطـورة السـورية جوليـا دومنـا عـرف اليونـان وبقيـة انحـاء اوروبـا زراعـة القمـح عـلى يـد السـيدة السـورية " سـيريس " (السـيدة، الشـعرى).[13] ولم تكـن بـلاد الرومـان قبـل مجـيء العـرب الفينيقيـين اليهـا سـوى جماعـات مـن السـكان يعيشـون حيـاة بدائيـة بنظـام الغـاب فانتظمـت حيـاتهم فـيما بعـد وانتظمـت حيـاة بقية سكان القارة الاوروبية على يد العرب الفينيقيين .

وبهـذا الانتظـام لسـكان القـارة الاوروبيـة يكـون العـرب اصـحاب رسـالتين مـؤثرتين في حياة الاوروبيين :

الاولى : عندما فتحت بلاد الروم واليونان على يد العرب الفنيقيين.

الثانيـة : عـلى يـد العـرب المسـلمين عنـدما اسسـو للنهضـة الاوروبيـة الحديثـة العلـوم بمختلف انواعها انطلاقا من الاندلس.

وهكـذا كانـت حضـارة العـرب تبنـي ولا تهـدم تعـترف بـالآخر وتنـدمج معـة ولا تقتـل ولا ترفضـة ، عـلى عكـس الحضـارة الغربيـة اليـوم التـي اسسـت عـلى عبـادة المـال وكـرة الآخـر واستعباد البشرـ واثـارة الفتن. وهـا نحـن نـرى مـا يجـري في العـراق وفلسـطين وافغانسـتان وفي فيتنـام سـابقا. ويوغسـلافيا كيـف فتتـت. والسـودان اليـوم كيـف يسـعون لتـدميره ونـزف موارده وأمثلة كثيرة على هذه

الحضارة الهمجية الغربية التي تستخدم التطور العلمي الذي اسسه اجدادنا العرب والمسلمون في الاندلس , فيستخدم للقتل والابادة والفتن واثارة النزاعات ... الخ .

لذلك أود ان اقول في النهاية ان الحضارة الانسانية هي جهد بشري خالص، لكن هنالك تفاوت بين الامم الا ان الفضل الأكبر يعود للعرب والمسلمين في بناء هذة الحضارة ولا يجوز أن نقول ان الحضارة اليوم مختصرة على الاوروبيين واليابانيين ، فالحضارة هي:

"نتاج لجهود جميع شعوب العالم من الهند والصين والعرب وافريقيا وأتراك وامريكان لاتينيون وهنود حمر ، وهكذا هي الحضارة الانسانية اليوم يساهم بها الجميع من اجل الجميع ". المهم في ذلك ان لا تستخدم نحو القتل والتدمير كما يفعل اليوم مجانين الولايات المتحدة (المحافظون الجدد) ومن تبعهم من الانكليز وبقية شعوب العالم المنحرفون نحو القتل والدمار المتعطشون للدماء وللكراهية الجياع الذين لا يشبعون، المرتزقة الذين لا يملكون انفسهم مقابل حفنة بسيطة من الدولارات لان الامور في النهاية ستؤدي الى مزيد من الدمار والقتل والكراهية. وسيفشل هولاء الفشلة المرضى المشروع الحضاري الانساني الذي اسسة العرب القدماء في الالف الثامن قبل الميلاد وتناقله من بعدهم العرب المسلمون الى ان وصلت الحضارة البشرية اليوم من تطور علمي الى ما هي عليه .

وإذا ما استمر هولاء المجانين في الغرب بنهج سياسة الاحتلال والاستغلال وبث الفتن ستنهار الحضارة الانسانية وسيدفع الجميع ثمن هذا الجنون وستكون حضارة الانسان في مهب الرياح .

لـذلك عـلى عقـلاء الانسـانية العمـل بكـل جديـة عـلى انقـاذ هـذا المشروع الانسـاني الضـخم الـذي عمـرة الزمنـي تجـاوز العشرـة الآف سـنة حتـى تعـود البشرـية الى حياتهـا الطبيعيـة تتعـاون ولا تتقاتـل تعطـي وتأخـذ و لا تاخـذ فقـط !! كـم كانـت جميلـة حيـاة البشرـ عنـدما كانـت قوافـل التجـارة البشرـية تعـبر الصـحراء والمحيطـات والبحـار دون ان يعترضـها أحـد . لم يكـن هنالـك قراصـنة في البحـر ولا الـبر ايضـا كـما هـو اليـوم وباسـم القـانون الدولي المزيف , الذي وضع لخدمة الاقوياء على حساب الضعفاء وباسم القانون ؟ ! .

جـرت العـادة في كتابـة مـادة المـدخل الى علـم السياسـة ان تبـدأ بموضـوع تعريـف السياسـة وعلـم السياسـة واعطـاء الاغريـق واليونـان الـدور الاسـاسي في تعريفهـا ، وكـأن الحيـاة السياسـية لم تبـدأ الا في العهـد الاغريقـي ، رغـم ان هـذا العهـد مقارنـة مـع العهـود او العصـور العربيـة القديمـة يمثـل مرحلـة حديثـة، فالحضـارة الاغريقيـة التـي جـاءت في منتصـف الالـف الاول قبـل المـيلاد كانـت قـد تتلمـذت عـلى يـد الاسـاتذة العـرب في بـلاد الشـام ومصرـ ، فمـثلا فيثـاغورث درس في مصرـ والشـام ثـم عـاد الى اليونـان وغـيرة كثـير ، ولم يكـن في بـلاد اليونـان او الرومـان جامعـات ومعاهـد في مرحلـة الالـف الاول او الثـاني او الثالـث قبـل المـيلاد بـل كانـت حيـاتهم بدائيـة وغـير مـذكورة لا لسـبب وانمـا لانهـا لم يكـن لـديهم أي انجـاز علمـي او حضـاري يذكر .

وقـد يتسـاءل الـبعض لمـاذا لم يسـجل اجـدادنا لنـا في مـدوناتهم انـتماءهم العـربي أو لماذا لم يطلقـوا عـلى دولـتهم نعـت العروبـة ،؟ فـأن ذلـك لم يكـن يشـكل مسـألة قائمـة في ذلـك الـزمن ، فقـد كانـت دولـتهم هـي الوحيـدة سـواء في بـلاد مـا بـين النهـرين سـوريا والعـراق، أم في وادي النيـل مصرـ . وكانـت العروبـة شـيئا يعيشـونة ويمارسـونة مـن خـلال اللغـة الواحـدة كـما يتنفسـون الهـواء ويشرـبون المـاء دونمـا أي مـا مـن شـأنة أن يشـعرهم بـأن علـيهم ان يؤكدوا هويتهم ، اذ أنهم

كـانوا أيـنما تنقلـوا وحلـوا مـن الخلـيج شرقـا الى الاطلسي۔ غربـا ومـن شـواطيء البحـر الأسـود شـملا الى بحـر العـرب جنوبـا يجـدون ان لغـتهم هـي لغـة التفـاهم والتواصـل الوحيـدة . فكـان التمايـز والتنـافس لـيس مـع دولـة أجنبيـة ولم يكـن لهـا بعـد مـن وجـود ، بـل مـع منافسـين داخليين ، وكانت ألقابهم في بلاد اليونان "السادة المعلمون ، أبناء الالهه".

وعـودة عـلى ذي بـدء فقـد جـاءت هـذة المقدمـة المتواضـعة عـن قصـة الحضـارة لتوضـح للقـارىء مسـيرة الحضـارة الانسـانية كيـف بـدأت وايـن وصـلت ومـا دور العـرب والمسـلمون بهـا. امـا علـم السياسـة والـذي هـو موضـوع الكتـاب فقـد لا أكـون قـد اوفيـت بحقيقـة علـم السياسـة دونمـا التعريـف عـلى اولى الحضـارات ، لانـة وبكـل بسـاطة حيـنما اوجـد العـرب وكـان ذلـك في الآلـف الثـامن قبـل الميلاد ، لابـد وان كـان لهـذة الدولـة كـما هـو مفهـوم في مفهـوم الدولـة مـن تنظـيم للشـؤون السياسـية حـاكم ومحكـوم وحكومـة وسـلطات مختلفـة ، وفكـر سـياسي وهـذا مـا سـنعرج عليـة فـيما بعـد لتوضـيح تطـور علـم السياسـة منـذ البدايـة وحتـى عالم اليوم.

مفهوم السياسة

ان اكـثر مـا يـدلل عـلى اسـتخدام مفهـوم السياسـة هـو العمليـة السياسـية لعمـل السـلطه لكـن الكثـير مـن الاسـاتذة ينظـرون لمفهوم السياسـة مـن الناحيـة الفكريـة، البعض يعرف السياسـة بفن الحكم بينما السياسي هو الـذي يعرف ذلك الفن، البعض الآخر ينظر اليهـا مـن منطلـق فـن الخـداع وهـي عنـدهم فن حكـم البشرـ عـن طريـق الخـداع، والبعض الآخـر ينظـر اليهـا مـن منطلـق اجتماعـي عـلى اسـاس وجـود نـوع مـن العمليـة السياسـية لتـوازن المجتمـع وحـل مشـاكله بمختلف الطـرق. يتعـارف عليهـا الآخـرون بالعمليـة السياسـية وبمعنى ادق ممارسة السياسة في السلوك الاجتماعي للخروج من ازمات المجتمع.

اسـلامياً: السياسـة وسـيلة تسـتخدم لجلب المنفعـة لبنـي البشرـ في الـدنيا والآخـرة دون الارتكـاز عـلى المفاهيـم الخاطئـة لكلمـة السياسـة كـما يفسرـها البعض مـن الجانب الشيطاني لتحقيـق المصـالح الفرديـة الانسـانية البعيـدة كـل البعـد عـن القيـم والممارسـات الأخلاقيـة الانسانية.

ابـن خلـدون المفكرالعربي الاسلامي ذكـر في مؤلفـه مقدمـة ابـن خلـدون ان السياسـة قـد تكـون رديئـة اذا اسـتخدمت لتحقيـق المصـالح الخاصـة عـلى حسـاب المصـالح العامـة وقـد تكـون عادلـة وشرعيـة اذا اسـتخدمت مـن منطلـق العـدل لتحقيـق العدالـة للمصـلحة العامـة.
(14)

السياسة في اللغة العربية

اعتقد الكثير من علماء السياسة في الوطن العربي بأن كلمة (سياسة) مشتقة من الكلمة الاغريقية (POLIS) حيث تعني الدولة المدينة . وان لم يأخذوا على عاتقهم مفهوم كلمة (سياسة) قبل الاغريق ، بكل بساطة الحضارة الاغريقية هي نتاج للحضارة العربية الفنيقية ، لذا فإن كلمة سياسة كانت متداولة بين العرب في مرحلة ما قبل تأسيس الحضارة الاغريقية .

ان كلمة (سياسة) في اللغة العربية القديمة جاءت من دور الضابط الذي يقوم بادارة الخيول وعرباتها ويسمى باللغة المسمارية " ساكروماش " حيث رفعت من قيمة من يقوم بادرة الخيول وعرباتها بحيث اصبحت مرتبته تعادل مرتبة الوزير ويلفظ باللغة السومرية اي العربية القديمة " كير- داب " وباللغة الاكادية اي العربية الجزرية القديمة " كارتبو" وهذه الكلمة كانت تعبر خلال الالف الثالث قبل الميلاد عن الشخص الذي يقوم بقيادة الحيوان بواسطة مسكه من لجامه اي بمعنى السائس[15]

كلمة سياسة مشتقة في اللغة العربية الحديثة من (ساس) وساس تعني تقويم الامر، قال الفيروز ابادي: سست الرعية سياسة، امرتها ونهيتها وقال (ابن حجر) يسوس الشيء: يتعهده بما يصلحة، يقول ابن منظور ان السياسة مشتقة من (سوس) اي الرياسة، يقال ساسوهم سوسا، واذا راسوه قبل سوسوه، وساس الامر سياسة: قام بة وسوسه القوم: جعلوة يسوسهم.

جاء في الحديث النبوي الشريف: (كان بنو اسرائيل يسوسهم أنبياؤهم) اي تتولى أمورهم كما يفعل الامراء والولاة بالرعية. لذا يتضح بأن

السياسة تعني تحمل مسؤولية الرئاسة لتحقيق العدالة بين الناس واصلاح أمرهم عن طريق الامر بالمعروف والنهي عن المنكر، لذا فالسياسة ليست غاية بحد ذاتها وانما وسيلة للنهوض بالمجتمع واصلاحه في الجوانب المختلفة.

اكدت مفاهيم اللغة العربية على ان كلمة سياسية هي عربية وليست معربة كما يدعي البعض، معجم " لسان العرب المحيط" للعلامة المصري محمد بن علي المعروف بأبو الفضل جمال الدين بن منظور المتوفى عام 711هـ جاء به ان "السياسة": القيام على الشيء بما يصلحة والسياسة: فعل السائس. يقال: هو يسوس الدواب اذا قام عليها وراحتها، والوالي يسوس رعيتة [16] ومن ذلك ساس الامر سياسة أي قام به ومن ذلك قول ثعلب: "سادة قوم لكل جميع ساسة للرجال يوم القتال" ومن اقوال العرب في كلمه سياسة قول ابو محمد عبد الله بن يوسف في مدح الرشيد بعد انتصاره على نقفور ملك الروم "ليس الامام، وان غفلنا، غافل ما يسوس بحزمه ويدبر".[17]

معنى كلمة " سياسة": لعل كلمة سياسة تحمل اكثر من معنى وهي كما يلي:

1- ان السياسة كمصدر وفعلها ساس ويسوس وتعني الرياسة والرياسة في مفهومها الحاضر تعني السلطة، وعندما نتكلم عن السياسة، فإننا نتكلم عن ادارة الدولة (السلطة).

2- ان السياسة باعتبارها فن، وتعني بهذه الحال، فن ممارسة النشاط السياسي وهو يتعارف عليه " فن السياسة" وهذا المعنى للسياسة درج استخدامه منذ القدم، حيث يمثل الامام الأصولي فخر الدين الرازي المتوفى سنه 606هـ نموذجا لمن استعمل هذه الكلمة في معناها الاول

عندما قال ان السياسه تعني السلطة ومعناها الثاني بل انه يكاد يخلط بين المعنيين فقد جاء في كتابة "نهاية العقول في دراسة الاصول" ان علم السياسة هو تاج العلوم لانه علم الرياسة ومع ذلك فقد قرن هذا بما يفيد اعتباره السياسة فنا اذا قال "ان تدبير امور الرعية والجيش وجباية الاموال من اصعب الصنايع ولا يصير الانسان عالماً فية الا بعد ان يمارسها ويشاهد ويتعلم من غيره."

3- السياسة باعتبارها فعلاً، ويعني بذلك الفعل المراد، وعادة ما يكون استخدام السياسة كتعبير عن خطة او مسألة بعد معينة، مثل عبارات مختلفة ومتعددة، و "سياسة الاسعار" و "سياسة الامور" "وسياسة الاقتصاد" و "سياسة الثقافة" و "السياسة الاجتماعية" وغيرها من المفاهيم المتداولة بين الناس ضمن الدولة.

مفهوم علم السياسة

اصطلح على تعريف علم السياسة بأنه العلم الذي يدرس الدولة، فعلم السياسة جزء من العلوم الاجتماعية الاخرى قبل علم النفس وعلم الاجتماع وعلم الاقتصاد وغيرها. لذا فإن دراسة الدولة بمختلف مؤسساتها الرسمية والغير رسمية، تتيح للباحث في علم السياسة من ادراك واستيعاب امور الدولة والاطلاع عليها مثل النشاطات الحزبية آلية عمل السلطة (الحكومة) عمليات الديمقراطية، اختيار الحاكم وغيرها من الامور ذات النشاط السياسي في الدولة.

امـا مصـطلح السياسـة (polis) وتعنـي عنـد الاغريـق المدينـة وكانـت اليونـان القديمـة تتكـون مـن عـدة مـدن يطلـق عـلى الواحـدة منهـا اسـم دولـة المدينـة (City-state). وبذلك فقد كانت المدينة الوحدة السياسة آنذاك.

العلاقة بين علم السياسة والعلوم الاجتماعية الاخرى

علـم السياسـة جـزء لا يتجـزأ مـن العلـوم الاجتماعيـة التـي تـدرس سلـوكيات بنـي البشر- في مختلف مجتمعاتهم وما لها من اثار سلبية وايجابية عليهم.

علاقتـه بعلـم الاقتصـاد: الاقتصاد ركـن اساسي مـن اركان الدولة، لذا فإن علاقته بعلم السياسـة تكـاد تكـون متلازمـة، حيـث امتـزج الاقتصاد بالسياسـة وسمي بالاقتصاد السياسي. ولدلالـة اهميـة علـم الاقتصـاد بعلـم السياسـة، نجـد بـأن معظم الحـروب التـي تنشب بـين الـدول يشـكل الاقتصاد السـبب الاسـاسي لهـذه الحروب، مـما يتوجب عـلى الدولة ممارسـة كافة الانشطة السياسية لمجابهه تلك الحروب.

يعمـل النظـام الاقتصـادي للدولـة بحسـب النظـام السـياسي لهـا. الإطارالعـام للنظـام السـياسي للدولـة يحـددها شـكل نظامهـا الاقتصـادي، وغالبـاً مـا تخضع الأنظمة الاقتصادية في الدولـة لتغـيرات جوهريـة وذلـك تبعـاً لمتطلبـات العمـل السياسي فمثـلاً دخـول العديد مـن الانظمـة السياسـية ذات الجانـب الاشـتراكي في معمعـة العولمـة يعنـي الانحـراف مـن النظـام الاقتصـادي المغلـق الى النظـام الاقتصادي المفتـوح، وغالبـاً مـا يقـود هـذه الأنظمـة لتغـير اقتصادها تتبعا لقرارات سياسية بحتة وليست اقتصادية لكونها لا تخدم اقتصاد الدولة.

وعلى كـل حـال فـإن علاقـة الاقتصـاد بالسياسـة علاقـة جذريـة لا يمكـن تجزئتهـا بـأي شـكل مـن الاشـكال.

العلاقـة مـع علـم الاجـتماع: علـم الاجـتماع يهـتم بدراسـة التجمعـات البشرـية للمجتمـع ومعرفـة سـلوكياتهم وعلاقـاتهم، امـا علـم السياسـة فيهـتم بدراسـة الجوانـب الشـكلية للمجتمعـات، ولـكي نعـرف السـلوك السـياسي لهـذه المجتمعـات لا بـد مـن المعرفـة الحقيقيـة لجـذور المجتمـع. فسـلوك أبنـاء الافـراد داخـل المجتمـع يتطلـب مـن عـالم السياسـة معرفـه الأبعـاد الاجتماعيـة لتحليـل الظـواهر السياسـية فتـداخل العـادات والتقاليـد لافـراد المجتمـع واخـتلاف تنظـيمات المجتمـع مـع مـن جانـب الى آخـر وأثـر ذلـك عـلى السـلوك الاجتـاعي يؤهـل عـالم الاجـتماع مـن وضـع الصـورة الحقيقيـة للمجتمـع وبالتـالي تتـوفر لعـالم السياسـية المعرفـة الحقيقيـة لهـذا المجتمـع مـن مـداخل ومخـارج يبنـي عليهـا في النهايـة القـرار السـياسي، حيـث تطـور هـذه السـلوك الى علـم الاجـتماع السـياسي الـذي يهـتم بالبعـد الاجتماعـي لسـلوك الانسـان السـياسي، حيـث يهـتم بدراسـة الظـروف الاجتماعيـة لتوزيـع القـوى الاجتماعيـة والسياسية التي تؤدي الى تغييرات في مراكز القوى.

علاقتـة بعلـم الجغرافيـة: ان موقـع الدولـة الجغـرافي ومواردهـا الطبيعيـة ومناخهـا يـؤثر في شـكل الدولـة ونظامهـا السـياسي وعلاقاتهـا مـع الـدول، وغالبـاً مـا يلعـب الموقـع الجغـرافي للدولـة دوراً بـارزاً في العلاقـات الدوليـة، فمـثلاً جغرافيـة الـوطن العـربي جعلـت منـه محطـة انظـار الغـزاة والطـامعين للعديـد مـن القـوى عـلى مـر التـاريخ اما موقـع مصرـ مـثلاً واهميـة قناة السـويس التـي تـربط شـمال العـالم بجنوبـه، جعلهـا تتميـز عـن غيرهـا مـن الاقطـار العربيـة بحساسية الموقع الجغرافي، مما رسم لها سياسه دولية مميزة على الصعيدين الاقليمي

والدولي لذا فإن تأثير الجغرافية على السياسة عرف فيما بعد بعلم الجغرافية السياسية.

علاقته بعلم القانون: القانون مجموعة من القواعد والثوابت التي تنظم علاقات الافراد داخل الدولة وهو من صنع الدولة لذا فإن السلوك الانساني داخل الدولة يرسمة القانون، وبطبيعة الحال لا بد وان تمر عملية صدور القانون بالقنوات السياسية في الدولة، فارتباط القانون بالافراد مرتبط بالعملية السياسية للدولة لذا فلا يمكن عزل علم القانون عن علم السياسة، ويمثل القانون الدستوري المحدد لشكل نظام الحكم في الدولة، بينما القانون الدولي ينظم العلاقات الدولية بين الدول.

علاقته بعلم النفس: دراسة نفسية الشعوب واستخلاص النتائج من خلال الاطلاع على الرأي العام الشعبي يعتبر عاملا مهما في الحصول على المعلومة اللازمة لعالم السياسة او صانع القرار للحصول على نتائج مرضية يبنى عليها فيما بعد القرار السياسي المناسب. لذا اهتم علماء السياسية وصناع القرار بدراسة علم النفس خاصة بعدما تطورت وسائل الحياة العامة من امكانية توزيع الاستبيانات عن طريق المقابلة والحاسوب والشبكة الدولية اخذين بعين الاعتبار العملية الديمقراطية وابعادها في تسيير فهم نفسية الافراد في مختلف المواقع والاعمار والاعمال.

علاقته بعلم التاريخ: التاريخ السجل لاحداث البشرية على مر الزمن وان اختلف على تسمية التاريخ من قديم، وسيط وحديث الا ان الاحداث التي تسبق اللحظة المعنية تغير التاريخ، وبموجب ذلك تسجل الاحداث تباعاً لمجرياتها. التاريخ جذور الاحداث السياسية، السياسة ثمار هذه الجذور، ومن هنا لا يمكن فصل التاريخ عن السياسة لتلازم العلمين بعلاقه قوية، ولا

يمكـن بـأي حـال مـن الاحـوال فهـم الاحـداث السياسية الراهنة لاية قضية معينة دون العـودة لجـذور القضيـة السياسية المعنية، فمـثلاً الصـراع العربـي الصهيوني كـما يعتقد الصهاينة ليس وليد عـام 1948 بل عمره الزمني يتجاوز الآف السنين. هذا باعتقادهم، امـا الصـراع العربـي مـع الغـرب فعمـره الزمنـي يعـود للغـزو الرومـاني للمنطقة في الالف الاول قبل المـيلاد. وهكـذا نجـد العديـد لا بـل معظـم الصراعـات الحالية في مختلف مناطق لها جـذور تاريخيـة تتـأجج هـذه الخلافـات عندما يعـزف التاريخ الحانه البائسة على نفسية الغـزاة والمعتدين والطامعين دوماً.

مناهج البحث في علم السياسية

مناهـج البحـث العلميـة تتعـدد وتختلـف وذلـك بتعـدد واخـتلاف موضـوع البحـث، العلـوم الاجتماعيـة تتميـز بـإختلاف مناهـج البحـث العلمي. لـذا تعـاني العلـوم الاجتماعيـة مـن تعـدد منـاهج البحـث العلمـي وهـذا التعـدد يسـاهم في الوصـول للمعرفـة الحقيقيـة لاثراء العملية العلمية .

ويعـرف منهـاج البحـث العلمـي بالطريقـة او مجموعـة الطـرق التـي تـؤدي للوصـول الى الحقيقـة العلميـة المـراد معرفتها باستخدام مجموعـة مـن الطـرق والقواعـد العامـة تسـاعد في الوصول الى الهدف المنشود.

اما علم السياسة فهناك اكثر من طريقة تنهج في مجال البحث وهي كما يلي:

المـنهج التـاريخي: يسـتخدم المـنهج التـاريخي لعلـم السياسـية انطلاقـاً مـن العلاقـة القوية التي تربط العلمين مع بعضهما البعض فكما اوردنا سابقاً

عن العلاقة بين التاريخ وعلم السياسة كعلاقة ارتباطية ما بين جذور الشجرة وثمارها وبما ان التاريخ يمثل الجذور لعلم السياسة لذا فإن الباحث في علم السياسة لا بد وان يهتم بالمعلومات التاريخية والوثائق والسجلات كمصادر اساسية للبحث، ان المنهاج التاريخي قديم حيث اعتمد الكثير من علماء السياسة في نهجه امثال ابن خلدون وارسطو ومونتسكيو وكارل ماركس حيث اشار ارسطو الى ان فهم أي شيء يتطلب فحص بداياته الأولى وتطوراته اللاحقه، لذا فإن التاريخ يمثل المخزون الحقيقي لعالم السياسة حيث يساعدة على استنتاج الحقيقة. يعتمد المنهج التاريخي على عامل الزمن، حيث يهتم بتتبع الظاهرة السياسية في مراحل محددة ومتابعة ما يستجد من تطورات عليها من اجل الوصول الى الاسباب الحقيقية التي ادت الى تكوين الحالة السياسية المعنية. بالإضافة الى عامل الزمن يعتمد المنهج التاريجي على المقارنة المنهجية لدراسة اوجه الشبه والخلاف وللتقريب بين الظواهر ايماناً بوجود عناصر التطور كما يسعى الى الكشف عن العلاقة السببية بين احداث الظواهر وعرضها عرضاً يساعد في ادراك وكشف مقوماتها ودمجها في اطارها الحضاري الشامل .[18] فمثلاً لا يمكن دراسة طبيعة الصراع العربي الصهيوني دون العودة الى جذور العلاقة السلبية او الايجابية التي تربط العرب باليهود ورغم زيف ادعاءاتهم التاريخية في فلسطين الا انه يتوجب على الباحث دراسة الاسباب وظواهر الصراع القديم لمعرفة مستجدات الصراع الحالي والوصول الى الحقيقة المطلقة في حسابات الفكر الصهيوني المبني على الخرافات التاريخية، وهكذا الحال للصراع العربي الروماني القديم وما يستجد عليه من اقتتال في وقتنا الحاضر بسبب النزعة المادية للشعوب الغربية واطماعه في المنطقة منذ قديم الزمن وما ينطبق على

الصهاينة والرومان يطبق ايضاً على الصراع العربي الفارس قديماً وحديثاً واطماع الفرس في المنطقة العربية.

المنهج الوصفي: يستخدم هذا المنهج في دراسة الحالة المراد البحث فيها للأطلاع على الظاهرة السياسية المعنية وتحديد اطارها العام من خلال تجميع المعلومات عن خصائصها وجزيئاتها بصوره كمية او كيفية ثم بتويب وتصنيف هذه المعلومات للوصول الى الحقائق الدقيقة عن الظروف القائمة كما هي في الواقع المعاصر دون الدخول في تحليل اسباب ودوافع هذا الواقع او العوامل المؤثرة عليه.[19] وغالباً ما يعتمد هذا المنهج على الاستبيان والمقابلة في دراسات الرأي العام كما وتظهر استخداماته في الدراسات الاجتماعية لذا اطلق علية منهج المسح الاجتماعي ويستخدم في تحليل الوثائق والاتجاهات العامة.

المنهج الاستقرائي (التجريبي): يعتمد هذا المنهج على استقراء الحالة السياسية المراد دراستها عن طريق الملاحظة المباشرة لواقع الحالة السياسية ثم تحليلها كماً وكيفاً عن طريق تجميع المعلومات وتصنيفها وتبوبيها ومن اجل الوصول الى تفسير دقيق للحالة السياسية المراد استقراؤها. يتبع في هذا المنهج عدة خطوات الاولى تبدأ بالملاحظة ثم الاستفهام ومحاولة وضع فرضيات هي عباره عن علاقة سببية بين المتغيرات لتفسير هذه الملاحظة، ثم جمع المعلومات بوساطة ادوات البحث المختلفة للتحقق من صحة هذه الفرضيات. من اجل تعميمها بعد ثبوتها لاعتمادها نظريات وقواعد عامة من اجل دراسة حالات مشابهة، وبذلك يعتمد هذا المنهج على قوة الاستقراء للباحث وغالباً ما يمارس اصحاب الاختصاص بعلم السياسة في استقراء

الحالـة السياسـية المعنيـه المـراد دراسـتها اكـثر مـن غـيرهم بسـبب الاطـلاع الحثيـث والمبـاشر على الامور السياسية.

المـنهج السـلوكي: يتميـز علـم السياسـة بالحركـة والتفاعـل والتكيـف مـع المحـيط والبيئـة العامة. لـذا يركـز هـذا المنهج عـلى دراسـة سـلوك الافـراد والجماعـات مـن اقـوال وافعـال تصـدر عـنهم بالإضـافة الى سـلوك المؤسسـة او السـلطه السياسـية المـراد دراسـتها وبالتـالي الوصـول الى نظرية تجريبية في مجال علم السياسة.

المـنهج المقـارن: يعتمـد هـذا المـنهج عنـد دراسـته حـالتين او اكـثر مكانيـاً وزمانيـاً بمرحلـة وصـفية للحالـة السياسـية المـراد دراسـتها مـن اجـل اكتشـاف اوجـة الشـبه والاخـتلاف بينهـا مـن اجل الوصول الى قواعد عامة تكون صالحة لكل زمان ومكان.

المـنهج الإحصـائي: يعتمـد هـذا المـنهج عـلى تجميـع المعلومـات المـراد دراسـتها ثـم جـدولتها وقياسـها ورسـمها عـلى شـكل بيانـات حيـث يهـتم علـم السياسـه بدراسـه بعـض الحـالات والتـي يمثـل الـرأي العـام بهـا هـدفاً اساسـياً مثـل دراسـة السـكان والمـوظفين ومختلـف الافـراد في مختلـف المؤسسـات المـراد دراسـتها، حيـث يـذهب الباحـث في دراسـة الـرأي العـام تجـاة قضـية معينـة ثـم تسـتخدم النتيجـة في علـم السياسـة للوصـول الى معرفـة معينـة يبحـث عنها عالم السياسة.

مـنهج الدراسـات القانونيـة: غالبـاً مـا يسـتخدم المـنهج في دراسـة الحـالات السياسـية والتي يمثل فيها القانون عنصراً اساسياً في موضوع البحث،

فمـثلاً دراسـة أي نظـام سـياسي يعتمـد القـانون مصـدراً اساسياً في توجيـة الدراسـة للوصـول الى المعرفة المطلوبة.

المـنهج الفلسـفي: المـنهج الفلسـفي يعتمـد في دراسـة علـم السياسة عـلى أسـاس الفلسـفة المجـردة، حيـث سـعى الكثـير مـن علـماء علـم السياسـة لتفسـير طبيعـة الظـواهر السياسية في ضوء بعض الافكار والمثاليات .

المراجع

1 - د . أحمد داوود ، العرب والساميون والعبرانيون وبني اسرائيل واليهود. ط 1، دمشق ، دار المستقبل ، 1991 ، ص 22

2 - نفس المصدر . ص 26 .

3 - نفس المصدر . ص 23 .

* -" الدراويديين هم العرب العبيديين الذين هاجروا في الألف الثامن قبل الميلاد الى ارض الهند والسند ، وهم نفس الدرافيديون والخلاف في اللفظ حيث يلفظ الهنود حرف الواو بالفاء (ف) ، فبدلا من الدرويديين يقولون الدرافيديون ، وبما ان الكتاب والعلماء الذين زارو مدينة مدينة مهنجودارو في الهند قد نقلوا الكلمة على لسان الهنود ، حيث استبدلت الواو بالفاء ، وهذا التاكيد نتيجة لمعرفتي في الهند حيث أكملت دراستي الجامعية الاولى والعليا هناك ، فهذا ما لاحظتة من خلال التعامل والمحادثة مع الهنود ، فمثلا تلفظ كلمة Don't warry باللغة الانكليزية على لسان الهنود ب Don't vary . لذا فالخلاف في التسمية جاء بسبب اللفظ ليس الا" .

** - "هاربا ومهنجودارو ، مدينتان تقعان في باكستان اليوم على ضفاف نهر اندوس (السند) ومنهما انتقلت الحضارة الى باقي انحاء شبة القارة الهندية "

4 - "الحضارة الهندية" ، مجلة الهند ، العدد (150) نيسان 1997 ، دمشق ، السفارة الهندية ، ص 30 - 31 .

5 - د . احمد داوود ، المصدر السابق ، ص 23 .

6 – نفس المصدر . ص 26 .

7- Mrs . Geeta Lal Sahai , World - Famous Civilization, Publisher, Pustak Mahal, Delhi, 1992, P: 32- 38 .

8 – " الحضارة الهندية " مجلة الهند ، العدد (160) كانون الاول / كانون الثاني 1998، دمشق ، السفارة الهندية ، ص 23 .

9 – نفس المصدر ص20 .

10 -د. جمال عبد الرحمن ، " اوراق ثقافية " مجلة فلسطين المسلمة ، العدد (5) ايار/ مايو 2007 ، بيروت ، ص 55 .

11 – اوراق بحثية ، قدمت الى الندوة الخاصة ب " مجالات التعاون بين اليابان والعالم العربي" طوكيو ، تشرين الثاني 1976. ص 18 .

12 - د. احمد داوود ، مصدر سابق ، ص 39 ـ 45 .

13 - نفس المصدر ، ص 49 .

14- ابن خلدون، مقدمة ابن خلدون، ط4 ، بيروت، دار القلم، 1981، ص 303 .

15- نخبة من الباحثين العراقيين ، حضارة العراق ، ج 2 ، بغداد ، دار الحرية للطباعة ، 1985، ص 54 .

16- لسان العرب المحيط . طبعة بيروت ، دار لسان العرب، المجلد الثاني، ص 239 .

17- د. ابراهيم احمد شلبي، علم السياسة، القاهرة ، مكتبة الاداب والنشر، 1984، ص22 .

18- د. نظام بركات وآخرون. مبادىء علم السياسة، ط1 عمان 1984 ص20 .

19- نفس المصدر . ص 21 .

الوحدة الثانية

الفكر السياسي

الفكر السياسي

تعريف الفكر: يعني مجموعة من الافكار والاراء التي يتبناها الانسان من خلال مسيرة الحياة وتجاربة ويدافع عنها ويرتكز عليها في علاقة مع الطبيعة والانسان.

اما الفكر السياسي: يعرف بأنه الاراء والافكار التي يتبناها الانسان ويفرزها ويدافع عنها ايضاً من خلال مسيرة الحياة وتجاربها ليرسم العلاقة بين الحاكم والمحكوم ضمن مدخلات و مخرجات طبيعة نظام الحكم. وغالباً ما يتسم الفكر السياسي بالتصادم والاحتواء. ويعرف الفكر السياسي بأنه ذلك البيان الفكري المجرد المرتبط بتصوير وتفسير الوجود السياسي وانه يمثل كل ما يخطر في ذهن الإنسان حول تنظيمه السياسي وحياته العامة كما هي او كما يجب ان تكون.

اما الافكار السياسية: فهي تصور عقلاني للظاهرة السياسية وتمثل صورة الظاهرة السياسية كما يتخيل الانسان في مختلف الازمنة والأمكنة وانها تقوم على التأمل سواء كان فردياً او جماعياً.وقد تكون هذه الافكار مجرد عرض لبعض القيم والعقائد، وتشير الى نسق من التفسيرات والتصورات المجردة التي تبرر الفرد او المواطن.

الفكر السياسي بشكل عام قديم قدم نشأة المرحلة وبما ان اولى الحضارات كانت قد نشأت في ارض العرب وخاصة في بلاد ما بين النهرين (العراق) حالياً، فإن الفكر السياسي قد نشأ مع هذه الحضارات العربية القديمة، ولعل بعض الكتاب في علم السياسه، يفهمون الفكر السياسي منذ نشوء دولة الاغريق في الألف الاولى قبل الميلاد وعلى ادق التعبير في عهد سقراط افلاطون وارسطو الا اننا نود ان نوضح لهؤلاء الكتاب مفهوم نشوء الحضارات التي سبقت الاغريق بالآف السنين في ارض العرب، وما الحضارة الاغريقية الا ولادة لحضارة الفنيقين الشامية العربية. لذا فإن تجاهل مفهوم الفكر السياسي العربي القديم، قد يكون عن قصد او عدمه، لكننا بصدد ايصال المعلومة وبأمانه علمية دقيقه للجميع بأن العرب العاربه في ارض الرافدين ومصر والشام هم اصحاب الفكر السياسي القديم عندما نشأت الدول في ارض العرب ويتلازم تبعاً للدولة وجود فكر سياسي شامل منظم لعلاقة الحاكم بالمحكوم. فدولة المدينه لم تبدأ في اليونان بل سبقتها بابل وآكد واشور ومصر وفينيقيا وكنعان وغيرها من الحضارات العربيه المختلفة، وايضاً سبق الهنود والصينيون الاغريق بمئات السنين على الاقل في تكوين الفكر السياسي القديم.

ومن هنا وجب علينا اعادة النظر في كتابة الفكر السياسي القديم عندما نود مخاطبة طلابنا والعامة، بأن نبدأ من اولى الحضارات والى الدول التي سبقت الاغريق في تشكيل فكرها السياسي .

الفكر السياسي العربي القديم

عرف العرب الادارة والنظام السياسي والفكر السياسي في الالف الخامس قبل الميلاد عندما اسس اولى الحضارات في العراق بلاد الرافدين قبل اليونان و الهند والصين والرومان. وان كان الملك البابلي حمورابي الذي يعد ملكاً ومفكراً سياسياً ومشرعاً للقوانين، الا ان الفترات التي سبقت حمورابي شهدت ايضاً تطوراً ملحوظاً في الفكر السياسي العربي القديم تناقلته الامم فيما بعد.

لقد تم الاعتراف رسمياً من قبل جميع العلماء في العالم بأول حضارة في العراق في اوائل الالف الخامسة قبل الميلاد، حيث شيد السومريون اول حضارة في التاريخ البشري، بينما كان شمال اوروبا مثلاً يعيش في ظلام دامس حتى الألف الاول قبل الميلاد، كما ان معظم العالم الجديد استمر في عصور ما قبل التاريخ حتى نهاية القرن الخامس عشر الميلادي. بينما بقيت اليونان في هذه العصور حتى القرن الثامن قبل الميلاد. اما في مصر فقد رافقت حضارة الفراعنة حضارة وادي الرافدين التي عاشت مرحلة الحضارة المزدهرة منذ الالف الرابع قبل الميلاد حتى اواخر القرن الرابع بعد الميلاد .

نظام الحكم: يقول السومريون (*) بأن اول نظام حكم اسس في العالم بأرض سومر وهو النظام الملكي حيث نزلت الارادة من السماء حسب اعتقادهم في مدينة (اريدو) بالقرب من اور ثم جاء الطوفان العظيم الذي اكتسح الأرض وما عليها باستثناء رجل الطوفان (زيوسودراً) حسب النص السومري و (أون نابشتم) حسب النص البابلي. وبعد انتهاء الطوفان (نزلت الملوكية) ثانية في مدينة كيش تل الاحيمر بالقرب من بابل، وكان لهذه المدينة

دور سياسي في عصر السلالات اللاحقة والطوفان من جانب التفسير الاسلامي هو الطوفان الذي حصل في عهد سيدنا نوح علية السلام تقريبا بحدود عام 3000 ق . م . [1] وبذلك يمكننا تقسيم التاريخ الى مرحلتين الاول قبل الطوفان والثاني بعد الطوفان .

قبل الطوفان: كانت الحضارات العربية الاولى التي عاشت في ارض العراق بلاد ما بين النهرين وهم من العرب العاربة السومرين وفيما بعد الآكدية والأشورية والبابلية. بينما الحضارات التي عاشت على الجانب الآخر من الجزيرة العربية هم العرب المستعربة*. فكانت السومرية اولى هذة الحضارات العربية وترفض الايمان بالله ورغم دعوة سيدنا نوح لهؤلاء القوم الا انهم رفضوا الايمان بالله اي رفضوا الاسلام الا فئة قليلة منهم وهم الذين نجوا مع سيدنا نوح في السفينة ، ويعود عدم ايمانهم بالاسلام لعدة اسباب :

1. افتخار هؤلاء القوم بأنفسهم، كونه لا يوجد حضارة في ذلك الزمان تضاهي حضارتهم .

2. التقدم العلمي الذي شهدتة الحضارة السومرية من عمران وصناعة وتجارة الخ .

3. رغبتهم في المحافظة على دين الاجداد، وهو الدين القديم الذي يؤمن بأن الآلهة تمنح الملوك الحكم . وهم يصورنها على شكل اصنام ثم يعبدوزها وهذا ما يتنافى مع الدعوة الاسلامية التي جاء بها الانبياء والرسل على مر الزمان ، ابتداء من سيدنا آدم علية السلام وحتى سيدنا محمد صلى الله عليه وسلم خاتم الانبياء والرسل .

بعد الطوفان: النص السومري يقول، بأن الملوكية قد نزلت في مدينة كيش - تل الاحيمر - بالقرب من بابل، اي ان الحياة السياسية قد عادت كما كانت قبل الطوفان ، كان لهذة المدينة دور سياسي بارز في عصر السلالات حيث يعتقد ان ملوك هذة السلالة قد نجحوا في تحقيق الوحدة الداخلية لدولتهم. وفي هذا العصر المبكر من تاريخ البلاد - 2800 ق . م بقيت مدينة كيش تتمتع بشهرة واسعة لفترة طويلة ، حتى ان بعض الملوك السومريين لقبوا انفسهم بلقب (ملك - كيش). على الرغم انهم لم يكونوا من ملوك هذة السلالة . يتسلم الملك الاوامر من الآلهة والتي هي على شكل اصنام. في الحضارات العربية القديمة لم يؤمن منهم الا القليل بالانبياء والرسل اي ان عدد المسلمين انذاك كان قليل . وبذلك لم يعتبروا من حادثة الطوفان وبقوا على عبادة الاصنام ، كما هو الحال اليوم وان اختلفت المسميات . فعبادة الاصنام متجذرة في عمر العرب فكما كان لكل دولة عربية صنم يعبدونة ويجيز لهم الحكم احيانا ، فهم اليوم كذلك ولم يختلفوا بشيء من ناحية العبادة لاصنامهم البائدة.

في الامس كان الكهنة والملوك العرب يكذبون الانبياء والرسل بينما الملك كان يستمد صلاحياته في الحكم منهم بعدما تعتمد الالهه الملك المذكور فيرش البخور ويحرق اعلانا بتسلم العرش. ويصبح الحاكم صنما وملكا بنفس الوقت .

واليوم لا يختلف كثيرا عن الامس فهم يكذبون ما جاء على لسان الانبياء والرسل بينما يستمد الحكام العرب على مختلف تسمياتهم صلاحياتهم في الحكم بعدما تعتمد الالهه الحاكم المذكور فيرش البخور ويحرق اعلانا بتسلم الحكم ويصبح الحاكم صنما وحاكما بنفس الوقت .

!!! فما اشبهه الامس في اليوم.!!!!!!!!! فنظامهم السياسي الصنمي واحد ورغم مرور الأف السنين .

وعودة على ذيء بدء ، ابتداء النظام الملكي في العراق بالكهنة حيث يعتقد بأن لكل مدينة اله والكهنة همزة الوصل بين البشر والالهه لذا فقد سار الاعتقاد بأن الكهنة كانوا الملوك في البداية وما على البشر الا الطاعة لخدمة الالهة. وتشير الدراسات الى ان الشعب قدر هذا المبدأ فحدث تغير في نظام الحكم، حيث تولى الملوك نظام الحكم وترك للكهنة الامور الكهنوتية بينما ادار الملوك الدولة وتولو الامور السياسية والاجتماعية والادارية وغيرها.

عرف العرب في العراق النظام الاستشاري في اختيار الحاكم (الملك) حيث اعتقد العراقيون القدامى بان الالهة هي التي تختار الملك وتقدم له وظائفه وكان الملك في غالبية المدن السومرية ينتخب من قبل المجلسين الحاكمين في الدولة. ونقرا في نص السومري (اجتمع اهل كيش واختاروا للملكية انجوركيش من اهالي كيش) ويقوم النظام الملكي على اختيار الالهة لهم ويذكر سنحاريب بان (الربه ملكة الالهة قد اختارتني للملك عندما كنت في رحم امي) وادعى اشور بانيبال في مناسبات عدة بان امة هي الالهة ننليل (زوجه الاله اشور) بينما يتم تتويج الملك في المعبد يقبل الملك ارض المعبد ويحرق البخور ثم يرتقي منصة مرتفعة وضعت في نهايه المعبد قرب تمثال الالهه. يقدم الملك طاسة ذهبية مملوءة بالزيت ومقداراً من الفضة وثوباً مطرزاً غالي الثمن، ثم يركع امام الالهه ويمسحه الكاهن الاعلى ثم يتوجه شارات الملك ويردد خلال ذلك دعاء يبارك فيه الملك ويدعو له بطول العمر ورعاية الالهه ورضاها، وبعدها يصلي الحاضرون من الامراء والقادة والوجهاء.

مثـل نظـام الحكـم في الدولـة العربيـة القديمـة نظامـاً استشـارياً وطبقـت بعـض المـدن النظـام الـديمقراطي حيـث تركـزت السـلطه الحقيقيـة في مجلـس المـواطنين العـام (دائـرة الشعب) وتألف المجلس من مجلسين: [2]

الاول: يضم المسنين والمتنفذين من كبار رجال الاسر والعشائر.

الثاني: يضم الشباب القادرين على حمل السلاح.

ينظـر المجلسـان بالقضـايا الهامـة كـإعلان الحـرب وتنفيـذ عقوبـة الاعـدام والنظـر في الـدعاوي المهمـة. وتظهـر فعاليـة دائـرة الشـعب في الحكـم عنـدما شرع كلكـامش في سـفرته نقـل صـلاحياتة الى مجلـس المسـنين وتمثـل تلـك الخطـوة تنـازل عـن الحكـم وتسـليمة الحكـم لمجلـس المسـنين المنخـب مـن قبـل الشـعب وهـو بـذلك يمثـل اول مفكـر سـياسي في التـاريخ البشريـ القـديم. [3] وكـان ذلـك في حـدود عـام 2700 ق . م حيـث وجـة الملـك كلكـامش فكرة الى ارض (ارض الاحياء) في (ارض الارز) لبنان اليوم حين قال لأنكيدوا :

(لم أنقـش اسـمي عـلى الالـواح كـما هـو مقـدر لي ، لأذهـبن الى البلـد الـذي تقطـع فيـة اشـجار الارز ولاثبـتن اسـمي في المكـان الـذي تكتـب فيـة اسـماء عظـماء الرجـال ، ولاقـيمن نصبا للالهـة حيـث لم يخـط اسـم حتـى الان) فقـال أنكيـدوا : (لمـاذا تصـمم عـلى القيـام بهـذة المغامرة) ؟.

أجـاب كلكـامش مـن اجـل الشرـ الموجـود في تلـك الارض ، سـنذهب الى الغابـة ونـدمر الشر. والشرـ هـو (خمبابـا) وهـو عمـلاق كـاسر وسـارا شـهرا واسـبوعين، وعـبرا سـبعة جبـال قبـل ان يصلا الى بوابة الغابة . [4]

وكـان صـعود اوروا ينكمينـا (اوراكاجينـا) الى عـرش لكـش نتيجـه خلـع دائـرة الشـعب للملك السابق وانتخابهم لـه. وللمـواطن حـق النقـاش ويظهـر مـن قصـة انـذار اكـا ملـك كـيش لكلكـامش بـان سـلطات الملـك كانـت محـددة. كلـما تسـلم كلكـامش انـذار اكـا عرضـة عـلى مجلـس مدينتـه ولم يرفضـه الا بعـد موافقـة مجلـس الشـباب القـادرين عـلى حمـل السـلاح رغم معارضة مجلس المسنين للحرب.(5)

اتسـم نظـام الحكـم العـربي القـديم بالنظـام التعاهـدي (الفـدرالي) ورغـم اخـتلاف حجـم الدولـة قـديماً الا انـه كـان هنـاك أقـاليم تتبـع مركزيـة الدولـة . وتتمتـع هـذه الاقـاليم بأسـتقلال قـام تقريبـا لكنهـا تابعـه للدولـة المركزيـة، وتخضـع للتفتـيش الاداري والمـالي بإنتظـام. وتظهـر الرسـائل التـي وصـلت مـن عهـد حمـورابي حرصـة عـلى حصر السـلطة في شخصـه وان يسـتمد حكامـه اوامـرهم منـه راسـاً. ونقـراً في النصـوص عـن مـوظفين متنـوعي التخصـص فهنـاك الرابيـانوم (مـدير مجلـس المسـنين) وحكـام المقاطعـات وجـابي الضرـائب ومسـؤولو المـدن والمشرـوفون عـلى الامـلاك الملكيـة ومسـاعدوهم والمسـؤولون عـن عبيـد الدولـة ثـم مسؤول الشرطه ورسول الملك في الامور الخاصة ومدير الرسوم ومسؤول التجار.(6)

تمتعـت المـدن العربيـة القديمـة ايضـاً بمجـالس تمثـل المـواطنين ويتكـون المجلـس مـن الرجـال ولم يـرد ذكـر للنسـاء. وكانـت صـلاحيات هـذه المجـالس تصـل لغايـة الحكـم بـالموت في الامـور القضـائية. وفي النظـام السـياسي العـربي القـديم اتبـع نظـام الهـرم الاداري في تقسـيم امور الدولة وكانت على الشكل التالي:(7)

1- الملك رأس الدولة.

2- التورتان (رئيس الوزراء).

3- الراب شاقي (كبير السقاة) مساعد رئيس الوزراء.

4- الرب بابيري (وكيل المؤونه).

5- الناكر ايكالي (صاحب القصر).

6- الاباراكو (من موظفي القصر)

7- السوكال (رئيس القضاة),

8- السارتينو (رئيس القضاة).

9- الخازانو (محافظ البلدة) الى اخرة من تقسيمات إدارية.

الفكر السياسي الإغريقي

بدأت الحضارة اليونانية بمجموعة مـن الأساطير والخرافات الى ان جـاء طـاليس في القرن السادس قبل الميلاد ومعه مجموعة مـن الكتـاب وبدأ يبحثون عـن أصـول الطبيعـة ومكوناتها. والى ان ظهر سقراط وأفلاطون وارسطو. وتطور الفكر فيما بعد علـى شـكل مذاهب متكاملة ممثلة بجهود كل من افلاطون وارسطو.

دولة المدينة: كانت المدن اليونانيـة تتناثر علـى الجبـال وفي الوديـان ونتيجـة لـذلك أتيحت الفرص لاستقلال المدن عن بعضها البعض ونجحت بتشكيل

أنظمتها الاقتصادية والاجتماعية ومن أهـم هـذه المـدن أسبارطه واثينـا الا ان اثينـا تميـزت اكثر بسبب نشأت العديد من المفكرين والفلاسفة بها.

الحيـاة الاجتماعيـة في دولـة المدينة: في اليونان القديمة كان المجتمـع اليونانـي يعيش حيـاة قبليـة ممزقـة وكـان يـرأس كـل قبيلة زعيم يطلـق عليـه لقـب (ملك) لان نظامـه وراثيـاً وكان الملك هـو القائـد الحربي للقبيلة اثنـاء حروبها. ثم نشأت دولة المدينة نتيجـة لتجمع هـذه القبائـل وتتكون دولة المدينـة مـن مجموعـة مـن المبـاني الخاصة والعامـة بالإضافة الى مساحة من الأراضي.

النظام الطبقي: قديماً ساد المدن اليونانية نظام طبقات يقسم الى ثلاث أقسام:

طبقـة المـواطنين: والمـواطن الشـخص الـذي يتمتـع بـالحقوق السياسـية والعامـة، والمواطنة تعتبر امتياز يكتسب بالمولد ويتيح لصاحبه تولي المناصب الإدارية والسياسية.

طبقـة المقيمـون: وهـم الأجانب الـذين يقيمـون باليونـان القديمـة بهـدف التجـارة، حيث منعت القوانين منع هؤلاء من المشاركة في السياسية.

طبقـة العبيد: سـادت المـدن والـدول القديمـة نظـام العبيـد والـرق وفي اليونـان القديمة حرمت هذه الفئة من أي دور وحقوق سياسية في دولة المدينة.

النظام السياسي لدولة المدينة: مثلت اثينا دولة المدينة الافضل للنظام الديمقراطي في العصر الاغريقي، وبذلك تكون هذا النظام من المؤسسات التالية:

المؤتمر العام: يمثل هذا المؤتمر المواطنون الذكور الذين بلغوا سن العشرين، وهو عبارة عن اجتماع عام لدولة المدينه في اثينا، يجتمع عشر مرات في العام و يشبة لحد ما المجلس التشريعي الا انه غير ملزم للسلطة التنفيذية، وبسبب كثرة العدد، فقد لجأ الاغريق الى وسائل اخرى اهمها التمثيل السياسي وذلك بإيجاد هيئات تمثيلية تسمح لتمثيل جميع المواطنين ومنحوها سلطة العمل نيابة عن الشعب وجعلوا مدة التمثيل قصيرة بحيث تسمح بالتناوب. وتتكون الهيئات التمثيلية من ما يلي:

مجلس الخمسمائة : كانت اثينا في ذلك الوقت تتكون من عشرة قبائل رئيسية. وكانت كل قبيلة تنتخب خمسين ممثلاً، ويمثل هذا المجلس اللجنة التنفيذية للمؤتمر العام، ونظراً لصعوبة ان يجتمع هذا العدد والقيام بالمهام التنفيذية فقد اتفق على ان يقوم خمسون منهم بالمهمة التنفيذية لمدة عشر السنة وقد اطلق على هؤلاء الخمسون باسم "اللجنة" وتتلخص مهام اللجنه مما يلي:

- اقتراح القوانين التي تقدم الى المؤتمر.
- القيام بالسلطه التفيذية نيابة عن المؤتمر العام.
- استقبال سفراء الدول الاجنبية.
- الاشراف على الموظفين العموميين.

- حق معاقبة المواطنيين بالعقوبة المناسبة.

- الاشراف على ميزانية الدولة وماليتها وجمع الضرائب.

- ادارة الاسطول.

المحـاكم: اعضـاء المحـاكم يختـارون عـن الشـعب وعـددهم 501 وقـد يزيـدون ولكـن يشترط ان لا يقل عددهم عن 201 عضوا، أهم اعمالهم .

1. اصـدار الاحكـام في القضـايا المعروضـة عليهـا سـواء كانـت جنائيـة او مدنيـة وتحـدد الادانـه مـن عـدمها ونوعيـه القوبـة، والاشراف عـلى المـوظفين العمـوميين بمـا في ذلـك اختيار صلاحيه المرشحين من قبل اعضاء المحكمة.

2. للوظائف العمومية ومراجعة حسابات الموظف بعد اتهاء مدتة.

3. الاشراف عـلى القـانون نفسـه حيـث يمكنهـا الاعـتراض عـلى أي قـانون أقـرة المـؤتمر العام بحجة مخالفة الدستور المدني.

المفكرين السياسيين الإغريق

سـقراط (469-399) ق.م: ولـد سـقراط في اثينـا وبـدأ حياتـه نحاتـاً كأبيـة لكـن الميـل الى الحكمـة شـده في سـن مبكـر، آمـن سـقراط بـأن لديـة أمانـة سـماوية يجـب تبليغهـا الى الأمـة لم يكـن لسـقراط مدرسـه بمعنـى الكلمـة بـل كـان يجتمـع بالنـاس بكـل مكـان يتفـق عليـه، كـان مواطنا صـادقاً وجنـدياً باسـلاً واشـترك في عـده معـارك عـاش سـقراط في الفـترة التـي سـادت فيهـا أفكار السوفسطائين* وهم مجادلين مغالطين وكانوا متاجرين بالعلم، اهتموا

بالجـدل، يفـاخرون بتأييـد القـول الواحـد ونقضيته عـلى السـواء، اذن لم يبحثـوا عـن الحقيقـة بـل عـن وسـائل الإقنـاع والتـأثير الخطـابي كـانوا يتظـاهرون بـالعلم مـن اجـل ان يسـاعدهم عـلى اسـتنباط الحجـج والمغالطـات وتطرقـوا عبثـا إلى المبـادئ الخلقيـة والاجتماعيـة فجـادلوا ان كـان هنـاك حـق وباطـل وخـير وشر وعـدل وظلـم شـككوا في الـدين فسـخروا مـن شـعائره مجـدوا القـوة والغلبـة، تـاجروا بـالعلم واسـتعملوه وسـيلة لجلـب المنفعـة لهـم، هـزءوا مـن العقـل فكـانوا معلمـين خطبـاء ولم يكونـوا حكـماء هـذا هـو السـبب الـذي جعـل اسـمهم مسـبة عـلى مـر الأجيـال. نـادى السوفسـطائيين بأنانيـة الإنسـان وجشـعة وقـالوا ان السـلطة السياسـية تعتمـد عـلى القـوة وان التنظـيم السـياسي هـو الانتـاج لاتفـاق الاقويـاء عـلى الضـعفاء لبسـط قوتهم وسيطرتهم.

فلسـفته: انـتهج سـقراط مرحلتـان الاولى تـدعى الـتهكم والثانيـة التوليـد. ففـي الـتهكم كـان يتصـنع الجهـل، ويتظـاهر بتسـليم اقـوال محدثيـه ثـم يلقـي الاسـئلة ويعـرض الشـكوك شـأن مـن يطلـب العلـم والاسـتفادة وكـان يهـدف مـن ذلـك تخلـيص العقـول مـن العلـم السوفسـطائي أي الزائـف والاعـداد لقبـول الحقيقـة امـا التوليـد فيـتم بمسـاعد محدثيـه بالأسئلة والاعتراضـات مرتبـة ترتيبـاً منطقيـا عـلى الوصـول الى الحقيقـة التـي اقـروا انهـم يجهلونهـا، فيصـلون اليهـا وهـم لا يشـعرون ويحسـبون انهـم استكشـفونها. وبـذلك يسـتخرج الحـق مـن النفس.

يقـول سـقراط ان لكـل شيء طبيعـة او ماهيـه وهـي حقيقيـة يكشـفها العقـل، لم يهـتم بالطبيعيـات والرياضـيات، اهـتم بالإنسـان وانحسرـت الفلسـفة عنـده في دائـرة الأخـلاق أي انـه انـزل الفلسـفة مـن السـماء الى الأرض يختلـف سـقراط مـع السـوفطائيون بقولـه ان الطبيعـة الإنسانية شهوة وهوى ، رد سقراط على ذلك

وقال: ان الإنسان روح وعقل و مطابقة للطبيعة الحقة وهي صورة من قوانين غير مكتوبة رسمتها الآلهة في قلوب البشر فمن يحترم القوانين العادلة يحترم العقل والنظام الإلهي وقد يحتال البعض في مخالفتها بحيث لا يناله اذى في هذه الدنيا، ولكنه مأخوذ بالقصاص العادل لا محالة في الحياة المقبلة.

الإنسان يريد الخير دائماً ويهرب من الشر بالضرورة، فمن تبين ماهيته وعرف خيره بما هو إنسان أراد ذلك حتماً.

الشهواني: الرجل الذي جعل نفسه خيراً ويرتكب الشر عمداً : إذن هذه رذيلة وربطها سقراط بالجهل، والعقل والعلم فضيلة وهذا يدل على ايمان سقراط بالعقل وحبة للخير. توفي سقراط متجرعاً السم عندما اتهمه مجموعة من المستفيدين من نظام الديمقراطية اليونانية واتهم بنكران الإله وبإفساد عقول الشباب والمتهمين هم : انيتوس وهو احد رؤوس الصناعة وزعماء الديمقراطية، ومليتوس شاعر شاب وخامل. رفض المغادرة لكي لا يخترق القوانين التي تحمي المواطنين في الدولة وفضل تجرع السم على المغادرة. نادى سقراط بحكم الارستقراطية الفكرية وهاجم الديمقراطية اليونانية.

افلاطون(427-327) ق.م: تأثر افلاطون بأفكار استاذة سقراط وهو ابن لأسرة الارستقراطية ولد في اثينا تأثر بإعدام معلمة بسبب التهمة التي وجهة له بعدم الايمان بآلهة المدينة مما افقد افلاطون الثقة بقوانين واعراف المدينة.

فلسفتة: لم يختلف افلاطون عن معلمه سقراط في اتباع منهجه في التفكير، عندما نادى بضرورة ان تحكم الارستقراطية الفكرية، اعتقد افلاطون بوجود حقيقة مجردة في الحياة الاجتماعية لكن لا يعرفها سوى ذوي القدرات الذهنية العالية حيث بنى افكارة اعتماداً على هذه الفكرة واستنتج ان عامة الشعب يجب ان يخضع للفئة المختارة التي تتمتع بالقدرات

الذهنيـة والعقليـة، ومـن هنـا قـال بـأن الاقـدر عـلى المعرفـة هـو الاحـق بـالحكم وهـم برأيـه طبقة الاستقراطية أي النبلاء.

نشـأة الدولـة عنـد افلاطـون: يقـول افلاطـون ان نشـأة الدولـة جـاءت لإشـباع الحاجـات والرغبـات عنـد النـاس والتـي لا يمكـن إشـباعها الا بالتعـاون والتبـادل، وعجـز الفـرد عـن سـد حاجاتـه لنفسـه يسـتدعي ارتباطـه مـع الآخـرين، ونتيجـة لـذلك تنشـئ الدولـة وتـنظم حاجـات النـاس الاقتصـادية والخـدمات، اسـتبعد فكـرة قيـام السـلطه والقـوة ومـن هنـا تكـون وظيفـة الدولـة الاساسـية تـوفير اسـهل الطـرق والوسـائل لتعـاون الأفـراد وتبـادل الخـدمات وان عـلى الفرد القيام بالخدمات الاجتماعية، وبذلك تصور افلاطون الدولة كنظام خدمات متبادلة.

فسر افلاطـون الدولـة بوجـود ثـلاث وظـائف السياسـية وهـي: سـد الحاجـات وحمايـة الدولـة والقيـام بمهمـة الحكـم وتوجـد ثـلاث طبقـات في داخـل الدولـة تقـوم كـل طبقـة منهـا بتحقيق واحدة من هذه الوظائف:

-طبقة العمال المنتجين والذين يقومون بسد الاحتياجات الضرورية للأفراد في الدولة.

-طبقة الجنود والمحاربين ويقومون بحماية الدولة ضد الأخطار الخارجية.

-طبقة الحكام المختصين بإدارة الدولة وتعريف الشؤون السياسية.

لكنـه لم يجعـل مـن هـذه الطبقـات وراثيـاً، بـل جعـل المجـال مفتوحـاً أمـام الجميـع مـن تسمح له الفرصة الوصول الى أعلى المراتب.

اقتراح أفلاطون شكل الحكومة من خلال كتبه الثلاث:

كتاب الجمهورية: حيث يقول افلاطون يجب اخضاع كل شيء في الدولة لشخص الحاكم الفيلسوف الذي هو قبل شيء مفكر وباحث عن الحقيقة، حيث يعتبر المثل الاعلى ويعتبر الحاكم كوصي على المحكومين وراعياً للقطيع وان الافراد لا يملكون الا الطاعة واعتبر الحكومة المثالية هي الحكومة المستنيرة بالعقل.

كتابة السياسي: يقول افلاطون ان دولة الجمهورية افضل أنواع الدول لكنها مستحيلة المنال وفي هذا الكتاب يعرف افلاطون السياسي بأنه صاحب المعرفة الحقيقية ويقارن بين السياسي ورب الاسرة ويصل الى نتيجة مفادها انهما يتشابهان في مهمتها فكليهما يعمل لصالح الجماعة. وقد اوجد افلاطون في هذا الكتاب تقسيما جديداً للدولة يتلخص فيما يلي:

الدولة المثالية: وهي التي يقودها الحاكم الفيلسوف الذي يتميز بالحكمة والمعرفة التامة ولا تتقيد بالقانون ولا تحتاج ل وهي دولة إلهية لا يتيسر وجودها.

الدولة الزمنية: وهي ستة انواع: ثلاثة منها تتقيد بالقوانين وهي:

- حكم الفرد (الملكية المقيدة).
- حكم الاقليه الأرستقراطية.
- الديمقراطية المعتدلة.

اما الثلاثة التي لا تتقيد بالقوانين فهي:

- حكم الفرد الاستبدادي.

- حكم الاقلية الاوليغاركية.

- حكم الديمقراطية المتطرفة او الغوغاء.

كتابة القوانين: في هـذا الكتاب اقـترح افلاطون فكـرة الدولـة المختلطة التـي تجمـع بـين الحكمـة في النظـام الملكـي والحريــة في النظـام الـديمقراطي بالإضـافة الى وجـود حكومـة ارستقراطية تقـوم عـلى فصـل السلطات. واقترح افلاطون نظامـاً يقـوم عـلى القانون لمجابهـة الحياة الواقعية وقال مهما كانت الفئة الحاكمة نقية وقوية فإن الحكمة تقتضيـ ان تتخذ الضمانات مـن اخطائهـا وسـوء اسـتعمالها النـاتج عـن الضـعف الانسـاني. توصـل افلاطون الى فكـرة الدولة المختلطة بعـد دراسـة تاريخيـة لعـدد مـن الـدول خلـص منهـا الى ان النظـام العسكري في اسـبرطة هـو الـذي قـاد الى نهايتهـا وان الملكيـة المسـتبدة ادت الى انهيـار دولـة الفرس وان اثينيا قد اضرت بها الديمقراطية المتطرفة وكان يمكن لكل دولة مـن هـذه الـدول ان يكتب لها الازدهار والنمو لو انها التزمت بالاعتدال.

ارسطو (384-322) ق.م: ولـد في سـتاجيرا عـلى الساحل المقـدوني ثم هـاجر الى اثينيـا وتتلمذ على يد افلاطون.

تـأثر بفلسفة افلاطون وشغل عـدة مناصب كـان اهمهـا عـام 343 ق.م، حيـث اختير معلماً للأسكندر المقدوني وبعدها افتتح مدرسة خاصة له في اثينيا.

منهجه: انتقل ارسطو لعلم السياسة من اسلوب المحاورات المعروف لدى افلاطون الى اسلوب المحاضرة المعروفة بدقتها والتي تظهر بشكل أدبي مميز. وقد رجع الفضل لأرسطو في تنظيم علم المنطق، ويرى ارسطو في بحثه لماهية المعرفة بأنها تنتج عن صلة التفكير بالاراء، ثم الصلة بين هذه الاراء وبين النتائج والادلة. أي على الانسان ان يقارن الشيء المحسوس الذي يعرفه بالاشياء الاخرى المعروفة لكي يتأكد من تطابق نتائجها ثم بعد ذلك يقيم الدليل على نتائجه.

اتسم منهج ارسطو الفلسفي بالواقعية ومعالجة العلوم الانسانية العقلانية وقد كانت معظم ارائة تقوم على الترتيب المنطقي القائم على الملاحظة العملية الدقيقة التي تعتمد التحليل واستخلاص النتائج للظواهر الموجودة في عصره. وبهذا يكون منهجة قد اتجة اتجاهاً واقعياً واستقرائياً

الطبقات الاجتماعية: اهتم ارسطو بالأساس الاقتصادي وتوزيع الثورة في عملية تقسيم المجتمع الى طبقات اجتماعية، اعتبر أرسطو الثروة والملكية شرطاً أساسيا للحياة الاجتماعية والسياسية يؤمن أرسطو بالرأسمالية وذلك بقولة، بأن المساواة بين آهل المدينة قد يحقق بعض المنافع في تلافي المنازعات الداخلية لكنة لا يخلو من بعض الأضرار الناتجة عن ظلم الناس الأكثر نشاطاً وحرمانهم من زيادة ثرواتهم، لذلك فهو يدعو الى الاعتدال في توزيع الثروة ويطالب بتحقيق العدل الاجتماعي.

الدولة: يرى أرسطو بأن الدولة تنشأ نتيجة للتطور وتبدأ من الأسرة التي نتجت لحاجة الإنسان الى الطعام والمأوى والتناسل ويظل الناس يعيشون في اسر منعزلة ما داموا لا يشعرون بالحاجة الى إشباع حاجات جديدة فألاسرة كفيلة بإشباع الحاجات الضرورية فإذا ظهرت حاجات جديدة نشأ المجتمع

التالي وهو القرية وهي إتحاد عدة أسر، اما الدولة فهي المرحلة العليا للمجتمع وهي تتكون من عدة قرى.

الدولة تسعى لتحقيق حياة افضل للمواطنين، لذا تعتبر برأي أرسطو – الدولة -أسمى من الفرد والعائله والمدينة، لانها تمثل الكل والكل اسمى من الجزء لانه اذا فسد الكل لا يبقى الجزء، يعتبر ارسطو التعليم واجب الدولة الرئيسي- والذي يسعى لتحويل الافراد الى مواطنين صالحين من خلال رفع مستواهم الثقافي والخلقي وتعليمهم العادات الحسنة.

يؤيد ارسطو افكار افلاطون التي جاءت في كتابة "القوانين" ويرى ان سيادة القانون هي علامة الدولة الصالحة وأكد ان حكم القانون او الحكم الدستوري يمتاز بثلاث ميزات رئيسية هي:

1- انه حكم يهدف للصالح العام وليس المصالح الخاصة كما هو الحال في الحكم الطائفي او الحكم الاستبدادي.

2- انه حكم قانوني لا تتحكم فيه الأهواء الشخصية.

3- الحكومة الدستورية هي حكومة المواطنين الراضين عن الحكم لا المرغمين عليه.

الفكر السياسي الروماني

الرومان هم من الشعوب الآريه التي استقرت في شبة الجزيرة الإيطالية في القرن السادس عشر قبل الميلاد، وآسسو مدينة روما في القرن الثامن قبل الميلاد. مرت الإمبراطورية الرومانية بعدة مراحل :

المرحلة التأسيسية: استمرت من القرن السادس قبل الميلاد الى القرن الثالث قبل الميلاد، مرحلة بسط نفوذ روما في شبه الجزيرة الإيطالية.

مرحلة الصراع مع قرطاجة: بعد ان استتب الامر لروما أخذت تسعى الى توسيع نفوذها خارج ايطاليا، قام القائد القرطاجي الفنيقي العربي بغزو روما سنه 218 ق.م لكنه ارتد عنها عندما علم ان الرومان هاجموا قرطاجة وهناك هزم في معركه (زاما) سنة 202 ق.م وانتهى الامر بتدمير قرطاجة واحراقها على يد الرومان سنة 146 ق.م

- **مرحلة التوسع والاستعمار:** بعد هزيمة قرطاجة لم يبق امام الرومان اية قوة فعملت على توسيع نفوذها، فاحتل الرومان مقدونيا عام 168 ق.م، ثم بلاد اليونان عام 146 ق.م ثم سوريا عام 64 ق.م ثم مصر عام 27 ق.م وقد ظهر فيها أباطرة عظام عملوا على تنظيم الدولة منهم اوغسطس وتراجمان وهدريان وقسطنطين .

- **مرحلة الضعف والانقسام:** بعد موت قسطنطين مرت الامبراطورية بفترة اضطرابات انتهت بتقسيمها عام 395م الى قسمين الامبراطورية الرومانية الغربية وعاصمتها روما والإمبراطورية الرومانية الشرقية وعاصمتها القسطنطينية وقد سميت بالإمبراطورية البيزنظينية، اما

الامبراطورية الغربية فلم تعمر كثيراً فقد قضىـ عليها الجرمان من الشمال اما الامبراطورية الشرقية فقد استمرت حتى عام 1453م عندما سقطت على يد السلطان العثماني محمد الفاتح.

الفكر السياسي الروماني لم ينل نصيباً كبيراً مقارنة مع غيرة ، تأثر الرومان بالفكر الإغريقي اهتم الرومان بفكرة السيادة وقد عنت هذه الفكرة عندهم ان لكل مجتمع قوة أصيلة فية تفرض على كل أعضائه طاقة غير محددة ووصفوها بأنها العلاقة المميزة للمجتمع.

اهتم الرومان بمبادىء القانون والوحدة والنظام وفي سبيل بناء أمبراطوريتهم أضطر الرومان الى تحطيم فكرة الحرية والديمقراطية التي طغت على كتابات الاغريق وقد اهتم الرومان بضرورة قوة الدولة وتركيز السلطه في يد حكامها.

هذا الاهتمام للرومان بمفهوم السيادة جعلهم لا يترددون في تغيره عندما توسعت امبراطورتهم على حساب الدول الأخرى. ولعل النظام الذي ساد روما آنذاك طبق في العهد الاستعماري الحديث.

من ابرز المفكرين السياسيين الرومان شيشرون ومن ابرز مؤلفاته في القانون والسياسة كتاب الجمهورية وكتاب القوانين، وطابقت كثيراً هذه المؤلفات أفكار الاغريق مثل أفلاطون وارسطو لكنها لم تكن مطابقة لكتب أفلاطون، واتبع شيشرون نهج المحاورات كما فعل أفلاطون، وترجموا الكتب من الإغريقية الى اللاتينية، لكنهم لم يضيفوا شيئا مميزاً سوى بعض المبادئ التي استنبطوها من المشاكل التي واجهتهم في توسع إمبراطوريتهم.

اهتم شيشرون بالأفكار الرواقية التي نادت بالمساواة والاخوة البشرية وأبوة الآلهة وتبشيرهم بمدينة عالمية او دولة عالمية واحدة، حيث مال الرومان الى مثل هذه الفلسفة لتوسيع إمبراطوريتهم ولكن على طريقتهم وفلسفتهم الخاصة بهم والتي تستمد من السيادة مصدرها في التعامل مع الآخرين بعيداً عن كل القيم والأخلاق التي نادى بها بعض المفكرين الإغريق.

الفكر السياسي المسيحي

بعد تقسيم وضعف الامبراطورية الرومانية، انقسم المسيحيون الى قسمين من الجانب الفكري. الجانب الاول ينادي بسيادة الكنيسة بينما الجانب الثاني ينادي بسيادة الدولة، واحتدم الخلاف بين الطرفين مع ان الغلبه كانت لصالح الكنيسة وبرز من خلال هذه الصراع الفكري بعض المفكرين الذين اتجهوا نحو تيارين مختلفين ففي جانب الكنيسة نادى القديس سان اوجستين (354-430م) في كتابه "مدينة الله" بحكم الكنيسة واخضاع الدولة لسيطرتها، وقال ان الانسان روح وجسد وان امور الناس تقسم الى قسمين الأولى دنيوية ومصدرها الجسد والثانية دينية ومصدرها الروح، وقسم التاريخ الى قسمين الأولى المجتمع الدنيوي الذي تسيطر علية قوى الشر والثاني مجتمع ديني او مدينة الله وتسيطر علية قوى الخير، ويسمى الاول مملكة الشيطان اما الثاني فيسمية بمملكه المسيح، واضح ان سبب سقوط الامبراطورية الرومانية ميولها نحو المملكة الدنيوية التي هي برأيه مملكة الشيطان.

على الجانب الآخر ظهر المفكر توماس الاكويني واندروز ومارسيليودي بادو الذين ايدوا سلطة الإمبراطور على الدولة الزمنية ورؤوا ان سبب انقسام

الإمبراطورية الرومانية الى شرقية وغربية السلطة الدينية. لذا وجب تقييد السلطة الدينية وسيادة السلطة الزمنية.

الفكر السياسي

في عصر النهضة والإصلاح الديني

في هذه المرحلة اتسمت الحياة العامة في أوروبا بانهيار البابوية وظهور مجالس الكنيسة، وازدهار التجارة ونما المدن وضمور الأهمية السياسية لنبلاء الإقطاع ورجال الدين وازدياد أهميه الشعوب والملوك على حد سواء وظهور الحروب على أساس قومي من ناحية وقيام العلاقات الدبلوماسية من ناحية أخرى.

ظهرت خلال هذه المرحلة محاولات الفصل بين الدين والسياسة والدعوة الى العلمانية ثم ظهرت حركة الإصلاح الديني البروتستانتي التي قللت من شأن البابـاوات وعملت على تقسيم عمل الكنيسة وتوزيعها على جماعات وازدهرت الفكرة القومية وأكد رجال الإصلاح الديني على ان يكون الإنسان مرتبطاً مع ربة مباشرة دون وساطة الكنيسة.

من ابرز مفكرين هذه المرحلة ميكافيللي ومارتن لوثر.

ميكافيللي: ولد ميكافيللي عام 1469م في مدينة فلورنسا الايطالية يمثل كتابه (الامير) نموذج للنفاق السياسي، حيث الغاية تبرر الوسيلة، واذا ما اراد الحاكم من تحقيق هدف معين فعلية استخدام كل الوسائل المتاحة أمامه وبغض النظر عن سلبياتها وإيجابيتها على الاخر، محطماً بذلك كل القيم والأخلاق التي تتيح للحاكم تحقيق طموحاتة، لكنه أعطى هذا الحق للحاكم

وعـاد ليعـبر عــن مفهومـه للأخـلاق بسـلوك الأفـراد والبسـطاء. يـرى ميكـافيللي ان الحـاكم يجـب ان تجتمـع فيـة صـفات الاولى للأسـد وهــي الشـجاعة والقـوة والثانيـة للثعلـب وهـي الدهاء مـن اجـل تثبيـت حكمـة والـدفاع عـن ملكـه، هـذه النظـرة الميكافيليه للحيـاة السياسية تركـت انطباعـاً لـدى القـوى الاسـتعمارية اللاحقـة لمرحلـه ميكـافيللي عنـدما اسـتعمرت اوروبـا معظـم اجـزاء الكـرة الأرضـية فعاثـت فيهـا الفسـاد والـدمار تحـت شـعارات مزيفـة وخادعـة، مثلما هو الحال بالنسبة الى مفهوم محاربة الإرهاب في العالم كما يدعي الغزاة.

مـارتن لـوثر: أمـا مـارتن لـوثر المولـود عـام 1483، أكـد عـلى أهميـة طاعـة الدولـة الزمنيـة وفصـلها عـن الكنيسـة، لكنـه لم يقلـل مـن أهميـة الكنيسـة لا بـل نـادى بإصـلاح الكنيسـة مـن الـداخل عـن طريـق تركـز السـلطة الدينيـة في يـد جماعـة ولـيس في يـد البابـا وحـده. هـاجم النظـام الطبقـي داخـل الكنيسـة وتـدخلها في الشـؤون السياسـية طالـب في الطاعـة المطلقـة في البدايـة لكنـة تراجـع عـن ذلـك ونـادى بحـق الشـعب في الخـروج عـن السـلطة الحاكمـة إذا تغـاضى الحـاكم عـن القـانون، أكـد عـلى الحقـوق الدينيـة واحترامهـا وممارسـتها دون تـدخل مـن الدولة وقال أن الحاكم مسؤول أمام الله وحده وليس أمام الشعب.

الفكر الاشتراكي

تـدرج الفكـر السـياسي في أوروبـا مــن الفكـر الإغريقـي القـديم في القـرن الخـامس والرابـع قبـل الميلاد الى الفكـر الرومـاني ثـم الفكـر المسيحي العصـور الوسـطى أي القـرن الثـاني والثالـث والرابـع بعـد المـيلاد ثـم الى مرحلـه الفكـر الإصـلاحي الـديني والنهضـوي في القـرن الخـامس والسـادس الميلادي، بعـد ذلـك تطـورت الأفكـار السياسـية في أوروبـا تبعـاً لمتغـيرات الحياة العامة عندهم

حيث التقادم القومي والـديني نتـج عنـه فكر جديد اطلعـه عـلى الفكر الاشتراكي في القرن السابع والثامن والتاسع عشر الميلادي.

شهدت أوروبـا تطـور صناعي في القرن الثامن والتاسع عشرـ ممـا حـدا بأصحـاب رأسالمال إلى تكـوين إمبراطوريـات أمـوال عـلى حسـاب الفقـراء والبسـطاء مـن أبنـاء الشـعب، وبذلك اتسعت الفجوة مـا بـين الغنـى والفقر وازداد الظلـم حبـاً وجشعاً للـمال. وتعقـدت العلاقـات الاجتماعيـة واصبـح الإكـراه سـمة عامـة في المجتمـع الأوروبي نتيجـة للملكيـة الفردية. وبذلك ظهـر العديد مـن المفكرين الاشـتراكيين لإيجـاد حـل لهـذه المصاعب والاستبداد المادي الذي تغلغل في المجتمع ومن أهم رواد هذا الفكر:

روبـرت اويـن (1771-1875): حـاول إمكانيـة إقامـة علاقـة تعاونيـة مـا بـين صاحـب العمل والعامل بـدلاً مـن المنافسة، وقدم هـذه الأفكار في كتابه "نظرة جديدة نحو العالم" عـام 1812م وكتاب آخـر بعنـوان " العالم الأخلاقـي الجديد" عـام 1820م. أكـد اوين عـلى مبـدأ التعـاون ونبـذ صراع الطبقـات، واستبعد إمكانيـة حـل الدولـة للمشكلات الاقتصاديـة وبذلك ركـز اهتمامـه عـلى العمـل مـن خلال الجمعيـات التعاونيـة كحـال بـديل عـن الملكيـة الفردية الرأسمالية.

كـارل مـاركس (1818-1882م): نـادى مـاركس بتطبيـق الفكر الاشتراكي عـن طريـق الثورة وليس عـن طريـق التدرج، اخـذت عـن هيجل فكـرة اساسية وهـي الجدليـة وان العـالم حقيقـة متغيـرة وان هـذا التعبـير يتـم عـن طريـق تكـوين الاضداد فكـل فكـرة تـؤدي الى نقيضها والفكرة ونقيضها تؤديان الى نتيجة.

اهـم مقترحـات مـاركس لتطبيـق الاشـتراكية وإلغـاء الطبقـات بيـن النـاس هـو ان تتبـع البروليتاريا أي طبقه العمال والفلاحين الخطوات التالية لتحقيقه الثورة:

1- الغاء ملكية الارض الزراعية ومصادرة الريع.

2- فرض ضرائب تصاعدية مرتفعة على الدخول.

3- إلغاء حق الوراثة.

4- مصادرة ممتلكات المهاجرين والمتمردين على النظام والخارجين عليه.

5- تركيز الثروة في يد الدولة عن طريق بنك مركزي وطني قوي.

6- ملكية الدولة لجميع وسائل النقل والمواصلات.

7- توسع نشاط الدولة في مجالات الصناعة والزراعة.

8- المسؤولية المتساوية للجميع عن العمل.

9- توجيـه النشـاط في قطاعـي الزراعـة والصناعـة والربـط بيـن هـذين القطاعيـن والعمـل على إزالة الفوارق تدريجياً بين القرى والمدن وأسلوب الحياة فيها.

10- التعليم المجاني والغاء تشغيل الأطفال.

هـذه الأفكـار الاشـتراكية لاقـت ترحيبـاً في العديـد مـن الـدول الأوروبيـة وبعـض دول العـالم وذلـك لسـبب بسـيط وهـو الانعـدام الخلقـي في توزيـع الـثروة بيـن ابنـاء المجتمـع بالإضافة الى الجشع المادي المريض الـذي صاحب اصحاب راس المال والـذي نتج عنه ازدياد الفجـوة مـا بيـن الطبقـة الفقيـرة العاملـة (البروليتاريـا) وطبقـة أصحاب المصانع والإقطـاع حيث مثلت روسيا القيصرية

آنذاك متسع لهذه الفكرة والتي سادها النظام الإقطاعي الظالم على حساب الفقراء.

انتشرت الاشتراكية عن طريق الثورة كما عرب لها ماركس ولينين في روسيا القيصرية ثم ازدهرت هذه الفكرة لتصل الى الصين وبقية أجزاء أوروبا الشرقية وبعض دول العالم الأخرى، ومثلت الاشتراكية السوفيتية آنذاك الحل الوحيد للاستبداد الإقطاعي المادي للمجتمعات في ظل غياب الوازع الديني عند هذه المجتمعات على الجانب الآخر من العالم انتشرت الرأسمالية الجشعة في اوروبا الغربية والولايات المتحدة الامريكية وبقية مستعمرات الغرب الاوروبي، وظل الفكر الاشتراكي والرأسمالي يتصارعان للهيمنة على العالم.

الأول يسعى الى إزاحة الطبقية من المجتمع وجعل المجتمع طبقة واحدة، بينما الثانية تطالب بتكريس الطبقية بين أبناء الشعب، وكلتاهما همشتا دور الدين واتخذتا من المادة المبدأ الأساسي في التعامل مع الحياة. وسرعان ما انهارت الأولى وتتبعها الثانية في طريق الانهيار. ليبقى الفكر الديني المنزل من عند الله هو الأساس في الحكم بين البشر ـ وليس فكر بني البشر ـ لذا لا يمكن بأي شكل من الأشكال أن تتعدى على أوامر الخالق وندعي بحلول سحرية من صنع البشر ونبتعد عن الحلول الإلهية التي أمرنا الله بها.

الفكر السياسي الإسلامي

اختلف كتـاب الفكر الإسلامي فيه تسـميته فالبعض كتبـة تحـت عنـوان الفكر العربي والبعض كتبـة تحـت عنـوان العربي الإسلامي ثـم الآخـر كتبـة تحـت عنـوان الفكر الإسلامي، التسـميات مختلفـة لكـن الحقيقـة ثابتـة وهـي ان العـرب هـم حملـة الرسـالة السماوية ونقلوها بأمانة الى بقيه بني البشر دون تميز اوتحابي بين العرب وغير العرب.

العـرب كأمـة عريقـة عرفـت الفكر قبـل الإسلام لا بـل قبـل الميـلاد كمـا أسـلفنا في البدايـة لكـن اكثـر مـا ميـزهم وجعلهـم أسـياد للفكـر السياسي العالمي هـو الإسلام أي الرسـالة الخالدة التي انعم الله بها عليهم.

لـذا فـإن اخـتلاف التسـميات لا تعنـي الخـلاف بقـدر مـا تعنـي حمـل العـرب لفكـر الإسلام ونشره في بقاع المعمورة ولعل مساهمة العديد مـن العلمـاء المسـلمين الغـير عـرب سـاهم واسرع ايضاً في نشرـ الفكر الإسلامي في بلـدانهم وبلـدان اخـرى. ومـن هنـا فـإن الحديث عـن الفكر الإسلامي لا يوجب علينـا دمغـه بصفـة العروبـة فقـط لان العـرب كانوا حاملين لهـذه الامانـة الإسلامية التي أمرهم الله بها وهـي رسالة الإسلام فالتسمية هـي إلهيـة وليست بشرية.

مصـادر الفكـر السـياسي الإسـلامي: الفكـر السـياسي الاسلامي الـذي نقلـه العـرب لبقيـة الشعوب ساهمت عدة عوامل على تكوينه، وهي على الشكل التالي:

القرآن الكريم والحديث النبوي الشريف: القرآن الكريم هو الدستور الاساسي للتشريع عند المسلمين، لقد ذكر القرآن الاسس العامة التي تقوم عليها الدولة مثل العدل والمساواة والشورى ولم يتعرض القرآن الكريم لتفاصيل نظام الدولة والاسلام لم يتعرض لتفصيلات شكل الدولة وانما عملية تطبيق الحكم الاسلامي قضية اجتهادية قابلة للتخطئة والتصويب والأخذ والرد والمناقشة وابداء الرأي وهي ليست مقدسة، اذن هي في نهاية الامر اجتهاد بشري وهكذا يختلف الاسلام عن الثيوقراطية التي نادت بقدسية الحاكم وعصمته وتعتبر معارضة الحاكم خروج عن الدين المسيحي ومعادية له. لذا فإن ترك تفاصيل تكوين الدولة بين المسلمين أتاح لهم حرية التعبير والتفكير والبحث عن البدائل المتاحة لتوفير افضل السبل لراحة المسلمين.

كل الطرق المتاحة في الاسلام لنظام الدولة يجب ان لا تخرج عن طاعة الله ورسوله. وعلى الحاكم المسلم الالتزام بالامر الالهي وهنا وجبت طاعة. اما اذا خرج عن الامر الالهي حيث **"لا طاعة لمخلوق في معصية الخالق"**.

ولعل العدل والمساواة والشورى التي جاء بها القرآن الكريم والحديث النبوي الشريف تعتبر من ثوابت الفكر السياسي الاسلامي. لذا لا بد من توضيح هذه الثوابت التي قامت عليها الدولة الاسلامية وامتدت لتشمل اجزاء من غرب اوروبا الى الصين في الشرق ودول المحيط الهندي في جنوب ثم وسط القارة الاسيوية وتخوم روسيا بحدود موسكو في الشمال.

العدل والمساواة: الإسلام دين العدالة كما يقول النبي محمد **صلى الله عليه وسلم " لا فضل لعربي على اعجمي الا بالتقوى"** لقد آخا الرسول الكريم عند هجرته من مكة الى المدينة بين المهاجرين والانصار وبذلك يكون سيدنا محمد

صلى الله عليه وسلم قد اوجد مبدأ المساواة بين المسلمين في بدايات الدولة الاسلامية واضعاً هذه الجذور العميقة بين افراد المسلمين بغض النظر عن التفاوت الاقتصادي الوجاهي بينهم. لقد تقاسم المسلمون البيوت والطعام والمشرب والملبس فيما بينهم واختفت مظاهر الفروقات رغم مرارة الهجرة التي تعرض لها المهاجرين من مكة الى المدينة وخسارتهم لبيوتهم واموالهم مضحين بذلك من اجل الاسلام، مثلت العدالة والمساواة التي استقبلوا بها في المدينة جوهر العملية السياسية لبناء الدولة الاسلامية الحديثة انذاك.

يقول الله تعالى ﴿ ان الله يأمركم ان تؤدوا الامانات الى اهلها واذا حكمتم بين الناس ان تحكموا بالعدل ﴾ (8)

وقوله تبارك وتعالى:

﴿ يا ايها الذين آمنوا كونوا قوامين بالقسط شهداء لله ولو على أنفسكم او الوالدين والأقربين ان يكن غنياً او فقيراً فالله أولى بهما فلا تتبعوا الهوى ان تعدلوا ﴾ (9)

لقد تميز الإسلام بعدالته وهذا سر نجاح انتشار الإسلام بفترة وجيزة شملت معظم القارات الثلاث أسيا وأوروبا وأفريقيا آنذاك، تميزت الحضارة الإسلامية بمعنى العدالة في الوقت الذي كانت الحضارات الاخرى تقوم على مبدأ التقسيم الطبقي بين افراد الدولة الواحدة. لقد فاجأ الاسلام الشعوب المقهورة بعدالته ودخلت تلك الشعوب في الاسلام دون قتال وليس كما يدعي اصحاب الحضارات البائدة عن قوة السيف ولم يستخدم المسلمون السيف الا عندما يعتدى عليهم. يقول الرسول الكريم محمد صلى الله عليه وسلم: "لا

تـزال هـذه الامـة بخـير مـا اذا قالـت صـدقت واذا حكمـت عـدلت واذا اسـترحمت رحمـت". كـما يقـول الخليفـة الراشـدي عمـر بـن الخطـاب رضي الله عنـه **"متـى اسـتعبدتم النـاس وقـد ولدتهم أمهاتهم أحرارا".**

ان عدالة الإسلام جعلت الذمي في الدولة الإسلامي يتمتع بحقـوق وواجبـات تحميـه مـن كـل خطر فإذا لم يكن يعمل ليعطى من بيت مال المسلمين معاشاً يكفيه لقضـاء حاجاتـه الحياتيـة وإذا ما تعرض لأذى يدافع عنه الدستور الإسلامي. وبذلك دخل الأغلبيـة مـن هـؤلاء في الـدين الإسـلامي العادل بسبب المعاملة الحسنة دون اكراه او اجبار يقول الله سبحانه وتعالى في حرية العقيدة: **﴿ لا اكراه في الدين قد تبين الرشد من الغي ﴾** [10] وقوله تعالى ايضاً: **﴿ لكم دينـكم ولي ديـن ﴾** [11]

وفي مفهوم العدالة والمساواة التي يرتكز عليهما الاسلام يقـول الله سـبحانه وتعـالى **﴿ ان الله يأمر بالعدل والاحسان وايتاء ذي القربى وينهى عن الفحشاء والمنكر والبغي يعظكم لعلكم تذكرون ﴾** [12].

الشـورى: الشـورى هـي امـر الهـي منـزل مـن عنـد الله سـبحانه وتعـالى بدلالـة الآيـة القرآنيـة التاليـة **﴿ فـبما رحمـة مـن الله لنـت لهـم ولـو كنـت فظـا غلـيظ القلـب لانفضـوا مـن حولـك فـاعف عـنهم واسـتغفر لهـم وشـاورهم في الامـر فـإذا عزمـت فتوكـل عـلى الله ان الله يحـب المتـوكلين ﴾** [13]. كـما يقـول الله سـبحانه وتعـالى: **﴿ والـذين اسـتجابوا لـربهم واقـاموا الصـلوة وأمـرهم شـورى بيـنهم ومـما رزقنـاهم ينفقـون ﴾** [14]. توضـح الاية الكريمة الاولى مبدأ الحكم في

الاسلام ﴿**وشاورهم في الامر**﴾ وهذا مبدأ لا شك فيه قطعاً. يقول ابن تيمية: (إن الله أمر بها نبيه لتأليف قلوب أصحابه، وليقتدى به من بعده، وليستخرج منهم الرأي فيما لم ينزل فيه وحي من أمر الحروب والأمور الجزئية وغير ذلك، فغيره صلى الله عليه وسلم اولى بالمشورة).

لذا فإن الشورى التي وردت بالقرآن الكريم تعتبر نظام من انظمة الحكم في الاسلام ولا يمكن تجاهلها او التحايل على مفهوم الشورى بنماذج اخرى كالديمقراطية التي جاءت بأمر البشر وليس أمر الله، والمسلمون مطالبون شرعاً بالتقيد بما جاء به الشرع. وليس الامر وقفا على رسول الله صلى الله عليه وسلم. بل هو أمر من الله تعالى لجميع المسلمين، ليتشاوروا فيما بينهم في جميع الأمور على كل من ولى أمر المسلمين ولاية ان يرجع الى الأمة يتشاور في شؤونهم تقيداً بقوله تعالى: ﴿**وشاورهم في الامر**﴾.

الشورى في السنة: ان المتتبع لسيرة النبي الكريم محمد صلى الله عليه وسلم يجد بأن الرسول الكريم صلى الله عليه وسلم كان يتشاور في معظم شؤون المسلمين، وكثرت المواقف التي طلب فيها من المسلمين إعطاء الرأي ومنها امثلة كثيرة وما روي عن ابي هريرة رضي الله عنه انه قال: (**ما رأيت أحداً اكثر مشورة لاصحابه من النبي صلى الله عليه وسلم**). وعن الحسن بن يسار البصري قال: (**كان صلى الله عليه وسلم يستشير حتى المرأة فتشير عليه بالشيء فيأخذ به**). ومشاورة الرسول محمد صلى الله عليه وسلم يوم الخندق لسعد بن معاذ ومشاورته لسعد بن عبادة في مصالحة الاحزاب بثلث ثمار المدينة عامئذ. ان اهتمام الرسول الكريم صلى الله عليه

وسـلم بالشـورى. حيـث بـين خـير الشـورى للمسـلمين لمـا فيهـا مـن راحـة وطمأنينـة لعمـل الحاكم المسلم.

إجـماع الصـحابة: لقـد اجمـع الصـحابة رضـوان الله علـيهم في مسـألة الشـورى بعـد الكتـاب والسـنة والادلـة عـلى ذلـك مـا جـرى في مشـاورة الخليفـة ابي بكـر الصـديق رضي الله عنه للصحابة في أمـر المرتـدين الـذين امتنعـوا عـن دفـع الزكـاة للدولـة. وأيضـا مـا قالـه البخـاري (كانـت الائمـه بعـد النبـي صـلى الله عليـه وسـلم يستشـيرون الأمنـاء مـن أهـل العلـم في الأمـور المباحـة ليأخـذوا بأسـهلها، فـإذا وضـع الكتـاب او السـنة لم يتعـدوه الى غـيره إقتـداءاً بـالنبي صـلى الله عليـة وسـلم). وقـد كـان الخليفـة الاول رضي الله عنـة إذا ورد عليـة امـر نظـر في كتـاب الله، فـإن وجـد فيـه مـا يقضي بـه قضى بيـنهم، وإن علمـه مـن سـنة رسـول الله صـلى الله عليـة وسـلم قضى بـه، وإن لم يعلـم خـرج فسـأل المسـلمين عنـه السـنة، فـإن اعيـاه ذلـك، دعـا رؤوس المسلمين وعلماءهم واستشارهم.

وقـد ورد عـن الخليفـة ابـو بكـر رضي الله عنـه في كتـاب وجـه الى خالـد بـن الوليـد عنـدما توجـه لقتـال المرتـدين بقولـة: (واستشر مـن معـك مـن أكـابر أصـحاب رسـول الله عليـه وسـلم. فـان الله تبـارك وتعـالى موفقـك بمشـورتهم) ، وحـث الخليفـة الثـاني الراشـد عمـر بـن الخطـاب رضي الله عنـة منهـاج المشـورة مـع المسـلمين في معظـم شـؤونهم مـا جـل منهـا ومـا دق.

وكانت النازلـة إذا نزلـت بـأمير المـؤمنين عمـر بـن الخطـاب لـيس عنـده فيهـا نـص عـن الله ولا عن رسوله جمع لها أصحاب رسول الله ثم جعلها شورى بينهم.

ولقد شـاور الخليفـة عمـر رضي الله عنـه المسلمين عندمـا قـرر ان يـؤرخ بـالهجرة ، بعدما نبهـه الى ذلك ابـو مـوسى فكتـب إليـه: انـه يأتينا منـك كتـب ليـس لهـا تاريخ، وكانـت العـرب تـؤرخ بعـام الفيـل - فجمـع الخليفـة النـاس للمشورة لـذا نهـج الصحابة الكـرام منهـاج القرآن والسنة في مسألـة الشـورى لمـا لهـا مـن اثـر طيـب في نفـوس المسلمين وضرورة لممارسـة العمـل السياسي في الدولة الإسلامية.

مجلس الشورى: مجلـس الشـورى في الإسـلام ينتخـب انتخابـاً مـن قبـل الأمـة ولا يصـح ان يعيـن مـن قبـل رئيـس الدولـة تعينـا، وذلك لأنهـم وكـلاء عـن النـاس في الـرأي. والوكيـل يختـار موكله ولا يفرض الوكيل على الموكل مطلقاً.

وإذا رجعنـا الى مسـيرة النبـي صـلى الله عليـه وسـلم نجـد ان مجلـس الشـورى كـان موجـوداً في نظـام الحكـم، وإن لم تطلـق هـذه التسـمية بلفظهـا، فقـد طلـب الرسـول محمـد صلى الله عليه وسلم مـن الأنصـار يـوم "بيعـة العقبـة الثانيـة" بعـد ان بـايعوه ان يختـاروا مـن بينهم نقبـاء يرجـع اليهـم في أخـذ الـرأي فقـال لهـم صلى الله عليه وسلم: (اخرجوا إلي مـنكم إثني عشر نقيباً، يكونـون عـلى قومهم بمـا فيهم) قال كعـب بن مالك: (فأخرجوا مـنهم أثني عشرـ نقيبـاً، تسـعه مـن الخـزرج، وثلاثـة مـن الأوس): فكـان هـؤلاء مجلـس شـورى للأنصار لرعاية شؤونهم أمام الرسـول الله صلى الله عليه وسلم، في أمور الحكم والإدارة.

وبعـد قيـام الدولـة الإسلاميـة في المدينـة بعـد الهجـرة، بـادر الرسـول صـلى الله عليـه وسلم الى تشـكيل أول مجلـس شـورى في الدولـة مـن المهـاجرين والأنصـار. وخصص للمجلـس اربعـة عشر ـ رجـلا سـبعة نقبـاء مـن المهـاجرين وسبعة مـن الانصـار وكـان كـل واحـد مـنهم نقيب قومه وجماعته. وبذلك شكل

هذا المجلس أولى حلقات العمل السياسي في الإسلام. وهذا الاختيار في عهد الرسول لا يعني أن مجلس الشورى يعين تعيين لا بل ان معرفة الرسول لهؤلاء النقباء كونهم يعيشون في وسط مدينة صغيرة ومعروفون للجميع، واختارهم من النقباء، مما يدل على انه جاء بهم عن ممن انتخبهم الناس.

ويشترط فيمن يكون عضو مجلس الشورى ان يكون مقيماً في دار الإسلام أي في البلاد التي يمتد إليها سلطان الدولة الإسلامية وتخضع لقوانينها وأحكامها، لأن المسلم المقيم إقامة دائمة في دار الكفر يكون خاضعاً لقوانينها تابعاً لها، فلا يكون له حق الشورى. لأن قولة تعالى **﴿وشاورهم في الامر﴾** يعني المسلمين الذين في دار الاسلام، بدلالة ما كان يفعلة الرسول صلى الله عليه وسلم من استشاره المسلمين في المدينة، وعدم استشارة المسلمين الذين كانوا في مكة.

الخلافة : تعني الخلافة في الاسلام رئاسة الدولة الاسلامية في المصطلح السياسي الشائع حالياً. لذا الخلافة في الاسلام اجمع عليه الفقهاء المسلمين لقولة تعالى: **﴿ يا ايها الذين امنوا أطيعوا الله وأطيعوا الرسول وأولي الأمر منكم فان تنزاعتم في شيء فردوه الى الله والرسول ان كنتم تؤمنون بالله واليوم الآخر ذلك خير وأحسن تأويلا ﴾** [15]. لذا فسلطة الخليفة مقيدة بشريعه الاسلام وليست بأمر البشر وطاعة الخليفة واجبة عندما يكون ملتزم بأمر الله ومطبق للشريعة.

والخليفة يجب ان تتوفر فيه الصفات التالية:

1. الاسلام.

2. ان يكون عالماً بالدين لدرجة الاجتهاد.
3. العدالة.
4. جسم وعقل سليمين.
5. الشجاعة و النجدة المؤدية الى حماية الثغور وجهاد العدو.
6. الدراية والخبرة والحلم في الرعية.

فالخليفة في الإسلام مسؤول أمام الله أولا عن أعماله في الدنيا وأمام الأمة الإسلامية ثانياً: ولا قدسية للخليفة في الإسلام لأنه أحد أبناء الأمة وغير محصن من الأخطاء وتم اختياره لشروط معينة فإذا أخل بهذه الشروط وجب عزله من قبل الامة. ولا وراثة في الخلافة لأن الخلافة تتم ضمن شروط، فإذا لم تنطبق على الوريث فلا يجوز تولي الخلافة.

أختيار الخليفة: (البيعة) : تتم البيعة على مرحلتين :

الاولى: وتسمى بيعة الانعقاد (البيعة الخاصة) وبموجب ذلك يقوم مجلس الشورى والذي غالباً ما يطلق على (أهل الحل والعقد) لأنهم رؤوس الناس ووجهائهم الذين انتخبوا من قبل جماهير الأمة الإسلامية وهم المعيار الصادق الذي يعبر عن رأي المسلمين في جميع الدولة وهم الوكلاء عن الأمة في الرأي بترشيح الخليفة الى مناصب رئاسة الدولة الإسلامية.

الثانية: البيعة العامة (الاستفتاء) وبموجب ذلك تعبر الأمة عن رأيها بالخليفة المرشحه من قبل مجلس الشورى بالموافقة او عدم الموافقة وقرار الامة قاطعاً في هذه المسألة لأنه القرار النهائي للخليفة. ولصلاحية الاسلام لكل زمان ومكان واختلاف عدد المسلمين من بدايات الدولة الاسلامية في المدينة ثم مكة

الى ان اتسعت لتشمل بقاع كثيرة من الارض اختلفت آلية تصويت الامة على الخليفة فأجاز الشرع المصافحة والمشافهة لوسائط الاعلام والصحافة وغيرها كتعبير عن رأي الامة في الخليفة.

ويجوز بقاء الخليفة في الحكم الى ان يخل بإحدى شروط الخلافة عندها يجب عزله وعدم طاعته امتثالاً لقول الرسول (لا طاعة لمخلوق في معصية الخالق) ولقول الخليفة ابو بكر الصديق رضي الله عنه (**أطيعوني ما أطعت الله ورسولة فان عصيت فلا طاعة لي عليكم**). وبذلك فقد وازن الاسلام بين الحاكم الخليفة وبين الرعية واوجد لكل واحد حقه في ممارسة النظام السياسي في الإسلام. وطبقت أمور المسلمين امتثالاً لقوله تعالى: ﴿ **أن أكرمكم عند الله اتقاكم** ﴾ وقول الرسول صلى الله عليه وسلم (كلكم راع وكلكم مسؤول عن رعيته).

ومن ابرز رواد الفكر الإسلام

1. ابو نصر الفارابي.

2. عبد الرحمن بن خلدون.

3. ابو الحسن الماوردي.

خصائص الفكر الإسلامي: وتميز الفكر الإسلامي بعدة من الخصائص.

- **العالميـة:** يتميـز الفكـر الإسلامي بالعالميـة لأن رسالة الاسلام لم تكن مقتصرة على امـة معينة لا بـل جاءت لكـل البشر ـ لقـد نزلت الرسالة علـى ارض العرب وعلـى العرب انفسـهم في البدايـة ثم انتشرت لتصـل كافة بقاع العالم بسبب الغنـاء الفكـري الـذي تحويـة وعـدم التعصب وازاحـة الفـوارق بـين البشر ـ والعدالة.

- **الأصـالة:** الفكـر الإسـلامي فكـر أصـيل ولـس مقلـداً لفكـر أخـر فرسـالة السـماء امـر الهـي ولـيس امـر بشرـي لقـد امـلى الإسـلام الفـراغ الفكـري الـذي كانـت تعيشـه البشرـية واسـس للبشرـية المؤمنـة أسـس وقواعـد عامـة للحيـاة انتظمـت بموجبهـا أمـور الحيـاة وتسـهلت، واسـتفاد مـن الفكـر الاسـلامي غـير المسـلمين لمـا لهـذه الافكـار مـن إيجابيـة في التعـاون بـين الأفـراد ويحقـق لهـم الازدهـار والرفاهية.

- **صـلاحيته لكـل زمـان و مكـان:** ولـيس مقتصرـاً عـلى زمـن معـين و مكـان معـين، لأن الاسـلام يعـالج كـل صـغيرة وكبـيرة مـن مشـاكل البشرـ في الحـاضر والمسـتقبل والمـاضي. و مـا لم يـرد في القـران ورد في السـنة ومـا لم يـرد في السـنة ورد في الاجتهاد وهذا ما يجعل كافة قضايا بني البشر في مجال الحلول.

- **الـربط بـين السياسـة والأخـلاق:** الخلـق في اللغـة الطبـع والسـجية، وفي اصـطلاح العلـماء، كـما يعرفـه الغـزالي - عبـارة عـن هيئـة في الـنفس راسـخة، عنهـا تصـدر الافعـال بسـهولة ويسرـ مـن غـير حاجـة الى فكـر وروية[16]. وللأخـلاق في الاسـلام مكانـة مميـزة وعظيمـة جـدا. حيـث مـدح الله سـبحانه وتعـالى الرسـول الكـريم في القــرآن الكــريم: ﴿وانــك لعــلى خلــق عظــيم﴾. وفي الحــديث النبــوي الشريـف: "**انمـا بعثـت لاتمـم مكـارم الأخـلاق** ". هـذا مـن جانـب امـا عـلى الجانـب الاخــر فقــد قامــت الحضــارة العربيــة الاســلامية عــلى الجانــب الاخلاقــي في التعامـل مـع الشـعوب، ولـيس عـلى جانـب القـوة ، ومـا انتشـار الدولـة العربيـة الاسلامية انتشارا سريعا الا بسبب المرتكز

الاخلاقي للسياسة الخارجية الاسلامية التي اسست منذ بداية الدعوة الاسلامية وحتى يومنا هذا .[16]

- **الشمولية:** الاسلام دين شمولي ويشمل بتشريعاته كل تصرفات البشر في هذة الحياة من شؤون الفرد الى شؤون الأسرة والدولة الى الحياة المدنية الى العلاقات الدولية وقد يخطر بالبال ان هذا يعني حصر تصرفات الانسان وانظمة المجتمع بكيفية معينة. وهذا فيه من الحرج ما فيه والله قد رفع الحرج قال تعالى: ﴿**ما يريد الله ليجعل عليكم من حرج**﴾[17]. ولكن الواقع أن الاسلام لم يغفل عن تطور البشر ولذلك جعل انظمة على نوعين فيما يتعلق بأمور الحياة التي لا تتغير جعل لها انظمة لا تتغير كنظام الارث فمدارة على صلة القريب المسلم وهي لا تتغير بتغير الزمان. الاسلام يريد من المسلم ان يبلغ الكمال المقدور له بتناسق وفي جميع شؤونه، فلا يقبل على جانب واحد أو عدة جوانب ويبلغ فيها المستوى العالي من الكمال، بينما يهمل الجوانب الاخرى حتى ينزل فيها الى دون المستوى المطلوب، ان مثله مثل من يقوي يدية ويترك سائر اعضائة رخوة هزيلة ضعيفة. وعلى هذا الاساس فهم الصحابة الكرام مثالية الاسلام فلم تأسرهم عبادة ولم تقيدهم عادة ، وانما تقلبوا في جميع العبادات والأحوال وبلغوا فيها المستوى العالي من الكمال، فلم يحبسوا نفوسهم في مكان ولا على نوع من العبادة ولا على نمط معين من الاعمال، وانما باشروا الجميع، فعند الصلاة كانوا في المسجد يصلون، وفي حلقات العلم يجلسون معلمين او متعلمين، وعند الجهاد يقاتلون، وعند الشدائد

والمصائب يواسون ويساعدون، وهكذا كان شأنهم في جميع الاحوال .

اما فيما يتعلق في امور الحياة المتغيرة فقد جعل لها قواعد ثابتة (أطر لا تتغير) وترك التفاصيل لتطور الزمان فمثلا في مجال القضاء أمر بالعدل قال تعالى: ﴿ واذا حكمتم بين الناس أن تحكموا بالعدل ﴾ (18) ان كيفية الوصول الى ذلك العدل وكيفية تنظيم مجلس القضاء فمتروك الى الزمن والمهم الذي لا يتغير هو اقامة العدل أي الحكم بالاسلام الدين الذي ارتضاه الله أما الديانات الاخرى فمنها ما لم يخرج عن شؤون العقيدة والعبادات وبقي محصورا في جدران المعبد .

- **الواقعية:** الدين الاسلامي دين بعيد عن الخيال والخرافة أو الوهم فهو واقعي أي يمكن تطبيقة فهو ليس فكرا خاليا مثاليا نظريا ، انما مثاليا منسجما مع الواقع والتطبيق وأحكامة سهلة ميسرة سواء في المعاملات او العبادات بينما لا تصح في الديانات الاخرى الا في المعابد فالصلاة مثلا تصح في أي مكان طاهر .

وفي الفكر الاسلامي فان الذنب مهما عظم تكفرة التوبة وعند اليهود مثلا لا بد من قتل النفس كفارة لبعض الذنوب . ثم ان الاسلام لا يكلف الناس بأعمال وصفات أقرب الى الخيال لأن البشر لا يستطيعون جميعا الارتفاع الى هذا المستوى . فاذا كلفوا بها وقع الاغلبية الساحقة في المعصية وانما يكلفهم في حدود المستطاع من الأعمال قال تعالى: **﴿لا يكلف الله نفسا الا وسعها﴾**. وفي نفس الوقت لم يسد باب الطموح امام الناس والارتقاء في معارج الكمال فمثلا .

في باب التكاليف الشرعية ، التكليفات الشرعية قليلة ولكن وسع المجال في باب النوافل بينما نجد التكاليف الشاقة في بعض الديانات الأخرى كالتكليف بقطع الثياب عند التنجس .

وفي باب العقوبات سمح بالقصاص وشجع على العفو بل شجع على الاحسان للمسيء (ادفع بالتي هي أحسن) وفيه نجد عدم جواز المقابلة بالمثل عند الاعتداء . (19)

● الخلود والحفظ والوضوح للربانية : وهي من اكبر نعم الله على المسلمين ، ومن اعظم مزاياة انة رباني المنشأ اي من عند الله سبحانه وتعالى ﴿ تنزيل من رب العالمين ﴾ . الاسلام الدين الوحيد الذي حفظ من التزوير والتحريف والتبديل ، فهو منذ ان نزل على سيدنا محمد صلى الله علية وسلم وحتى يومنا هذا والى قيام الساعة محفوظ وقد وعد الله بحفظة قال تعالى: ﴿ انا نحن نزلنا الذكر وانا له لحافظون ﴾، وسيرة الرسول صلى الله عليه وسلم محفوظة واضحة بالضبط الدقيق . (20)

المراجع

1- أنظر: جمال عبدالرزاق البدري، نبي العراق والعرب ، بغداد، دار واسط للدراسات والنشر ، 1989 ، ص 25 . وأنظر ايضا: د . أحمد داوود، العرب والساميون والعبرانيون وبنو إسرائيل، دمشق، دار المستقبل، ط 1 ، 1991 ، ص 63.

2- زهير صادق رضا الخالدي ، صدام حسين ورجال الحضارة في العراق، الجزء الثاني، بغداد، اصدار القيادة العامة للجيش الشعبي ، ط1 ، 1989، ص 19.

3- نخبة من الباحثين العراقين ، حضارة العراق ، الجزء الثاني ، بغداد ، دار الحرية للطباعة ، 1985 ، ص 20 .

4- ندوة بعنوان: البعد التاريخي للعلاقات اللبنانية - العراقية مجلة الحكمة، شهرية ، بغداد ، تصدر عن بيت الحكمة ، العدد 24 ، آذار - مارس ، 2002، ذي الحجة 1422 هـ ، ص 19 - 20 .

5- نخبة من الباحثين العراقين ، مصدر سبق ذكرة ، ص 21 .

6- نفس المصدر، ص 23 .

7- نفس المصدر، ص 21 - 30 .

8 - سورة النساء: آية 58.

9 - سورة النساء: آية 135.

10- سورة البقرة: آية 256

11 - سورة الكافرون: آية 6.

12 - سورة النحل: آية 90

13 - سورة آل عمران: آية 159.

14 - سورة الشورى: آية 38.

15 - سورة النساء: آية 59.

16 – د . عبد الكريم زيدان ، أصول الدعوة ، ط 8 ، بيروت ، مؤسسة الرسالة ، 1998 ، ص 79 .

17 – سورة المائدة : آية 6 .

18 – سورة النساء : آية 58 .

19 - محمود محسن مهيدات وآخرون، دراسات في الفكر العربي الاسلامي، ط 1، اربد ، دار الكندي للنشر والتوزيع، 1991 ، ص 27.

20 – المصدر نفسة .

- **السومريين : هم بقايا قوم سيدنا نوح علية السلام ظهروا واستقروا في السهل الرسوبي لوادي الرافدين بعد صلاحة للسكن والرعي والزراعة . وهذا الاستقرار أكسبهم (الشخصية العراقية) بتأثير عوامل البيئة والارض والموقع والهواء حد تعبير ابن خلدون ... أنظر: جمال عبد الرزاق البدري ، ابراهيم نبي العراق والعرب ، بغداد ، دار واسط للدراسات والنشر، ص 25 .**

- **العرب العاربة وهم العرب الاولى او العرب البائدة ومنهم عاد وثمود وطسم وهم اولاد ارم بن سام بن نوح(ع). اما العرب المتعربة (القحطانية) وهي التي حلت محل الاولى وهم اولاد ارفخشد بن سام**

بن نـوح(ع) ويقـال لهـولاء عـرب القحطـان نسـبة الى قحطـان بـن عـابر بـن شـالخ بـن ارفخشـد بـن سـام بـن نـوح(ع). امـا العـرب المسـتعربة(العدنانيـة) وهـم اولاد معـد بن عدنان من سلالة اسماعيل(ع).

- السوفسـطائيون: اسـم سوفيسـطوس يـدل في الاصـل عـلى المعلـم في اي فـرع كـان من العلوم والصناعات: اي معلم يدرس العلوم والصناعات يدعى سوفيسطوس.

الوحدة الثالثة

النظرية السياسية

النظرية السياسية

لعـل التصـورات والاسـتقراءات التـي تبناهـا الفكـر السـياسي عـلى مـر العصـور هـي التـي قـادت الى تكـوين النظريـة السياسـية واختلفـت النظريـات السياسـية مـن عـالم سياسـة الى آخـر وذلـك حسـب تصـور واسـتقراء كـل عـالم للوضـع السـياسي الـذي يعيشـه او اسـتقرائه برايـه. ومـن هنـا فـأن النظريـة السياسـية جـاءت نتيجـة لهـذه القـراءات العلميـة للواقـع السـياسي للدولـة والتـي اوقعـت عـلى كاهـل علـماء السياسـيه الهـم الكبـير لتفسـير الظـواهر السياسـية بالدولـة عـن طريـق وضـع نظريـات سياسـية مختلفـة تفسر وجـود الدولـة ومختلـف مظـاهر الحيـاة فيهـا مـن اقتصـادية الى سياسـية واجتماعيـة ودينيـة. وان كـان رواد النظريـة السياسـية يسـعون نحـو ايجـاد صـيغ افضـل لحيـاة بنـي البشر ويتسـابقون في تقـديم المفهـوم الافضـل نحـو الازدهـار للبشريـة الا ان تعـدد هـذه النظريـات واختلافهـا فـيما بيـنهما اوجـد التصـادم الفكـري والـذي نـتج عنـه التصـادم الـدولي فـيما بعـد. محـاولاً كـل مـن يتبنـى نظريـة معينة ان يكون هو الافضل والاوحد.

هـذا مـا ادى الى تشـتت التفكـير السـياسي السـليم نحـو خدمـة البشريـة، واسـتبدلت لغـة الحـوار بحـوار القـوة عنـدما لجـأت العديـد مـن الـدول المسـتبدة فكريـا الى تطبيـق فكرهـا السـياسي وطريـق حياتهـا ونظرياتهـا عـلى الاخـرين بـالقوة والاكـراه، وهـذا مـا يفسر الحـرب الاخـيرة العدوانيـة عـلى العـراق التـي شـنتها الولايـات المتحـدة الامريكيـة لتفـرض فكرهـا الامبريـالي العفـن المسـتبد والمسـتهتر بـالآخرين انطلاقـاً مـن نظريـة القـوة والسـيادة التـي تعشعش في

اركان البيت الابيض، كما وما زالت تهدد العديد من الدول التي ترفض فكرها السياسي ونظريتها العفنة بالاحتلال وتغير انظمتها وطريقه حياتها. وهذا ليس حديثاً لا بل لقد ذهبت الامبريالية المستبدة منذ بداياتها الى نشر افكارها بالقوة بين الدول البسيطة مما نتج عنها تصادم مع قوى الفكر السياسي الاخرى.

لذا ان التصادم الفكري السياسي بين بني البشر لا يمكن ان يبني مجتمعاً نموذجاً نادت بة كل النظريات الانسانية، باستثناء النظرية الاسلامية نظريه العقيدة السمحة لأنها من أمر الله وليس من أمر البشر الله تعالى خالق البشر هو الأقدر على تيسير أمورهم إذا التزموا بأمره وإلا فإن الخلافات والإقتتالات بين بني البشر ستستمر الى يوم الدين. وما نظرياتهم إلا أدوات للقتال والفتنه بينهم.

تعريف النظرية السياسية:

النظرية بشكل عام هي الفكرة التي يتصورها العقل للخروج برأي إيجابي يتبناه صاحب النظرية نتيجة لتجاربة في الحياة واستقراء لأمورها.

بينما السياسية هي المفهوم الأشمل للدولة بمختلف أجهزتها وأنظمتها ودراسة لسلوكها وتفاعلاتها مع المواطن والعلاقات الخارجية.

لذا فإن النظرية السياسية هي الافكار السياسيه التي تربط بين النظرية والسياسيه والتي ينتج عنها صفة معينة تفسر سلوك الدولة وتوجيهها نحو الحياة الحرة كما يدعي كل من واضع للنظرية السياسية.

ويمكن تعريفها ايضاً بأنها البناء التصوري الذي يبنيه الفكر الانساني ليربط بين مبادىء ونتائج معينة[1]. وقد يكون هذا البناء التصوري صائباً او خاطئاً، بحيث لا تصبح النظرية علمية إلا اذا أثبتت صحتها، وتشمل النظرية على مجموعة من التعميمات يجب أن تثبت ببرهان فهي تركيب عقلي مؤلف من تصورات تهدف الى ربط النتائج بالمبادىء[2].

يمكن تعريف النظرية السياسية بأنها الرابطه العقلية بين مجموعة من الوقائع والظواهر السياسية المحكومة بالتجربة الموضوعية التي يمكن ان تحدد قانوناً عاماً لدى المجموعة من الظواهر السياسية[3]. وهي تصورات وفروض توضح في ضوئها الظواهر السياسية، وهي تطور مع الزمن، وتجاوب مع الاحداث والتجارب، وتأثر بالمذاهب الفلسفية والبحوث العلمية[4]. وهناك نظريات سياسية متعددة قديمة وحديثة، وتكاد تدور كلها حول حقيقة الدولة ونشأتها وثباتها وأهدافها ونظمها و اختلاف الثوابت السياسية يرجع في قدر كبير منه الى اختلاف العصور[5]. يمكن تعريفها ايضا على انها قاعدة الحكم في تحديد ماهيات الحريات وحقوق الانسان ووظائف الدولة وسيادة الشعب . والنظرية بشكل عام تهدف الى توضيح ما هي الدولة ولماذا يطيع الدولة ويعمل في خدمتها وما هي اهم وظائف الدولة وما هي حقوق الافراد وواجباتهم في ظل الدولة .

مضمون النظرية السياسية:

لا شك ان النظرية السياسية قد تشكلت وتطورت عبر فترات تاريخية، وذلك بحسب الاراء والاهواء التي تنتاب المفكرين السياسين ، حيث ما زالت في اطار الغير تبعا للظروف الزمانية والمكانية ، وتغير بني البشر

سلبا و ايجابا ، ومع ذلك فان محتوى ومضمون النظرية المرتبطة بالفرد والمجتمع والدولة والدين يتميز بالثبات النسبي وهو: [6]

أ - **الحقوق والحريات العامة للإنسان** : وهي حق الحياة وحق التعلم وحق العمل وحق الملك وحق التعاقد وحق التقاضي وحق الانتخاب وحق تولي المناصب وغير ذلك . أما الحريات الشخصية وهي أصل الحريات لانها تتعلق بصميم حياة الانسان ، بنفسه وكرامته ، ومصدر قيمته كحرية الفرد في التنقل كيفما شاء ، وحرية الفكر والضمير والعقيدة وحرية الفكر والضمير والعقيدة وحرية الكلام والكتابة والنشر ، ومراعاة حرية الآخرين والحرية الاجتماعية في التعامل مع الاخرين والحرية السياسية بكل جوانبها .

وهنالك الواجبات المقابلة لها لكي تكون الحقوق والواجبات متعادلة ، وقد تزيد الواجبات على الحقوق أو العكس وفقا للظروف السياسية والاجتماعية وهنالك المساواة في الحقوق والواجبات للجميع ومنها المساواة امام القانون في الحقوق السياسية والمدنية .

ب - **وظائف الدولة** : وتعني الواجبات التي تقدمها الدولة للفرد واستعداد الفرد لتوليها . مثل الوظائف الحكومية وفقا للمؤهلات العلمية والحرفية، وخدمة العلم والدفاع عن البلاد ضد العدوان الخارجي وحماية أمن البلاد الداخلي وطاعة القوانين والانظمة ودفع الضرائب المستحقة .

ج - **سيادة الشعب** : وتعني ان يمارس الشعب سيادة على ارضة وبكل استقلالية ، ويمثل الشعب بذلك السلطات الثلاث ، التشريعية والتنفيذية

والقضائية بالإضافة الى السلطة الرابعة وهي الاعلام مع الاخذ بعين الاعتبار حرية الافراد بمختلف مذاهبهم السياسية والعقائدية .

د - تاريخ النظرية السياسية : وهي منذ بدأ يدرك حقيقة السياسية ، عندما نظم الانسان نفسه وسعى لتنظيم الحياة العامة في الدولة عن طريق اشراك جميع فئات المجتمع بذلك مبتكرا النظريات السياسية المعبرة عن الواقع الذي يعيشه ويمارسه في حياته .

لقد ابتدأ تاريخ النظرية السياسية منذ ان وجدت اولى المجتمعات البشرية وكان ذلك في بلاد العرب (بلاد ما بين النهرين) العراق اليوم، حيث عرف العرب الدولة ابتداء من دولة المدينة الى دولة الاقليم ثم دولة الامبراطورية، من العراق الى مصر ـ ثم سوريا واليمن وبقية البلدان العربية الاخرى، وانتقلت الحضارة ومن ضمنها مفهوم الدولة الى الهند والصين ثم اليونان والرومان لاحقا اي ان هنالك تفاوت زمني منذ نشوء الدولة والنظرية السياسية في ارض العرب وما بين اليونان وهذه الفترة قد تتجاوز الآف السنين .

ه - العدالة : وهي جوهر الصراع مابين الفرد والدولة ، وبموجب ذلك ناضل الانسان منذ البداية للحصول على حقوقة، واختلفت مفاهيم العدالة من دولة الى اخرى ومن ديانة الى اخرى، ورغم ذلك سادت الكثير من الدول انظمة استبدادية نتج عنها ثورات واقتتال حتى حقق الفرد حقوقة، ومع ذلك بقيت ناقصة، لانها بألامر البشري، فكانت عدالة الاسلام هي العدالة العليا المكتملة والمكملة لحقوق البشر ـ ودون تمييز لا لشيء وانما لأنها بأمر إلهي من رب العباد.

و – **العلاقـة بيـن الفـرد والدولـة**: وهـي تخضـع لآراء مختلفـة رغـم ان الغـرض الاساسـي منهـا هـو تحقيـق الانسجام بيـن الفـرد والدولـة مـن خـلال المصلحـة العامـة للدولـة والمجتمـع ، وضمان الحقوق والحريات العامة ، وحق الافراد في المشاركة في السلطة.

ز – **سعـي الانسـان لتكوين مجتمعـه في اطار النظـام السياسـي للجماعـة**: أي تحديـد العلاقـة الصحيحـة بيـن المجتمـع والدولـة، ومـدى طاعـة أفـراد المجتمـع للنظـام السياسـي، واحـترامهم للقيـم السياسـية التـي سعـوا لتكوينهـا وخروجهـم عـن النظـام السياسـي في حالة مخالفتها .

ح – **حـدود المثـل السياسـية والخلـق السياسـي**: وقـد بنيـت عليهـا اسـس الدولـة، اتسـاعا وضيقـا، ووفقـا للـوعي والادراك بأهميتهـا، وحـدود ممارسـتها مـن قبـل السـلطة السياسـية ومن قبل الافراد والجماعات، أو مدى التطور الذي يصاحبها زمانا ومكانا .

ط – **السياسـة الدائمـة الحركـة كقـوى حيـة (ديناميكيـة)**: وتعنـي السياسـة المتحركـة وفـق التطـور المسـتمر، وتمثـل بـذلك مظهـر الدولـة والحكومـة، وبموجـب ذلك يترتـب عليـة تحديـد الحقـوق والواجبـات لكـل مـن الفـرد والدولـة تجاه بعضهـما، مثـل المحافظـة عـلى الامـن والسلـم والحريـة والرفاهيـة والعدالـة والمسـاواة والعمـل والسعـي للمحافظـة عـلى ارواح واموال النـاس مـن الاعتـداءات، سـواء اكانـت مـن الافـراد أو الجماعـات أو السـلطة نفسها، واجراءات منع ذلك عبر التشريعات القانونية .

أسس النظرية السياسية :

أ - **الاخـلاق:** تبحـث الاخـلاق في السـلوك الأنسـاني وتضـع اسـس معينـة للشـعب بمـا ينبغـي عليـه ان يفعـل وان لا يفعـل . وتوضـح وتنـاقش مـا هـو صـحيح ومـا هـو خطـأ . وبـنفس الطريقـة هـذه الاسئلة تخضـع لسـيطرة الـدين. الانسـانية مقسـمة لعـدة أديـان، وبـنفس الديانـة يوجـد اعـراق مختلفـة، واراء ايضـا مختلفـة حـول التسـاؤل عـن الاخـلاق ، وتبـين القواعد الاساسية للأخلاق او السبب الواضح للسلوك الاخلاقي. (7)

لـذلك فـدور الدولـة وجـب ان يكـون منطلـق مـن واجـب اخلاقـي وذلـك لتحقيـق مصـالح الأفـراد كـالاقرار بـالحقوق والواجبـات والحريـات العامـة واحترامهـا وطاعـة السـلطة وقوانينهـا. وبـذلك تكـون حاجـات الافـراد داخـل الدولـة مثـل الحفـاظ عـلى الممتلكـات واشـباع رغباتهم المادية الاساسية مسألة اخلاقية وجب على الدولة تنفيذها .

المفكـرين السياسـين في مختلـف العصـور ، القـديم الوسـيط والحـديث أكـدوا عـلى الالتـزام الأخلاقـي . ففـي العصـور القديمـة مثلـت شريعـة حمـورابي العـين بـالعين والسـن بالسـن الالتـزام الأخلاقـي للدولـة تجـاه الافـراد . وفي العصـور الوسـطى جـاءت الحضـارة العربيـة الاسلامية لـتعمم الأخـلاق قـالى تعـالى في مـدح رسـولة الكـريم صـلى الله عليـة وسـلم بحسـن الخلـق: **﴿وانـك لعـلى خلـقٍ عظـيم﴾** وقـال صـلى الله عليـه وسـلم "**إنمـا بعثـت لاتمـم مكارم الأخلاق** ". وهذا يدلل على عظيم منزلة الأخلاق في الاسلام . (8)

وعلى الجانب الأخر هناك مفكرين سياسين ابتداء من: روسو وهيغل وكينت . الذين طوروا المدرسة المثالية للنظرية السياسية الحديثة حيث اعتبروا الدولة مؤسسة اخلاقية وعامل اساسي لتطوير الانسان.[9] وفي هذا العصر هنالك الكثير من الدول اعتمدت بسياستها الخارجية على العامل الأخلاقي في التعامل مع الشعوب أنطلاقا من عدم الاعتداء وعدم التدخل، حسن الجوار والتعايش السلمي والى آخره من المفاهيم الأخلاقية التي ترسم سياسة هذة الدولة مع الدول الاخرى، على عكس الكثير من دول العالم التي لا تعتمد الاخلاق مرتكز لصياغة سياستها الخارجية تجاه دول العالم والأمثلة كثيرة في هذا العصر.

علم الاجتماع السياسي: يعنى علم الاجتماع ببحث العلاقة ما بين المجتمع والسياسة، حيث علم الاجتماع هو العلم الذي يبحث في مداخل ومخارج المجتمعات المختلفة. هذا من جانب اما على الجانب الاخر فانة العلم الذي يدرس كافة سلوكيات أبناء المجتمع وما يرتبط بهذا السلوك من قيم وعادات وتقاليد وانماط معيشية مختلفة للوصول الى نتائج وحلول معينة تخدم الفئات الاجتماعية المتعددة. ويعتبر العالم العربي الاسلامي ابن خلدون الاب الحقيقي لعلم الاجتماع الذي ظهر في القرن الرابع عشر، وليس كما يعتقد الغرب بأنه اوجست كونت الفرنسي الذي ظهر في القرن التاسع عشر حيث أسهمت مؤلفات ابن خلدون في علم الاجتماع بخدمة موفقة في تقديم وشرح هذا العلم الى بني البشر . تحدث ابن خلدون في كتابه عن الاطوار التي تمر بها المجتمعات وهي:

- طور النشأة والتكوين .
- طور النضج والاكتمال.
- طور الهرم والشيخوخة .

حيث يفنى ويندثر ذلك المجتمع ويقوم على أنقاضة مجتمع جديد ويمر بنفس المراحل السابقة . أما العالم الفرنسي أوجست كونت فقد قسم العلم الى قسمين أساسيين الأول يهتم بدراسة النظم الاجتماعية من حيث تكوينها ودورها في المجتمع، وهو ما يسمى بعلم الاجتماع الخاص بالاستقرار بينما يهتم الثاني بدراسة تطور المجتمع وتغيره. أهتم علم الاجتماع من حيث المبدأ بدراسة الظواهر والنظم أو الوقائع الاجتماعية للمجتمع وبتاريخ المجتمع السياسي والاقتصادي والفكري (10)

اما المجتمع: فلعل اختلاف علماء علم الاجتماع على تعريف محدد وثابت للمجتمع أعطى اهمية خاصة لمفهوم المجتمع . فلقد حاول كثير من الكتاب تعريف المجتمع، لكنهم اختلفوا في تحديد مفهوم واحد وهذا ما اكده هيلري عندما استعرض تعريفات المجتمع وجمع منها خمسة وتسعون تعريف وخرج بنتيجة مؤداها بأن هذه التعريفات لا تتفق في غالبيتها على نفس المعاني ولا يوجد بها تجانسا تاماً حول طبيعة المجتمع. (11)

يعرف ميرسر المجتمع الانساني بأنه: مجموعة من الناس مترابطة وظيفيا تعيش في منطقة جغرافية معينة ، في وقت معين وتشترك بثقافة مشتركة . وتنتظم في بناء اجتماعي وتبدي ادراكها لوحدتها وصفاتها الفريدة ووحدتها المميزة كجماعة . لذا فان المجتمع قد يسوده صفات عدة من حيث التعريف مثل التنوع الطبقي داخل المجتمع والتنوع العرقي والديني والأخلاقي والاقتصادي والجهوي وبهذه المفاضلات لا يمكن ان نجد مجتمع تسوده العدالة الاقتصادية والاجتماعية والعرقية والدينية دون الارتكاز على المفاهيم الانسانية باعتبار ان كل بني البشر يعودون لأصل واحد .

يرى ساندرز : بأن المجتمع نسق اجتماعي لة مجموعة من الانساق الفرعية كل نسق من الانساق الفرعية تقوم بأداء خدمات اساسية في مناطق معينة مثل النسق

والنسق الديني والنسق التعليمي والنسق الصحي ونسق الدعاية والنسق الترويجي . وكل نسق فرعي من هذة الأنساق لة على الاقل خصائص ست هامة هي :

- شبكة من المؤسسات أو التنظيمات.
- فئة او مجموعة من الوظائف.
- له أيدولوجية، أو
- معايير ونظام معياري.
- موظفين.
- موارد مالية تتطلبها العمليات والاجراءات. [12]

يرى د . سيد ابو بكر أن اهم المقومات الاساسية للمجتمع هي:

الحدود الجغرافية: لكل مجتمع اقليم جغرافي معين يختلف عن المجتمع الآخر بالمساحة وطبيعة االتضاريس والمكان حيث طبيعة المكان توثر بالانسان من حيث طبيعة الارض مثل الصحراء او الارضي الزراعية او الجبال او الانهار او الثروات الطبيعية وغيرها .

- مجموعة من الناس لها اهداف ومصالح مشتركة .
- الاعتماد المتبادل بين جماعات المجتمع وأفرادة وبين المجتمع والمجتمعات الاخرى.

- الاتصال المستمر من جماعات المجتمع وتفاعلها مع بعضها البعض اجتماعيا ينتج عنة تبادل الخبرات .

- العلاقات الاجتماعية : وهي العلاقات التي تحكم طبيعة المجتمع ضمن معايير معينة.

- النظم الاجتماعية: وبذلك لا يمكن تصور مجتمع يخلو من النظم السياسية والاقتصادية والتعليمية، ومن مجمل هذة النظم يتكون المجتمع .

- التنظيمات والمؤسسات الاجتماعية: وهي التي تقع على عاتقها اشباع احتياجات افراد المجتمع وجماعاتة .

- الشعور بالانتماء والولاء للمجتمع : والانتماء يعني تغليب المصلحة العامة على المصلحة الخاصة . [13]

بينما علم السياسة: اصطلح على تعريفه بأنه العلم الذي يدرس الدولة، فعلم السياسة جزء من العلوم الاجتماعية الاخرى قبل علم النفس وعلم الاجتماع وعلم الاقتصاد وغيرها. لذا فإن دراسة الدولة بمختلف مؤسساتها الرسمية والغير رسمية، تتيح للباحث في علم السياسة ادراك واستيعاب امور الدولة والاطلاع عليها مثل النشاطات الحزبية ، وآلية عمل السلطة (الحكومة) عمليات 0الدمقرطة ، اختيار الحاكم وغيرها من الامور ذات النشاط السياسي في الدولة .

أما مصطلح السياسة (Polis) وتعني عند الاغريق المدينة وكانت اليونان القديمة تتكون من عدة مدن يطلق على الواحدة منها اسم دولة المدينة (State –City). وبذلك فقد كانت الوحدة السياسية انذاك .

اما عن علاقة علم السياسة مع علم الاجتماع – الاجتماع السياسي: حيث علم الاجتماع يهتم بدراسة التجمعات البشرية للمجتمع ومعرفة سلوكياتهم وعلاقاتهم، اما علم السياسة فيهتم بدراسة الجوانب السلوكية للمجتمعات ، ولكي نعرف السلوك السياسي لهذة المجتمعات لا بد من المعرفة الحقيقية لجذور المجتمع. فسلوك الافراد داخل المجتمع يتطلب من عالم السياسة معرفة الابعاد الاجتماعية لتحليل الظواهر السياسية فتداخل العادات والتقاليد لافراد المجتمع واختلاف تنظيمات المجتمع مع من جانب الى آخر، وأثر ذلك على السلوك الاجتماعي يؤهل عالم الاجتماع من وضع الصورة الحقيقية للمجتمع . وبذلك تتوفر لعالم السياسة المعرفة الحقيقية لهذا المجتمع من مداخل ومخارج يبنى عليها في النهاية القرار السياسي، حيث تطور هذا السلوك الى علم الاجتماع السياسي الذي يهتم بالبعد الاجتماعي لسلوك الانسان السياسي، مهتما بدراسة الظروف الاجتماعية والسياسية التي تؤدي الى تغيرات في مراكز القوى.

هنالك مرحلتان يمر بهما الاجتماع السياسي :

الاولى : مرحلة الطفولة والمراهقة.

الثانية : مرحلة الشباب.

المرحلة الاولى : يتأثر الانسان منذ طفولة بمحيطه وبيئته ومن ثم تتطور نظرته وخلال هذة المرحلة ينشأ لدى الطفل فهم معين عن السلطة ، والطاعة والمقاومة والتعاون والاعتداء، والخ. ما يتعلمه الطفل من اسرته قد يتلقاه في المدرسة. وفقا للعالم Easton Dennis تمر عملية التسييس الاجتماعي منذ مرحلة الطفولة باربعة مراحل :

1 – تمييز السلطة من خلال سلوك الوالدين ، مثل الشرطة ورئيس الدولة.

2 – التمييز بين السلطة العامة والسلطة الخاصة .

3 – الاعتراف بالمؤسسات المجردة (الغير شخصية) مثل السلطة التشريعية والقضائية ونمط الانتخابات .

4 – التمييز ما بين المؤسسات السياسية والاشخاص الذين يمارسون العمل السياسي مثل سلوكيات ومثاليات الرئيس وعلاقته مع النواب والعكس صحيح.(14)

عوامل التسييس الاجتماعي : تمر عملية التسييس الاجتماعي بعدة مراحل : (15)

1 – **العائلة :** وتعتبر اول عامل مؤثر في حياة الانسان منذ الطفولة. وفقا للعالم Robert Lane : العائلة تمهد الاساس لعملية الاعتقاد السياسي في مرحلة الطفولة حيث تمر بثلاث مراحل وهي :

الاولى: تعلمة الافكار الصريحة والخفية من حيث السياق الاجتماعي المعين. اضافة الى صياغة الفرد بعملية التسيس الاجتماعي واضحة في بيئته .

الثانية: العائلة تعتبر النافذة الاولى للطفل على العالم .

الثالثة: انها تمثل اول اتصال للطفل بالسلطة، وايضا تمثل اول اختلاف للطفل متوقع بين الاجناس، الاثبات بالمسح اظهر ان هنالك اتصال قوي ما بين السلوك الانتخابي للوالدين مع اطفالهم .

2- **المدرسة:** تاتي المدرسة بعد العائلة من ناحية الأهمية في التسيس الاجتماعي، لكل مدرسة نهج معين في التعليم حيث تؤثر في الطفل تجاه نظام معين، خلال سنوات التدريس في المدرسة يتكون لدى الطفل صفات وسلوكيات معينة ترتكز في عقله

وتؤثر على شخصيته وسلوكه. حيث ان المعلمين يشكلون عاملاً مهماً في تطوير التسييس الاجتماعي للطفل. فمثلا في دول اوروبا الشرقية سابقا الطلبة في المدارس ونتيجة التعليم المبرمج شيوعيا هم اكثر من الاهالي تأثرا بالشيوعية، بينما الأهالي صلتهم بالشيوعية اقل نتيجة لارتباطهم الماضي مع النظام الذي سبق الشيوعية حيث ما زالوا متأثرين به .

3 - **المجموعات المتشابهة (الزمر)** : تؤثر المجموعات المتشابهة في المدرسة او الكلية من ناحية التسييس الاجتماعي، هذه المجموعات تشمل تجمعات مثل اتحاد الطلبة، فروع الاحزاب السياسية وغيرها . هذة المجموعات لها ارائها المختلفة حول الوضع السياسي في البلاد ، وكذلك في دول العالم ، هذه المناقشات الجماعية تترك أثراً في سلوكيات كل فرد من المجموعة بالإضافة الى اكتساب الخبرة والمعرفة من هذه الجماعات والرفاق .

هذه الجماعات تترك أثراً عميقاً في افكار كل فرد وتغير في الغالب المواقف العدائية لدى بعض الافراد الى مواقف يجمعها المودة والاحترام والتعاون والعكس صحيح.

4 - **اماكن العمل (الوظيفة)**: في اماكن العمل المختلفة يحصل الفرد على خبرة معينة في التسييس الاجتماعي، بينما في الوظيفة يتداخل الانسان مع افكار كثيرة من التسييس الاجتماعي، من خلال علاقاته مع الزملاء في المهنة، حيث اختلاف الطبقات، واختلاف الاديان والاقاليم الخ . فيتداخل الانسان مع مواقف الموظفين من النظام السياسي السائد .

ايضا موقف الموظفين قادة النقابات والاتحادات التجارية تؤثر كثيرا على الموظفين. فمثلا اذا تصرف الموظف بسلوك معين فربما يتطور لديه احساس

بالاستياء والعنف. على الجانب الآخر اذا تصرف الموظف بهدوء ولطف فقد يكتسب الموظف تعاون وتعاطف من الآخرين. وبنفس الوقت فإن اعضاء الاتحادات التجارية قد يتعلمون عمليات المساومة وكذلك عمليات التسييس الاجتماعي مثل الاضطرابات والمظاهرات والطوارىء الخ .

5 - **وسائل الاعلام:** وسائل الاعلام المختلفة مثل التلفزيون والراديو والجرائد ، الخ تؤثر تأثيرا مباشرا على الأفراد من جانب التسييس الاجتماعي ، حيث تضيف الى عقلية الشباب قيم معينة. ففي المجتمع المنفتح بحيث ان مفهوم وسائل الاعلام يخضع لمنافسة حرة مما يكسب الفرد تصورا اكثر معنى من القيم المتباينة او المغايرة للنظام المسيطر على وسائل الاعلام. في الانظمة اللاحقة استخدمت وسائل الاعلام لقياس وجهات النظر للافراد في الدولة تجاة النظام السياسي .

6 - **الاحزاب السياسية:** تؤثر الاحزاب السياسية بعملية التسيس الاجتماعي بطريقة كبيرة، الاحزاب السياسية لم يقتصر دورها على نقد الحكومة من اجل استقطاب اعضاء جدد فقط وانما السيطرة على الصحافة ووسائل الاعلام الاخرى من اجل صياغة افكار تناسب الشعب .

7 - **تاثير النظام السياسي:** واخيرا فإن النظام السياسي السائد في الدولة يؤثر ايضا على عملية التسييس الاجتماعي. فاذا ما كان النظام السياسي الحاكم يقدم خدمات تخدم مصالح الافراد، فإن الافراد يشكلون موقفاً ايجابياً تجاه هذا النظام او السلطات والعكس صحيح, فإن لم يقدم هذا النظام خدمات تخدم مصالح الافراد فإن هؤلاء سينفرون منة. في كلتا الحالتين فان نظام التسييس الاجتماعي سيتشكل. يرى الاستاذان: Prof : Almond And Powell بأن عملية التسييس الاجتماعي: "مهما بقي الامر ايجابياً في رأي النظام السياسي، حيث يشتمل على العائلة والمدرسة ايضا، فعندما يتم تجاهل الفرد من قبل حزبه

او خداعه من قبل الشرطة، او الجوع لرغيف الخبز. واخيرا يتم تجنيده في الخدمة الالزامية في الجيش، ستكون وجهة نظره عن عالم السياسة متغيرة. العلاقة الرسمية والغير رسمية مع نخبة معينة في النظام السياسي محتومة بالقوة من توجيه الافراد تجاه النظام . "

ومن هنا فإن الجذور الاجتماعية تشكل البيئة المناسبة للظواهر السياسية المختلفة ، حيث ان تطور وتقدم هذة الظواهر تفهم في الوسط الاجتماعي بكل مظاهره ومشاكله والعلاقة بين افراده وبينه وبين الدولة والسلطة . كما ان الافكار السياسية تنمو وتتطور في المجتمع. وبالتالي فإن النظريات السياسية والعقائد، وكل أشكال المعرفة السياسية تتطور في ظل المجتمعات المتغيرة والمتطورة باستمرار، والتي تفرز معطيات جديدة في كل مرة وتغني النظريات السياسية .

ان المصالح الاجتماعية تفرض نفسها على النظرية السياسية ، خاصة ضرورات الأمن والأمان، والحصول على المنافع ، وتحقيق الرخاء والرفاه الاجتماعي ، والسعادة باختلاف المدلولات في الفكر الغربي الليبرالي والماركسي ، وفي الفكر الاسلامي، ولكن يبقى الهدف هو تحقيق سعادة الأكثرية من الناس مع مواءمة ذلك مع الآراء والأفكار والتيارات السياسية المختلفة . (16)

السلوك وعلم النفس والسلوك الانساني :

علم النفس (السيكولوجي) علم يستفاد منه في معرفة نفسية وسلوك الافراد داخل الدولة او المجتمع . ومن هنا فإن النظرية السياسية التي تتشكل تكون قد اعتمدت على استقراء ومعرفة النفس الانسانية وسلوك الانسان داخل مجتمعة ، حيث الاراء والافكار التي تفسر الأفعال والاقوال . فالاستحسان والاستهجان والالتزام والعقلانية والعاطفة في التصرف يخضع للتحليل النفسي لمعرفة اسباب النزاعات

الفردية والجماعية، ومعرفة الرغبات الكامنة والظاهرة، ويمكن رصد السلوك العدواني الذي يؤثر في مصائر الشعوب، وكذلك الصراعات المسلحة والحروب العدوانية والفضائع ضد المدنيين، والتي تتعارض مع القوانين الأخلاقية وبالتالي لا بد من الاتفاق على نطاق واسع لتحديد فهم مشترك للسلوك الصحيح ونقيضه وللجانب الشخصي في اتخاذ القرارات التي تعبر عن مصلحة ذاتية صرفة أو مصلحة ذاتية مرتبطة بمصالح الدولة والشعب أو مصلحة جماعية معبرة عن رغبات الجميع.[17]

وبذلك فإن المدخل النفسي او السيكولوجي في تحليل الكثير من الظواهر السياسية يستفاد منه في معرفة واستقراء الرأي العام الشعبي، سواء اكان نظام الحكم ديمقراطيا او استبداديا وفي كلتا الحالتين يريد الحاكم او الطبقة الحاكمة الاستمرار في الحكم.[18] ومن هنا فإن معرفة السلوك الانساني ونفسية الانسان مرتبطة بعلم النفس فاستخدام القوة او الديمقراطية عبر وسائل الاعلام المختلفة، يؤدي الى تحقيق رغبات الطبقة الحاكمة ، حينما تصبح المعلومة متوفرة لدى السلطات وذلك بمعرفة نفسية الانسان بما يرضى وبما يغضب.

وعلى هذا الاساس فإن الدراسات العلمية للظواهر الاجتماعية ترتكز على علم النفس. حقائق علم النفس المتعلقة بالطبيعة الانسانية يجب ان لا تتخذ كما كان في عهد المفكرين القدماء لكنها يجب ان تكتشف بالملاحظة المباشرة وايضا بالاسلوب التجريبي او الاختباري . هذا مما يدعم الدراسة الحقيقية بحيث ينتج عن ذلك نتائج ايجابية حتما. في العموم هذا سيؤدي الى اتفاق الباحثين في المجال النفسي وسيزيد من درجة الانجاز في حل جميع الالغاز التي تشغل النشاطات الانسانية. ومن هنا تكمن اهمية علم النفس لرسم الصورة الحقيقية عن الفرد في الدولة، حينما يتمكن عالم السياسة من صياغة نظرية او فرضية انطلاقا من المرتكز الاساسي وهو علم النفس.[19]

أنواع النظريات السياسية

لا شك بأن النظريات السياسيه المتعددة والتي جاءت بناء على تصورات واستقراءات أصحاب الفكر والعلماء، قد اختلفت منذ البدء في صياغتها، ولعل الاوضاع السياسية آنذاك كانت في حالة من عدم الاستقرار ابتداء من الفكر السياسي العربي القديم في العهد البابلي والى الهندي والصيني ثم اليوناني ومن ثم التطور الذي اصاب النظرية السياسية في مرحله ما بعد الميلاد قبل الفكر السياسي المسيحي ثم الاصلاحي الديني المسيحي ثم عصر النهضة في اوروبا وما رافق ذلك من الفكر الاسلامي في مرحله مع بعد الدعوه الاسلامية وانتشار الفكر الاسلامي في ارض العرب والمسلمين وتأثر البلدان الاخرى به والاقبال عليه، الى ان ظهرت نظريات سياسية في مرحلة القوميات في اوروبا وحروبها ثم انحسار المد الاسلامي في اوروبا وتقهقر الدولة العثمانية، فجاءت الافكار السياسية الاقتصادية الاشتراكية ونافستها الافكار الاقتصادية الرأسمالية الامبريالية، واحتدام الصراع الفكري ما بين النظرية الرأسمالية المرتبطة بالديمقراطية كما يدعى والنظرية الاشتراكية المرتبطة بالفكر الثوري لتحقيق الحياة الحرة والكريمة للطبقات المقهورة في المجتمعات الرأسمالية وبعد صراع فكري طويل دام اكثر من قرنين انهار الفكر الاشتراكي اولاً وتبعة بداية انهيار للفكر الرأسمالي، وان كان انهيار الاشتراكية قد سبق الرأسمالية فإن ذلك لا يعني انتصار الثانية على الأولى لأن الرأسمالية والتي تقوم على الاستبداد قد طالت اكثر لكنها كما نرى قد بدأت الانهيار انطلاقاً من الدول الصغيرة مثل الانهيار في جنوب شرق اسيا (النمور السبعة) او نمور الكرتون، الى كشف حقيقة النظرية الرأسمالية

القائمة على الاستبداد عندما غزت الولايات المتحدة ومعها مجموعتها المستبده من أنظمة رأسمالية أخرى دول مثل يوغسلافيا وافغانستان والعراق لا بل فقد أزاحت الستار عن حقيقتها عندما أخذت تقسم الدول وتدعم أي فكرة انفصالية من اجل تحقيق فكرها الرأسمالي والذي يساعدها على تحقيق الربح المادي حينما تنفرد في الدول المقسمة.

وما بين هذه المعمعة الرأسمالية والاشتراكية عاد الفكر الإسلامي مجدداً يطرح نفسه على الساحة الدولية، وهذا ما ذهبت تسمية الرأسمالية وبعض بقايا الاشتراكية بالإرهاب خوفاً من انجذاب البشرية التي تعيش حالة فوضى وعدم استقرار من الرأسمالية المستبدة، لتعلن معظم دول العالم الرأسمالية الحرب على هذا الفكر الإسلامي العادل الذي يزيل الفوارق البشرية ويلغي الطبقات ويقاتل الفتنة والالحاد بينما تدافع الرأسمالية عن هذا السلبيات وتعتبرها قواعدها الاساسيه لبناء البشرية السعيدة كما تدعي.

لذا فإن البشرية ومنذ ميلاد أفكارها السياسية ونظرياتها المتعددة لم تستقر على فكره معينه، وبقيت في حالة من الإرباك والفوضى وصراع واقتتال حتى وصلت الى ما هي عليه الآن. ومن هنا يمكننا إيجاز النظريات السياسية منذ ولادتها حتى الآن:-

* **النظريات السياسية القديمة:** وتتمثل بنظرية افلاطون المثالية وارسطو المثالية الواقعية وبقية النظريات الاخرى.

* **النظريات السياسيه في العصور الوسطى:** مثل نظريات الاصلاح الديني المسيحي ونظريات عصر النهضة، والنظرية السياسية الواقعية الميكافيللية وغيرها.

* **النظريات السياسية في العصر الحديث:** الرأسماليه والاشتراكية.

* **النظريات الإسلامية:** وان كانت الدعوة الإسلامية قد بدأت في القرن السابع الميلادي، الا ان الافكار الاسلامية المستمدة من القرآن الكريم والحديث النبوي الشريف كانت قد لاقت رواجاً فكرياً لدى العرب المسلمين وغير المسلمين وايضاً بقية الشعوب التي دخلها الفتح الاسلامي ولم تتغير الافكار الاسلامية كما حصل للأفكار السياسيه الأخرى، لا بل فقد حافظت الأفكار السياسية الاسلاميه على ماهيتها لأنها جاءت بأمر الهي منزل من عند الله عز وجل. بينما الافكار البشرية بقيت تتغير في كل يوم وفي كل عصر. وتتصادم مع بعضها، لكن عدم رواج الفكر الإسلامي في مرحله ما يعود الى المسلمين أنفسهم لأنهم قد تغيروا وانحرفوا عن الأمر الالهي، وتبقى رسالة السماء السمحة الرسالة الإسلامية خاتمة الرسائل السماوية الاخرى كما هي صالحة لكل زمان ومكان.

موضوع النظرية السياسية

تقسم النظرية السياسية تبعا لموضوعها الى قسمين هما :

1- **النظرية السياسية الكلية :** تدرس هذة النظرية وتعالج موضوعات علم السياسة باعتبارها كل واحد رغم تعدد اجزائه، حيث تدرس هذة الموضوعات بموضوعية بسبب التفاعل بين الاجزاء والنظر اليها بأنها مكونة من عناصر ، ثم الربط بينهما بشكل كلي، فلا يتسنى ادراك الحياة الا بالنظر الى عناصرها جميعا لا بنظرة جزئية الى كل عنصر منها، وبهذة النظرة الكلية يتحقق للنظرية السياسية المزيد من الموضوعية الشاملة. [20]

والنظرية السياسية الكلية هي التي تعنى بمعالجة الخصائص العامة للظواهر السياسية على تباين قطاعاتها (سلطة الامر في المجتمع والحياة السياسية والحياة الدولية) وبالمناهج التي تعالج بها تلك الظواهر ، وتبعا لذلك فإن النظرية السياسية الكلية تؤدي دور التأصيل، أي رد مضامين فروع المعرفة السياسية الى أصولها العامة المشتركة من حيث المادة والمنهج على السواء. وبهذه النظرة تتحدد مكانة النظرية السياسية من فروع علوم السياسة الأخرى ، بأن تختص هي بالنظر في عالم السياسة في جانبيه الوطني والدولي باعتبارة كلا من أجزاء متشابكة متساندة . [21]

2 - **النظرية السياسية الجزئية :** وهي النظرية السياسية التي تختص في فرع من فروع العلوم السياسية وعلى قطاع معين من قطاعات ذلك العلم ، فتكون جزئية ولا يجاوز في بحثه وصف قطاعه، وربما الكشف عن حقائقه في مواجهة القطاعات السياسية الأخرى، ومثال ذلك (نظرية الرأي العام ، نظرية العلاقات الدولية ، نظرية النظم السياسية ، نظرية فصل السلطات) . [22]

ان موضوع النظرية السياسية يتمثل في تنظير عالم السياسة في جملته ومن ثم الكشف عن الحقائق العامة المشتركة في شتى قطاعاته مع فهم هذة الحقائق في صورة تجريدية عامة (أي في نظرية عامة) وربما في شكل نموذج نظري يستعان بة على فهم أحداث الواقع السياسي، ودون ان يكون البتة وصفا له، وفي تصوير مفاهيم عامة يستعان بها على تحليل ذلك الواقع السياسي، وهذا كلة من شأن عمليات التجريد الذي هو الهدف النهائي للتنظير. ومن هنا يصح تعريف موضوع النظرية السياسية بأنه التحليل من اجل التجريد، أي تحليل الواقع السياسي الى عناصره، بقصد الكشف عن حقائقه الكامنة في أغواره وللانتهاء بفهمها في صورة ذهنية تجريدية هي النظرية السياسية الكلية، وهذا كله من شأن العمليات المنهجية. [23]

مناهج البحث في النظرية السياسية: هنالك العديد من مناهج البحث في النظرية السياسية وهي: المنهج الاستنباطي – المثالية ويشمل: المنهج التقليدي و المنهج القياسي والمنهج التاريخي والمنهج السوسيولوجي والمنهج الفلسفي. اما النهج الاستقرائي – الواقعي ويشمل: المنهج الاختباري (الامبريقي) والمنهج العلمي التجريبي والمنهج عبر التجريبي والمنهج السلوكي والمنهج ما بعد السلوكي. وهنالك المنهج الاسلامي والمنهج المتكامل .

المراجع

1- د. حسن صعب، علم السياسة، ط 5، بيروت ، دار العلم للملايين 1977، ص49 .

2- د. محمد محمود ربيع. النظرية السياسية.في موسوعة العلوم السياسية، الكويت، جامعة الكويت ، 1994، ص .105.

3- نفس المصدر، ص 105-106.

4- د. احمد زكي بدوي ، معجم المصطلحات السياسية والدولية، القاهرة دار الكتاب المصري ، 1989، ص.113.

5- نفس المصدر.

6 – د . قحطـان احمـد سـليمان الحمـداني ، النظريـة السياسـية المعـاصرة ، ط1، عـمان ، الحامد للنشر والتوزيع ، 2003 ، ص 37 – 38 .

7- N. N Agrawal and others , Principles of political science , Ninth Edition , Ram Chand and Co Publishers , New Delhi , P . 67 .

8 – أنظـر : د . عبد الكـريم زيـدان ، أصـول الـدعوة ، ط 8 ، بـيروت ، مؤسـسة الرسـالة ، 1998 ، ص 79 وما بعدها .

9- N. N Agrawal , P : 68 - 69 .

10 – د . صـايل زكي خطايبـة , د . نـادر ابـراهيم بنـي نصـر ، المجتمـع الاردني، ط 2، عمان ، المؤلف نفسة، 2006، ص 8 – 9 .

11 – نفس المصدر ، ص 9 – 10 .

12 – نفس المصدر ، ص 10 – 11 .

13 - نفس المصدر ، ص 11 - 12 .

14- Dr . Prakash Chander and Prem Arora , Studies in Comparative Politics and Indian Political System , Third Edition , New Delhi, Bookhive , 1986 ,P: 81 .

15- Ibid : 82 -84

16- د . قحطان أحمد سليمان الحمداني ، مصدر سبق ذكرة ، ص 43 - 44 .

17- نفس المصدر .

18-د . محمـد نصر ـ مهنـا ، النظريـة السياسـية والعـالم الثالـث ، ط 2 ، الاسـكندرية، المكتـب الجامعي الحديث ، 1991 ، ص 32 - 33 .

19- N . N Agrawal and others , op. cit . P : 70 - 71 .

20 - د . قحطان أحمد سليمان الحمداني ، ص 46 .

21 - نفس المصدر .

22 - نفس المصدر .

23 - نفس المصدر .

الوحدة الرابعة

الـدولة

مفهوم الدولـــة

قديما : عرفت الدولة مع نشوء الحضارات حيث اوضحت في مفهوم قصة الحضارة ، كيف بدأت اولى الحضارات الانسانية على هذا الكوكب. انطلاقا من حضارة العبيدين العرب ثم انتقالهم الى حضارة سومر حيث اخذت الحضارة العربية اسم الحضارة السومرية نسبة الى مدينة سومر التي تقع شمال البصرة حاليا . ومن هناك سجل علماء التاريخ والحضارة اول المدن والدول المكتشفة بدلالات مادية (أثرية ومعدنية) تؤكد تشكيل الدولة العربية بمختلف المراحل الزمنية ، وان مفهوم الدولة ليس بجديد على علم السياسة كما يتخيل الكثير من الكتاب العرب. عندما يتحدثون عن مفهوم الدولة ، حيث يربطون هذا المفهوم انطلاقا من التاريخ اليوناني على اساس كلمة دولة مشتقة من الكلمة اللاتينية (Status) وتعني الحالة المستقرة ، الا انة في العصور الرومانية اخذت مدلولا آخر واصبحت تعرف بالجمهورية، بينما في القرن التاسع عشر استعمل ميكافيللي في كتابة " الامير" كلمة " الدولة" ومن ثم استخدم كلمة دولة الى المؤسسات السياسية بصرف النظر عن قدم الانظمة . حيث فضل لويس الرابع عشر استخدام كلمة دولة على كلمة جمهورية وقد عبرعن ذلك بكلمتة الشهيرة " انا الدولة "

على الجانب الآخر في عصور ما قبل الميلاد وجدت الدولة بأركانها الاربعة : الارض والشعب والسيادة والسلطة . وبمختلف المراحل الزمنية ، وأن مفهوم الدولة ليس بجديد على عالم السياسة كما يتخيل الكثير من الكتاب عنما يتحدثون عن مفهوم الدولة . وان لم ترد كلمة دولة في الحضارات العربية القديمة العبيدية والسومرية

والبابلية والاشورية والفرعونية ، الا ان مفهوم الدولة كان موجود من خلال المصطلحات الاخرى ومن خلال مكوناتها .

في حضارات بلاد ما بين النهرين العراق اليوم : كان العرب اول من استخدم كلمة "ملك" وان كان هنالك نظام ملكي قبل المرحلة السومرية اي في مرحلة العبيدين العرب تلك الحضارة التي غمرتها مياة البحر في ارض الخليج العربي . أما فيما وصلنا من الحضارة العربية اللاحقة الممتدة للحضارة العبيدية العربية حضارة سومر حيث كان لقب كلكامش في البداية السيد (آين) ثم اتخذ لقب الملك وكان السيد يعيش في معبد آلة المدينة وهو كاهنه الاعلى .

العرب اذا اول من اطلق لقب الملك على حاكم الدولة وذلك انطلاقا من حاجة الافراد في الدولة الى الامن والامان والاستقرار . الملك كان عبارة عن شخص هو المقدم بين اقرانة اختير لتزعم المدينة في الحرب . ففي حالة تعرض البلاد للخطر وخاصة الهجوم الخارجي او الفيضان يعمد اهل البلدة الى اختيار حاكم منهم تتوفر فية صفات الزعامة من حنكة وشجاعة لادارة دفة الدولة يخولونه صلاحيات واسعة واطلقوا علية اسم الملك . فبعض الملوك من استأثر بالحكم وجعلوة وراثيا ، والبعض الآخر استقل عن سلطة المعبد وفصل الدين عن الدولة . في البداية كانت المهام الدينية بيد الحاكم " الملك " ولما كثرت واجباته انفصلت المهام الدينية عن الزمنية فاختص الكهنة بامور الدين وتفرغ هو لشؤون الدولة فسكن في قصر خاص بة مع اسرته وحاشيته وسمي الحاكم أنسي (وكيل الالة) او الملك . والمعروف ان الملك كان حاكما مستقلا يدير اكثر من دويلة مدينة واحدة في وقت قد يكون فية الانسي تابعا للملك . واذا جاوزت منطقة حكم الانسي ما وراء حدود مدينتة واعترف بة معبد انليل في مدينة نفر فيحمل انذاك لقب ملك ويحمل كل حاكم في مدينته تابعة للانسي لقب حاكم (كورنيتا) في وقت كانت بة ادارة المعبد بيد موظفين خاصين يشرف عليهم الانسي .

وكان موظفو الدولة مسؤولين امام الانسي ومرتبطين بة يستحصلون لة الضرائب عن القطعان والقوارب ومصائد السمك ورسوم الدفن والطلاق . [1]

ادار الانسي ممتلكات الة المدينة وهو القائد في الحرب والقاضي ورأس السلطة الدينية والمسؤول عن الاعمال العامة . وتدل ضخامة المقبرة الملكية في اور وثراء مكتشفاتها على رفعة مركز الملك خلال عصر فجر السلالات . وترينا نصوص شروباك من عصر فجر السلالات الثالث ان الملك كان ذا مركز سام ، واحتوى قصره على الكثير من الموظفين امثال الوكلاء والحجاب والسقاة والموسيقيين والطباخين حيث نعرف وجود 144 ساقيا و 132 موسيقارا ومغنيا و 65 طباخا . وتؤكد اسطورة ايتانا والنسر على هبوط الملكية الى الارض بعد الطوفان في مدينة كيش ، وكانت الملكية حسب ما يظهر قد عادت الى السماء عند حلول الطوفان لحمايتها من الخطر [2]. وتؤكد معظم المصادر بأن الطوفان الذي حدث في عهد سيدنا نوح (عليه السلام) كان في العام 3000 ق . م . [3]

ففي البداية تكونت نواة المجتمع البشري المسلم الأول تمثلت في آدم وزوجه وبنيه الذين تناسلوا وتكاثروا وواصلوا تعميرهم للأرض التي استخلفهم الله فيها ، وفي هذا الاثناء كان الشيطان وحزبه يباشرون نشاطهم لاجتيال آدم وبنيه عن دينهم ، واستمر الصراع بين حزب الشيطان وحزب الرحمن ، حتى جاء الوقت الذى نجح فيه حزب الشيطان من اجتيال عدد كبير من أبناء آدم عن دينهم وهو الاسلام ، فأرسل الله- سبحانه وتعالى - نوحا الى الناس يدعوهم الى العودة الى دينهم وربهم قال تعالى:

﴿واتل عليهم نبأ نوح اذ قال لقومه يا قوم ان كان كبر عليكم مقامي وتذكيري بآيات الله ، فعلى الله توكلت فأجمعوا أمركم وشركاءكم ثم لا يكن أمركم

عليكم غمة ثم اقضوا الى ولا تنظرون . فاءن توليتم فما سألتكم من أجر ان أجرى الا على الله وأمرت أن أكون من المسلمين ﴾ (سورة يونس : الآيات 71 - 72) .

لذا فإن ما تتحدث عنة الاساطير وان كانت بطريقة مختلفة عن الطرح الاسلامي حيث ان الله سبحانه وتعالى قد ارسل انبياء ورسل كثر الى بني البشر وخاصة العرب في ارضهم، لكن الذين امنوا هم قلة في مرحلة قبل نزول رسالة الاسلام. فقد استجاب لنوح بعد تسعة قرون ونصف من الدعوة الى الله ، عدد قليل من قومة، أعلنوا اسلامهم للة - عز وجل - بينما كفرت الغالبية العظمى من أفراد الأمة، فأرسل الله الطوفان، واستأصل كافة الكافرين من قوم نوح من على وجة الأرض المعمورة في ذلك الزمان ، وهي المنطقة - وهذا احتمال التي تقع في ايران والعراق حاليا. (4) فهي منطقة الرافدين حيث كان أقليم عيلام جزء من ارض الرافدين في ذلك الوقت .

وبعد اهلاك الكافرين من قوم نوح - علية السلام - صدرت الأوامر الربانية الى الأرض والسماء قالى تعالى :

﴿ وقيل يا أرض ابلعي ماءك ويا سماء أقلعي ، وغيض الماء وقضيى الأمر واستوت على الجودى، وقيل بعدا للقوم الظالمين ﴾ . (سورة هود : آية44) .

ونزل نوح -عليه السلام -ومن معه من المؤمنين المسلمين بعد انتهاء الطوفان في أرض السواد والجزيرة " ارض سومر " . اي من حيث كانوا قبل الطوفان وهذا يؤكد بان سيدنا نوح -عليه السلام - كان يدعو العرب في ارض سومر الى الاسلام، اي في الاف الرابع ق . م لذلك فقد كان هناك نسبة بسيطة من المسلمين وهم الذين ركبوا في السفينة مع سيدنا نوح -عليه السلام -ومن هذة النسبة البسيطة

تشكلت الحضارة العربية السومرية بها بعد الطوفان، ولم تنتهِ الحياة في مدينة اور مركز الحضارة السومرية ، وان سيدنا ابراهيم -عليه السلام -من (اور) فإن نسبتة ترجع الى السومريين -الذين هم بقايا قوم سيدنا نوح -عليه السلام-بعد الطوفان [5]. وهنا يأتي كلام الله عز وجل في القرآن الكريم مؤيدا هذا التصور بشكل عام ومباشر :

﴿ ان الله اصطفى آدم ونوحا وابراهيم وآل عمران على العلمين ، ذرية بعضهما من بعض ، والله سميع عليم ﴾ (سورةآل عمران : آلاية 33) .

وقولة تعالى: ﴿ولقد ارسلنا نوحا وابراهيم ، وجعلنا في ذريتهما النبوة والكتاب فمنهم مهتدا وكثيرا منهم فاسقون ﴾ . (سورة الحديد : آلاية 57) .

فكان لسيدنا نوح -عليه السلام -في المدينة التي نزل بها أبناء، هم: سام وحام ويافث ، وتفرقوا في الارض بعد الطوفان ، فذهب الأول الى جنوب جزيرة العرب (اليمن)، وذهب الثاني الى افريقية واستقر فيها ، وذهب الثالث الى اوروبا وعاش بها. [6]

لذلك فان الحضارة التي قامت في اوروبا هي حضارة يافثية وليست آرية كما يسميها البعض ، وعلى الجانب الاخر قامت حضارة حامية في افريقية وليست زنجية كما يتحدث عنها العلماء في هذا الزمن ، وبيقت الحضارة العربية على ما هي علية بعد الطوفان الى يومنا هذا وهي الحضارة العربية الخالدة والتي كان طابعها العلمي متميز قبل الطوفان وبعد الطوفان . الا انة كان يسودها صراع ما بين الخير والشر :

- الخير كان بدعوة العرب الى الاسلام بواسطة الانبياء ادريس ونوح وابراهيم وموسى وعيسى - عليهم جميعا السلام. واخيرا خاتم الانبياء والمرسلين سيدنا محمد -صلى الله علية وسلم -.

- والشر كان يتمثل بعبادة العرب بمختلف اقاليمهم واسماء دولهم: مثل دولة العبيديين العرب في ارض الخليج العربي في الف الثامن قبل الميلاد، ودولة سومر في الف الخامس قبل الميلاد، ودولة سومر وآكد العراق، ودولة الفراعنة في مصر ثم دولة بابل ودولة اشور وجميعها في العراق ، ثم دولة عاد جنوب الجزيرية العربية. وبقية الدول الاخرى في الاقاليم العربية المختلفة انطلاقا من المحيط الى الخليج . فقد كان العرب يعبدون مظاهر الطبيعة انذاك وتمثلت تلك المظاهر بشكل اصنام. فاستمر الصراع ما بين الخير والشر: أي مابين الانبياء والرسل والمسلمين العرب من جانب والكفرة العرب من جانب اخر بمختلف تسمياتهم سومرية او آكدية او فرعونية او حثية ... الخ .

الدولة العربية وجدت منذ اقدم العصور المعتمدة في علم التاريخ حاضرا وبإجماع كافة علماء العالم اليوم كما في الامس. والعمر الزمني للدولة العربية يعود للألف الثامن قبل الميلاد فهي وجدت وبكل مقومات الدولة وبغض النظر عن نظامها الديني سواء اكانت كافرة ام مسلمة . ولم يقتصر ذلك على الارض العربية ، بل انشاء العرب دول في اليونان فكلمة يونان اسم لاميرة عربية فنيقية بنت ملكة صور لبنان حاضرا وقد تكشف اخيرا ان ما دعي باللغة الاغريقية القديمة لغة الحضارة في بلاد اليونان ، وباللغة الأتروسيكية، لغة حضارة ايطاليا القديمة انما هي العربية القديمة.[7]

وكذلك انشاء العرب حضارة في ارض الهند والسند سميت حضارة الدراويديين في الألف السادس قبل الميلاد أي قبل مجيء الاريون الى الهند **4500** سنة واثارها ماثلة في مدينة موهنجوا دارو اليوم باكستان. حاضرا واسس العرب الفنيقيين الدولة

الرومانية في اوروبا . وهكذا انتشرت الحضارة العربية القديمة بكل الاتجاهات في مرحلتين :

- الاولى: بعد غرق ارضهم في الخليج العربي (ارض العبيدين العرب) في الألف الثامن ق . م .

- الثانية : بعد الطوفان الذي اصابهم في عهد سيدنا نوح -عليه السلام - اي في الألف الثالث ق . م .

وعودة على ذي بدء فإن الساميين العرب هم احفاد سيدنا نوح المسلم العربي السومري ، حيث ان سام ابن نوح ، لم يبتدع لغة ولم يتكلم لغة غير لغة ابيه وامه العربية ، ولم يخرج خارج بني قومه العرب الذين يملأون الساحة العربية منذ آلاف السنين قبلة . وما ينطبق عليه ينطبق على أبنائه من بعده ، فآرام بن سام لم يبتدع لغة، ولم يتكلم لغة غير لغته العربية لغة آبائة وأجداده . وان جميع مصادر التاريخ العربي تؤكد أن أبناء آرام جميعا كانوا من العرب العاربة أي الشديدي العروبة وأنقيائها، وقد بادوا جميعا ما عدا بقية منهم كانت منهم عشيرة ابراهيم -عليه السلام - وذريته من بعده ، وهم جميعا في شبه جزيرة العرب .[8]

حضارة عاد

أقام سيدنا سام بن نوح بعد الطوفان في جنوب الجزيرة العربية (اليمن) وبأرض يقال لها" الشحر " تشرف على البحر ، قادما ومن معه من ارض السواد والجزيرة (دلتا دجلة والفرات) . ومما لا شك فية ان سام بن نوح كان مسلما موحدا ، وربى أبناءه واحفاده على الاسلام الذي تلقاه عن أبيه نوح -عليه السلام -عن الوحي

عن الله -عز وجل -واستمرت اجيال كثيرة على الاسلام بعد سام الى ان استطاع الشيطان ان يحرفهم ، فعبدوا الاصنام ، وكانت اصنامهم ثلاثا، صدا وصمود وهباء. فأرسل الله لهم رسولا منهم هو هود -علية السلام -يدعوهم الى العودة الى دينهم وتوحيد ربهم والههم .[(9)] أما عن قوة الدولة العربية الكافرة التي لم تؤمن بالله فقد ذكرها الله -عز وجل -في القرآن الكريم بقولة :

﴿ ألم تر كيف فعل ربك بعاد . ارم ذات العماد . التي لم يخلق مثلها في البلاد ﴾ (سورة الفجر: الآيات 6 - 8)

فدولة عاد العربية التي ذكرت في القرآن الكريم (التي لم يخلق مثلها في البلاد) لدلالة على عظمة وقوة هذة الدولة في وقتها وما تملكه من مقومات الحضارة المادية الكبيرة التي تعكسها لنا المدينة ذات العمد بقوله تعالى: ﴿ ألم ترى كيف فعل ربك بعاد، ارم ذات العماد ﴾ (سورة الفجر : آية 6- 7). واختلف الكثير من العلماء على مكانة الدولة العربية عاد فالبعض اعتبرها اسطورة ، وغم ورودها في القرآن الكريم . الا ان عدم وجود اثار لها ، حتى تم الكشف عن آثار حددتها صور الاقمار الصناعية المتطورة في منطقة اسمها الحالي (شيصار) وتقع في الجزء الجنوبي لدولة عمان على ساحل بحر العرب وتم ذلك في مطلع سنة عام *1998* حيث تبين وجود قلعة ثمانية الأضلاع ، سميكة الجدران بأبراج في زواياها مقامة على اعمدة ضخمة ، يصل ارتفاعها الى تسعة امتار ، وقطرها الى ثلاثة أمتار ربما تكون هي التي وصفها القرآن الكريم .[(10)]

وتعتبر عاد من العرب الساميين البائدة وهي من اولى هذة الشعوب ، ليس فقط لمجرد ذكرها في القرآن الكريم في اكثر من سورة ، وانما لأن آفاقها تعدت الجزيرة العربية ووصلت الى مصر وبابل وسورية ، بل ان المؤرخ اليوناني القديم سترابون - 63 -64 ق . م -يتحدث عن مستعمرة عربية انشأتها قبيلة (عاد) في جزيرة (ايوبيا) وهي احدى الجزر العربية من سواحل اليونان ... (11) . فقد كان مركز الدولة العادية في جنوب الجزيرة العربية مؤكدا ذلك القرآن الكريم وبقولة تعالى :

﴿ واذكر أخا عاد اذ أنذر قومه بالأحقاف، وقد خلت النذر من يديه ومن خلفه ألا تعبدوا الا الله انى أخاف عليكم عذاب يوم عظيم ﴾ (سورة الاحقاف : آلاية 21)

والاحقاف هي الكثبان الرملية في جنوب الجزيرة بين حضرموت واليمن، واما ارم فهي عاصمة دولة عاد وبناها شداد بن عاد. ونتيجة لتحليل الصور التي التقطت بجهاز رادار لة القدرة على اختراق التربة الجافة الى عمق عدة أمتار، يعرف باسم (جهاز رادار اختراق سطح الارض)؛ فكشف عن العديد من المجاري المائية الجافة مدفونة تحت رمال الحزام الصحراوي الممتد من موريتانيا غرب الى اواسط اسيا شرقا! (12)

ونتيجة لتحليل الصور التي قام بها احدى هواة دراسة التاريخ الامريكي (نيكولاس كلاب) اتضح وجود آثار مدقات للطرق القديمة المؤدية الى عدد من أبنية مدفونة تحت المال التي تملأ حوض الربع الخالي ، وعدد من اودية الانهار القديمة، والبحيرات الجافة التي يزيد قطر بعضها عن عدة كيلو مترات ! . مما اثار حيرة الدارسون في معرفة حقيقة تلك الآثار؛ فلجأوا الى الكتابات القديمة الموجودة في احدى المكتبات المتخصصة قي ولاية (كاليفورنيا) وتعرف ياسم مكتبة (هنتجتون)، والى عدد من المتخصصين في تاريخ شبة الجزيرة العربية القديم ، وفي مقدمتهم الامريكي (جوريس زارينز) والبريطاني (رانولف فينيس) ، وبعد دراسة مستفيضة اجمعوا

على انها آثار ملك عاد التي ذكر القرآن الكريم ان اسمها (ارم) كما جاء في سورة الفجر ، والتي قدر عمرها بالفترة من (*3000* ق. م) الى ان نزل بها عقاب ربها فطمرتها عاصفة رملية غير عادية (13) .

هذا من الجانب العلمي التقني للحضارة العربية العملاقة : اما على الجانب الديني فلماذا ذهبت تلك الحضارة واختفت وزالت ، فلعل الكثير من علماء التاريخ وخاصة علماء الغرب لم يدركوا بأن العقوبة الربانية قد حلت بتلك الدولة العملاقة نتيجة لعصيانهم ربهم . وتكذيبهم لسيدنا هود علية السلام الا فئة قليلة منهم آمنت به.

على كل حال كان للعرب حضارات عدة ودول عدة في أرضهم واستخدم العرب القاب لحكامهم مثل ملك الجهات الاربع أي (ملك عالم اليوم) ففي الوثائق التاريخية السومرية التي عثر عليها عن حرب التحرير التي خاضها الملك الشجاع آوتوحيكال وثيقة تروي تفاصيل اسقاط حكم الكوتيين وهزيمة ملكهم ، وفيما يلي نص ترجمة هذة الوثيقة: " فوض الالة انليل - ملك البلدان، الرجل العظيم اوتو - حيكال، ملك الوركاء، ملك الجهات الاربع، الملك الذي لا يخالف احد امرة، أن يحطم اسم (الكوتي) أفعى وعقرب الرجال الذي رفع يدة ضد الآلهة الذي نقل ملكية سومر الى بلاد اجنبية وملأ بلاد سومر بالعداوة الذي ابعد الزوجة عمن كانت لة زوجة ، وأبعد الطفل عمن كان لة طفل والذي أقام العدواة والعصيان في البلاد.. انذاك ذهب آوتو حيكال الى ملكتة الآلهة (ايناتا) ودعاها قائلا: ياملكتي يالبوة الحرب التي تهاجم البلدان الاجنبية، لقد فوضني الألة انليل ان استرجع ملوكية سومر فكوني حليفتي في ذلك.[14]

يتضح من ترجمة النص ان كلمة ملك قد وردت كثيرا وهذا مما يدلل على حاكم يحكم بلاد (جغرافية معينة) وسكان ، وذو قوة وسيادة وحكومة بمختلف الرتب مثل رئيس وزراء (التورتان) ومساعد رئيس الوزراء (الراب شاقي) وغيرها كما اسلفت وهذة التسميات جاءت من الحقبة الاشورية وهي امتداد للحقب العربية الاخرى مثل

البابلية والسومرية والاكدية ، لذا فإن الدولة كممارسة وجدت لكنها اخذت تسميات مختلفة. (15)
وفي العهد العربي السومري أطلق الحاكم العربي السومري (زاكيزي) على نفسة اسم (ملك سومر) باعتباره استطاع تحقيق الوحدة السياسية للبلاد ، غير ان عصر زاكيزي وصل نهايته بعد حكم دام 29 عاما على يد القائد المعروف سرجون الاكدي الذي استطاع ان يقيم امبراطورية واسعة الاطراف بعد ان فرض سيطرتة الكاملة على البلاد ، وقد اطلق عليها اسم الامبروطورية الاكدية نسبة الى مدينة اكد التي اتخذها سرجون عاصمة له. (16) بينما أطلق سرجون الاكدي على نفسة الاسم شروكين (معناه الملك الشرعي) المنتخب من الشعب. (17)

وفي الحضارة العربية المقابلة لحضارة وادي الرافدين ، كانت حضارة الفراعنة ايضا تتسم بنفس صفات حضارة السومرين والاكديين فقد اطلق المصريين العرب القدامى على الملك لقب فرعو او برعو وهذا يدلل على وجود الدولة كتنظيم سياسي انطلاقا من الفرعون وحتى رئيس الوزراء والوزراء والموظفين وارض وسيادة وقوة وهو ما يعرف اليوم بالدولة . فالملك مينا أول ملك في العهد المصري القديم الذي وحد مصر الوجهة القبلي مع الوجهة البحري وشكل دولة قوية او ما يتعارف علية اليوم بمصطلح الدولة العظمى . لذا فإن مفهوم الدولة قد وجد لكن كلمة الدولة لم توجد الا حديثا حيث أطلق ميكافيللي الفيلسوف الايطالي في القرن السادس عشر (1469 - 1527) فية كتابة الامير الصادر عام 1513 كلمة "الدولة ". (18) وفيما بعد دخلت كلمة الدولة الى جميع الانظمة السياسية القديمة والحديثة ، وصارت تعني في عالم السياسة اليوم كل نظام سياسي يمتلك (ارض وشعب وسيادة وحكومة) باسم دولة وبغض النظر عن الحجم او عدد السكان .. الخ . علما بأن نظرة ميكافيللي او مذهبة في السياسة يقول "بأن السياسة لا علاقة لها بالاخلاق ، وان كل وسيلة مهما تكن لا اخلاقية او غير قويمة مبررة من اجل تحقيق السلطان السياسي (الغاية تبرر الوسيلة) حيث تذكر كلمة ميكافيللي بمبادىء السلوك التي وضعها والتي تتسم بالمكر والنفاق وسوء النية .

وفي العهد اليوناني لم يكن المصطلح معروف حيث استخدم مصطلح (polis) ويعني دولة المدينة (city- state) اي المدينة ذات التعداد السكاني البسيط والتي تتمتع بحكم مستقل وجغرافية محدودة ، آنذاك حيث كانت اسبارطة دولة مدينة واثينا دولة مدينة.[19] وفضل ملك فرنسا لويس الرابع عشر(1638 - 1715) استخدام كلمة دولة على كلمة جمهورية عندما قال: "انا الدولة ". وفي عهده شيد قصر فرساي.

تعريف الدولة: أختلف العلماء وأصحاب الفكر السياسي على تعريف الدولة وان كان مفهوم الدولة بحد ذاتة يدعو الى التساؤل لذا لا يمكن وضع تعريف ثابت للدولة لأن الدولة تتغير من عصر الى آخر. فمثلاً في العصور القديمة كان هناك الدولة المدينة وكان للدولة اسوار تحيطها من جميع الجهات ولها ابواب تغلق بمفاتيح وتفتح حينما يريد رأس الدولة، ويتشابة افرادها بالعرق والدين. وفي مرحلة لاحقة تغير مفهوم الدولة لتصبح امبراطورية مفتوحة الحدود ومتعددة الأعراق والأجناس والقوميات والأديان.

وفي المراحل الأخرى اللاحقة أصبحت الدولة ذات حدود معينة ومعترف بها دولياً وتقزم حجمها أحياناً واتسع أحيانا أخرى. وان كثرت الاختلافات بين الدول وكثرة الحروب الا ان الاعتراف الدولي بمفهوم الدولة اصبح اكثر شيوعاً، مما ساعد على زيادة عدد الدول في العالم واتحدت دول لتشكل دولة عظمى وتقسمت دول عظمى لتشكل دول كبرى وصغرى ودول هامشية لكن مفهوم الدولة بقي مختلف عليه عند علماء السياسية.

ويمكن تعريف الدولة بأنها الارض ذات المساحة الواسعة التي توفر لمواطنيها اكتفاء من الغذاء والدواء والمواد الخام بالإضافه الى الماء من انهار الى بحار وينابيع وأيضا عدد السكان الكافي لبناء الدولة من الجيوش والعلماء والعمال والمزارعين بالإضافة الى حكومة قوية ذات سلطة على جميع

مناطق الدولـة المعنيـة ولا تخضـع هـذه الحكومـة الى امـلاءات الـدول الأخـرى (السـيادة) هـذه التعريـف المبسـط يعنـي وجـود دولـة قويـة تحمـي حـدودها وتطعـم شـعبها وتـوفر لـة الملبس والحمايـة والتصنيع، مـما يولـد لـدى الفـرد في الدولـة القناعـة التامـة بأنـه يعـيش حياة آمنـه مسـتقلة ومزدهـرة مـن جميـع النـواحي. وفي عالمنـا اليـوم يمكننـا ان نضـع مفهـوم للدولـة بعـدة دولـة فقـط مثـل 1- الصـين 2- الهنـد 3- روسـيا 4- الاتحـاد الأوروبي اذا اسـتمر والـوطن العـربي اذا اتحـد وعـدا ذلـك لا يمكـن ان نـدعي بوجـود دولـة تطلـب الحمايـة والتـدخل مـن دول لحمايتهـا عنـدما تتعـرض للاسـتفزاز مـن دول أخـرى مهـما بلـغ حجـم بقيـه دول العـالم الاخرى فهي في مفهوم التعريف السابق لا تشكل دول حقيقية.

وسـابقاً شـكل العـرب دولـة في العهـد الإسـلامي، والدولـة البابليـة في مراحـل متعـددة والدولـة الاشـورية في مراحـل متعـددة والدولـة السـومرية والسـومرية الاكديـة والدولـة الفرعونيـة في مصرـ في اكـثر مـن مرحلـة . وشـكلت الدولـة الرومانيـة دولـة والدولـة الفارسـية دولـة والصـين في مراحـل معينـه دولـة و الهنـد في مراحـل معينـة دولـة مـن التـاريخ قبـل الميلاد: اذن الدولة تتكون من أربعة عناصر:

1. **الأرض: ويجب ان تكون واسعة بما يكفي سكانها.**

2. **السـكان: ويتطلـب ذلـك انسـجام سـكاني بـين جميـع الفئـات بغـض النظـر عـن اللـون او العرق او الدين .**

3. **الحكومة: ويشترط ان تكون قوية وذات شرعية وطنية .**

4. **السـيادة والاكتفـاء الـذاتي.** (وهـذا العنصرـ الرابـع هـو المكمـل الأسـاسي لمفهـوم الدولـة لان الدولة مهما بلغ حجمها وسكانها ولم تتمتع بالسيادة

والاكتفـاء الـذاتي لا يمكـن ان ينطبـق عليهـا مفهـوم الدولـة). السـيادة ويجـب ان تشـمل جميـع جوانـب الدولـة ومرافقهـا وتعنـي يجـب ان يكـون هنالـك سـيادة عـلى الارض وكـذلك عـلى المـاء الانهـار والبحـار والميـاة الجوفيـة والميـاة الاقليميـة، وكـذلك سـيادة اجـواء الدولـة . ولا يمكـن للدولـة ان تسـمي نفسـها دولـة مـا لم تمتلـك السـيادة الكاملـة عـلى كافة جوانب الدولة التي ذكرت سابقا .

ورغـم عـدم وجـود دولـة تطبـق هـذا المفهـوم في الوقـت الحـاضر حيـث لا يمكـن ان تعـيش دولـة بمقومـات كاملـة دون طلـب الاخـذ والعطـاء مـن الـدول الاخـرى، لكـن ذلـك كـان ضـمن مفهـوم العلاقـات الدوليـة المتكافئـة وليسـت المتهافتـه او المهرولـة عـلى حسـاب دولـة قويـة ودولـة ضـعيفة. و عـلى كـل حـال لا يمكـن لدولـة قويـة ذات سـيادة واكتفـاء ذاتي ان تعيش بمنعزل عن غيرها من الدول.

نظريـات نشـأة الدولـة: اختلـف علـماء السياسـة في تحديـد فكـر معـين لنشـوء الدولـة وان كـان الخـلاف لا يعنـي الغـاء الافكـار الأخـرى لكـن التعـدد الفكـري في تفسـير نشـوء الدولـة اماط الثـام عـن فكـرة نشـوء الدولـة وزاد مـن مفهومهـا وسـنتناول هنـا بالشرـح النظريـات التـي تبحث نشوء الدولة.

نظريـة تطـور الأسرة: ترجـع هـذه النظريـة فكـرة نشـوء الدولـة الى الاسرة (الاب والام والابنـاء) والتـي كـبرت فأصـبحت عشـيرة فقبيلـة ثـم تجمعـت القبائـل فشـكلت الدولـة طبعـاً سـلطه الاب في البدايـة كانـت تشـبه الى حـد بعيـد سـلطة الحـاكم ثـم اصـبحت سـلطة رئـيس القبيلـة ايضـاً تشـبه سـلطة الحـاكم ونشـأت خـلال هـذا التسلسـل الزمنـي المـدن ومـن المـدن نشأت الدول وبداية نشأت دولة المدينه والتي تضم مجموعة قبائل داخل مدينة واحدة.

نظرية الحق الألهي: (Divine Right Theory) تقول هذه النظرية بأن الدولة امر الهي وأن الملك والحاكم يجب اطاعته دون تردد او مناقشة لانة يمثل ظل الله على الارض ولا يوجد أي شخص له سلطه اعلى من سلطه الحاكم. اوامر الحاكم قانون الدولة، مخالفة امر الحاكم ليست جريمه فقط لا بل اثم يعاقب امام الله لا يخضع الحاكم للمسألة امام الشعب عن اعمالة، وانما يكون مسؤول عن أعماله امام الله. [20]

طبعاً هذه النظرية ليست بالضرورة ان تكون دينية كما تفهم في الإسلام او بقيه الرسالات المنزلة وانما فسرت الدولة في عهد ما قبل الميلاد عندما كان البعض يعبد مظاهر الطبيعة ويتخذ من احدى هذه المظاهر آلهه فعبادة الشعوب في مرحلة ما قبل الميلاد او ما قبل نزول الرسالات السماوية كانت في مجملها ديانات وضعية تقوم على الخرافة.

في مرحلة العصور الوسطى عانت الشعوب في اوروبا من ظلم الملوك المستبدين والذين اتخذوا من المسيحية عذراً لحكم الشعوب دون مساءلة من الشعب بحيث لا يجرؤ احد على مساءلة الملك عن اعماله السلبية بحجة الامر الالهي الوهمي مما نتج عنه ثورات دموية راح ضحيتها الآلاف من ابناء الشعوب لتتخلص الشعوب من الظلم المستبد.

اسلامياً ترفض الشريعة الإسلامية السمحاء حكم طبقة الكهنة (الثيوقراطية) حيث تعتبر الشريعة الاسلامية الحاكم انساناً يخطىء ويصيب وللمسلمين الحق في توجيهه ونصحه وتعتبر الشورى من اهم المرتكزات في الحكم الاسلامي ويختار الحاكم من قبل المسلمين وليس تولية كما في النظام الكهنه، ويجوز عزل الحاكم اسلامياً اذا ما اخل بشروط العقد (البيعة) ومحاكمته امام الشعب.

الايجابيات:

1- تبقي هذه النظرية الوازع الديني عاملاً أساسياً في سلوك الحاكم.

1- اذا التزم الحاكم والشعب بمبدأ الأمر الإلهي ولم يخل أي من الطرفين بشروط العقد، تصبح البلاد في حاله من الأمن والاستقرار والعدالة.

2- هذه النظرية تيسر على الناس المعاملات والإجراءات داخل الدولة حيث لا فرق بين شخص وآخر وتعطي كافة ابناء الدولة كامل حقوقهم دون تمييز مع الأخذ بعين الاعتبار ان الذمي الغير مسلم ملزمة الدولة الاسلامية بتوفير كامل متطلبات الحياة الكريمة له من حماية الى غذاء ودواء.

3- هذه النظرية تربط بين الدين والسياسية وذلك لأهمية الربط بينهما، حيث لا يجوز أن نفصل الدين على السياسة لأن السياسة المؤمنة يجب ان تكون مستمدة أسسها من تعاليم الله عز وجل وليس من أفكار بني البشر.

السلبيات

- **اوروبياً**: سادت هذه النظرية في العصور الوسطى والقديمة ولم تكن تتمتع بنصوص دينية حقيقية وإنما استخدمت لتبرير سلطة الحاكم المطلق على الشعب، بالإضافة الى استفادة طبقة الكهنة التي اعتادت ان تصدر صكوك الغفران.

- **في بلدان أخرى:** استغل بعض الحكام السلطات الدينية الاسمية وليست الحقيقية كما حصل في توزيع بعض الحكام لمفاتيح الجنة عندما وقعت الحرب العراقية الايرانية حيث استخدمت السلطات الايرانية الدينية

بقيادة الخميني سياسة تسليم مفاتيح الجنة لأطفال ايران للدخول في الحرب ضد العراق، وهذا ما تحرمه الشريعة الاسلامية من جانبين الاول لا يجوز ارسال من لا قدره لة على القتال الى الحرب. ثانياً: لم يرد في القرآن ولا في السنة نص يعطى الحكام المسلمين صلاحيات توزيع مفاتيح الجنه في الدنيا. وهذا مخالف للشريعة الاسلامية.

وفي مرحلة الحرب العدوانية على العراق وما تبعها من افرازات لبعض رجال الدين مثل السيستاني كما يقال المرجع الشيعي الاعلى في العراق عندما اصدر تعليماته لأبناء الشعب العراقي بأن من لا يشارك في الانتخابات لا يدخل الجنة وكأن الجنة مرتبطة بالإنتخابات العلمانية وبغياب سلطة دينية في العراق لا بل بوجود سلطة احتلال كافرة، وهذا ما يتنافى كلياً مع تعاليم الدين الاسلامي الحنيف ولا يخضع ايضاً لباب الاجتهاد وانما يمثل هذا السلوك استغلال للسلطة الدينية.

- تمنع هذه النظرية الشعوب من التعبير عن ارائهم وخاصة في مراحل معينة من القرون الوسطى اوروبيا.

- قامت هذه النظرية في العصور القديمة وخاصة في دولة المدينة على افتراضات غيبية تتنافى مع المنطق.

- لم يرد في النصوص الدينية ما يدلل على هذه النظرية وخاصة الديانات السماوية المنزلة وانما استخدمت لتبرير انظمة الحكم المستبدة.

نظرية العقد الاجتماعي: جاءت هذة النظرية لتفسير السلوك السلبي للحكام والملوك والامراء عندما استبدوا بالحكم المطلق ولعل اهم العلماء الذين

تبنــوا هــذه النظريــة هــم: هــوبز ولــوك وروســو وهــولاء جميعــاً مــن مفكــرين العصــور الوسطى نوجز رأي كل منهما بنظرية العقد الاجتماعي.(21)

تومــاس هــوبز(1588-1679) اثــر في هــوبز الوضــع الاهــلي في بريطانيــا حيــث انــدلعت الحــرب الاهليــة مــن عــام 1642م وحتــى عــام 1658م ونتيجــة لهــذه الحــرب المروعــه أثــار في نفســه عقــدة الخــوف مــن الحــروب، وبــذلك وصــف هــوبز الــنفس البشرــية بالشرــ والجشــع والأنانيــة وان الإنســان تحركــة دوافــع الجشــع والخــوف والمصــلحة الذاتيــة مــما يدفعــه الى صراع مســتمر مــع الآخــرين، وصــف هــوبز الوضــع الطبيعــي لبنــي البشرــ بحالــة فــوضى واضــطراب وتــوتر وحــرب وللخــروج مــن هــذه الوضــع الســيء لا بــد مــن وجــود مخــرج معــين ينهجه بني البشر.

أقــترح هــوبز نظــام العقــد الاجتماعــي للهــروب مــن حالــة الحــرب فيــتم العقــد بــين الشــعب والحــاكم بموجبــة يســلم الشــعب كافــة حقوقــه لصــالح الملــك الــذي يمثــل الســلطة العليا في البلاد.

والملــك لــيس مســؤولاً في رأي هــوبز وانمــا المســؤولية تقــع عــلى عــاتق الشــعب الطــرف الاخــر في العقــد، وهــذا يعطــي الملــك الحــق بممارســة ايــه حقــوق يراهــا مناســبة وقــد تكــون ســلبية بحــق الشــعب احيانــا، حيــث يــرى هــوبر أنــه لا يجــوز ان يلغــي الشــعب العقــد ويعنــي بــذلك ان حقــوقهم قــد تنــازلوا عنهــا كافــة ولا يجــوز اســترادادها لان اســترداد الحقــوق والغــاء العقــد يعنــي العــودة الى الحالــة الطبيعيــة التــي يرهــا هــوبز بأنهــا ســلبية وانانيــة و جشــعة وتكــثر بهــا الحــروب وهــذا هــو رأي هــوبز. مــما يؤخــذ عــلى هــوبز انــه لــيس مــن الضرــوري ان تستمر حالة العداء بين الناس لأن بني البشر ليسوا في حالة قتال على مدار الساعة

وكـذلك يـؤمن هـوبز بالسـلطة المطلقـة للملـك وليسـت المقيـدة، مـما يؤخـذ عـلى نظريـة النظرة الشمولية للحكم.

جـون لـوك (1704-1632) يصـف لـوك الطبيعـة البشرـية بالطيبـة والمسـالمة وأن القانون الطبيعي هو قانون العقل الذي يمنع الفرد من الاعتداء على حقوق الغير.

يقـول لـوك ان الدولـة ضروريـة لتنظـيم حيـاة الافـراد وان الحالـة الطبيعيـة تعمـل عـلى حمايـة حقـوق الافـراد لكنهـا تفتقـد الى آليـة معينـة لتنظـيم امـور الافـراد في الدولـة وهـو يعنـي تنظـيم حقـوق الافـراد وحفظهـا بالسـلطة التـي تشرـع القـوانين وتنفـذها. لا ينكـر لـوك الحالـة الطبيعيـة لبنـي البشرـ بـل يـرى في الدولـة الحالـة الافضـل في تنظـيم سـلوك الأفـراد عـلى عكـس مـا يـرى هـوبز بـأن اطـلاق يـد الحـاكم بسـلطة مطلقـة البـديل للحالـة الطبيعيـة لبنـي البشرـ حيـث يخالفـه لـوك بهـذه المسـألة حيـث يـرى لـوك ان الحالـة الطبيعيـة ليسـت شـديدة بـل طيبة ومسالمة.

هـوبز يـرى العكـس ويصـفها بالشـديدة لـوك يـرى ضرورة تنظـيم حيـاة الأفـراد بوسـاطة الدولـة ولا يلغـي الحالـة الطبيعيـة هـوبز يلغـي الحالـة الطبيعيـة و يعطـي الحـاكم سـلطة مطلقة.

بينـما يؤيـد لـوك سـلطة الدولـة عـلى شرط ان تخـدم الافـراد في الدولـة لأن الانتقـال مـن الحالـة الطبيعيـة الى حالـة الدولـة يعنـي برأيـه تنـازل الأفـراد عـن جـزء مـن حقـوقهم بموجـب العقـد لصالح الدولـة. ويـرى لـوك ان الدولـة يجـب ان تعمـل عـلى خدمـة الأفـراد ويجـوز عـزل الحكومـة وابقـاء الدولـة اذا فشـلت في تحقيـق مطالـب الافـراد وبـذلك ميـز لـوك بـين الحكومـة والدولة وعرف الحكومة بالحكومة

المقيدة أو الدستورية على عكس هوبز الذي يؤمن بفكرة السلطة المطلقة لذا يرى لوك بأن الحكومة اذا لم تلتزم وجب تغيرها ولو بالثورة.

جان جاك روسو (1712-1778) ولد روسو في جنيف سويسرا وعاش في فرنسا احب السفر والحرية بنى افكاره على اساس الحرية وسيادة الشعب عرف عن روسو بعدائة للملكية المطلقة، ساهم في قيام الثورة الفرنسية التي وضعت حد للنظام الملكي المطلق.

يرى روسو ان الطبيعة البشرية تتسم بالخير والطيبة والمسالمة والعاطفة والسذاجة والمثالية وتتميز ايضاً بالمساواه والتعاون واحترام الحقوق بينما يرى روسو ابعد من ذلك بأن الطبيعة لبني البشر ـ تمثل العصر ـ الذهبي لما لها من بساطه وحياة سعيدة وساذجة وخلوها من التعقيدات يرى روسو بأن الانتقال من الحاله الطبيعية البسيطة الى حالة الدولة لا يعني الغاء الحالة الطبيعية لا بل بسبب الظروف الطبيعية لبني البشر ـ مثل زيادة عدد السكان والتطور الصناعي مما ادى الى تغير الاوضاع الاجتماعية لبني البشر ـ وهنا توجب على بني البشر ـ تنظيم امور حياتهم وبموجب ذلك تنازلوا عن جزء من حقوقهم وعن حريتهم الطبيعية ليس لصالح الملك وانما لصالح الجماعة وهذا التنازل يسمية روسو بالارادة العامة وميز روسو بين الارادة العامة والحكومة فأعتبر الأخيرة أداة لتنفيذ الارادة العامة ويحق للافراد في الدولة عزل الحكومة متى شاؤوا ذلك . عرف ذلك روسو بالديمقراطية الشعبية التي تقوم على مبدأ ارادة الشعب في تحقيق مصالحة وليس في ارادة الدولة في تحقيق مصالحها فقط.

ايـد روسـو لـوك في موضـوع الحالـة الطبيعيـة لا بـل ذهـب ابعـد منـه عنـدما اعتـبر الحالـة الطبيعيـة لبنـي البشرـ بالمثاليـة وبسـبب التطـور الطبيعيـة لبنـي البشرـ جـاءت الدولـة بيـنما اعتبرهـا لـوك بسـبب حمايـة حقـوق الأفـراد، يعتبرهـا هـوبز بالضرـورية لأن الحالـة الطبيعيـة لبنـي البشرـ شريـره لهـذا يعـاكس روسـو هـوبز في وصـفه للحالـة الطبيعيـة لبنـي البشر ويقترب من لوك اكثر في طرحه للحالة الطبيعية لبني البشر.

يصـف روسـو الإنسـان عنـدما كـان حـراً قبـل ان يـدخل في منظومـة الدولـة بمقولتـه المشهورة (ولد الانسان طليقاً ولكنه مقيد بالأغلال في كل مكان).

نظريـة القـوة: يـرى انصـار هـذه النظريـة ان الدولـة قامـت عـلى عنصرـ القـوة وهـي عبـارة عـن نظـام اجتماعـي معـين يفرضـه شـخص او مجموعـة أشـخاص عـلى بقيـة الأفـراد في الدولـة مسـتخدمين عنصرـ القـوة في التعامـل معهـم. وتفسرـ هـذه النظريـة بـأن الأفـراد في البدايـة كـانوا يعيشـون حيـاة بدائيـة بسـيطه ونتيجـة لرغبـه الانسـان في الكسـب والتوسـع عـلى حسـاب الاخـرين لتـأمين متطلبـات الحيـاة ادى ذلـك الى التصـادم والحـروب مـع الجماعـات الأخـرى ونتيجـة لهـذه الحـروب خضـع الطـرف المنهـزم لحكـم الطـرف المنتصرـ وبـذلك شـكلت الدولـة مـن حـاكم منتصرـ ومحكـوم مهـزوم. وبهـذا مارسـت الدولـة سـيطرتها مـن منطلـق القوه على الافراد. (22)

طبعـاً هـذه النظريـة لا تنطبـق عـلى كامـل الـدول في العـالم عـبر تـاريخ، فمـثلاً الدولـة العربيـة الإسـلامية قامـت عـلى مبـدأ العدالـة و التسـامح و المسـاواة بيـنما تشـكلت معظـم الـدول التـي اسـتقلت عـن الاسـتعمار الحـديث مـن منطلـق التحـرر مـن الاسـتعمار لرسـم الاسـتقلال لكـن مـا تبقـى منهـا فقـد قـام عـلى عنصرـ القـوة السـلبية في حـق الشـعوب المضطهدة واستمرار لصانعها المستعمر.

تقسم الدول التي قامت على هذه النظرية الى قسمين:

الاولى: دول تقـوم عـلى القـوة الأخلاقيـة وآتسـمت في الـدفاع عـن حقوقهـا وعـن العدالـة والمساواة بين الأفراد.

الثانيـة: دول تقـوم عـلى القـوة الاسـتبدادية وآتسـمت في الـدفاع عـن مصـالحها الفرديـة وتقتـل كل مظاهر العدالـة المسـاواة بـين الأفـراد لـذا فنظريـة القـوة مطلوبـة لكـن لـيس دائمـاً لا بـل اذا قامت على مبدأ العدالة.

وظائف الدولة

تتميز الدول بوظائفها وهناك عدة وظائف بشكل عام للدوله وهي:

أولاً: الدفاع عن الدولة وقدرتها على صد أي عدوان تتعرض له.

ثانيـاً: حمايـة حقـوق المـواطنين والتصـدي لأي محاولـة إنقـاص مـن هيبـة الدولـة لأن هيبـة الدولة تنبع من هيبة المواطن وليس العكس، المواطن اصل الدولة.

ثالثـاً: تشريـع القـوانين لتنظيـم امـور الدولـة ووضـع النقـاط عـلى الحـروف في حسـابات الأنظمـة والقـوانين وتطبيقاتهـا والدقـه في العدالـة بتطبيـق القـانون عـلى حسـاب الجميـع سواسـية أمـام القـانون ولـيس المزاجيـة في تطبيـق القـانون فـلا يمكننـا ان نعـرف الدولـة بـدون قـانون ولا يمكننـا ان نشـعر بهيبـة الدولـة بـدون تطبيـق عـادل للقـانون فالدولـة تفقـد هيبتهـا عنـدما لا تطبـق القـانون عـلى الجميـع ومهـما طـال عمـر الدولـة فـلا بـد وان تسقط وتنتهي عندما تتعامل بمزاجية في تطبيق القانون.

رابعاً: بنـاء المرافـق العامـة في الدولة وتشمل المرافـق الصحية والتعليميـة والطـرق والميـاه مـن سـدود. وبحيرات بالإضافة الى المواصلات والاتصالات وغيرها مـن المرافـق الهامـة في الدولة.

خامساً: حمايـة الاسـتقلال ويعنـي ذلـك أن تبقـى الدولـة مسـتقلة بقراراتهـا الداخليـة والخارجيـة عـن الـدول الأخرى، أي لا تسـمح لأيـة دولـة بالتدخـل بشـؤونها الداخليـة والخارجيـة، فمثـلاً هنالـك العديـد مـن الـدول وتدعي أنها دول كبرى لكنهـا في النهايـة مرتبطة بقرارات سياسية معنية بدولة أكبر منهـا، فلا يعنـي ذلـك اسـتقلال. الاستقلال هـو ان تـنهج الدولـة نهجـاً مسـتقلاً بسياسـتها الخارجيـة والداخليـة، بحريـة التعامل مع الدول الأخرى ورفض التدخلات والاملاءات الخارجية.

سادساً: الاكتفـاء الـذاتي ويعنـي توفـير لقمـه العيـش الملائمـة للمواطن أي الاعتماد علـى الـذات في الإنتـاج الزراعـي والصناعـي، وليـس علـى الاسـتبداد لانـه لا يمكـن لايـة دولـة ان تسـتمر في الحيـاة طـالما بقيـت تسـتورد مـا تأكل وما تلبس وان كان هنالـك تعاون في عمليـة الاكتفـاء الـذاتي الا انـه يتوجـب علـى الدولة ان تسـتثمر كافة إمكانياتهـا للإنتـاج الزراعـي والصناعـي والدولة التي لا تملـك المقومـات الزراعيـة والصناعيـة لا يمكننـا مـن الأسـاس تسميتها دولـة كـما اتفقنـا في تعريـف الدولـة سـلفاً امـا الدولـة الـتي لـديها الإمكانيـات الزراعيـة والصناعيـة وتسـتثمرها فهـي دولـة ايضـاً ناقصـة للتعريـف بسـبب كسـلها او اعتمادهـا علـى الآخرين في إطعامهـا وبالتـالي قـد لا تـدوم بسبب سياسة الاعتماد على الاخرين وحالماً ينهار حليفها (مطعمها) تنهار تلقائياً

ودون تـردد وهـذا مـا حـدث مـع العديـد مـن الـدول التـي كانـت تتبـع المنظومـة الشـيوعية بعد تفكك الاتحاد السوفييتي.

انـواع الــدول

رغـم ان معظـم دول العـالم في هـذا العصرـ لا ينطبـق عليهـا التعريـف لكـن مـن وجـه النظر التعليمية لا بد من استعراضها من منطوق أنواع الدول كما يسود عالمنا اليوم.

الــدول البسـيطة: وهــي الدولـة الموحـدة تلقائيـاً وتكـون السـيادة فيهـا غـير مجزئـة ولهـا حكومـة واحـدة تـدير شـؤونها الداخليـة والخارجيـة تتركـز في العاصـمة مـع الأخـذ بعـين الاعتبـار بوجـود وحـدات إداريـة أخـرى تتمثـل بالمحافظـات تسـاعد الحكومـة في تنفيـذ مهامهـا تتبـع للعاصـمة. أغلبيـة دول العـالم تمثـل هـذا النـوع مـن الـدول ويصـبح هـذا النـوع مـن الـدول ذات العنصر السكاني المتجانس عرقياً و دينياً ولغوياً.

الــدول المركبـة: وتنشـأ هـذه الـدول مـن الاتحـادات نتيجـة لظـروف معينـة مـن اتحـاد عـدة دول او اتحـاد ولايـات ومقاطعـات مـع بعضـها الـبعض لتشـكل دول مركبـة وتختلـف التسـمية طبقاً لنوع الاتحاد. وتقسم الدول المركبة الى عده انواع وهي:

الاتحـاد الشخصي: وتنشـئ نتيجـة رغبـة الحكـام في الاتحـاد وغالبـاً مـا تنشـأ الرغبـة مـن عمليـة التزاوج بـين أبنـاء الطبقـة الحاكمـة في الـدولتين. لكـن هـذا النـوع مـن الاتحـاد يبقـى لكـل دولـة اسـتقلال تـام في الشـؤون الخارجيـة والداخليـة امـا شـكل الاتحـاد فيكـون فقـط في اسـم الدولـة وغالباً ما ينهار هذا النوع من

الاتحاد بسبب الترابط الفردي بين الدولتين وليس الجماهيري مع الأخذ بعين الاعتبار ان هذا النوع من الاتحاد يقيم علاقات جيدة بين البلدين مثل التعاون الاقتصادي والعسكري.

الاتحاد الفعلي: وتم هذا الاتحاد باندماج دولتين او اكثر مع بعضها البعض في دولة واحدة برئيس واحدة وحكومة واحدة وبشخصية دولية واحدة، وتنفرد دولة الاتحاد بمباشرة المسائل الخارجية والدفاع والسياسة الدولية. بينما السيادة الداخلية تنفرد كل دولة بسيادتها الداخلية ويكون لكل دولة دستورها الخاص وبرلمانها وقضائها الخاص. مثال على ذلك الاتحاد الذي تم بين المجر والنمسا 1867-1918 السويد والنرويج من عام 1814-1905.

الاتحاد والاستقلال او التعاهدي (الكونفدرالي) : هذا النوع من الاتحاد يقوم على معاهدات دولية بين الدول المتحدة، بحيث تستقل كل دولة بسيادتها الخارجية والداخلية، وتتكون هيئة مشتركة من ممثلي هذه الدول المتعاهدة للتشاور في السياسية العامة للاتحاد واتخاذ القرارات التي تخدم دول الاتحاد. ولا تعتبر هذه الهيئة حكومة عليا ولا يتم التعامل كشخصية دولية ولا سلطان لها على رعايا الدول الأعضاء، لكن هذا النوع من الاتحاد يأتي مجرد تحالف بين الدول لتحقيق مصالح اقتصادية ودفاعية مشتركة وتوحيد المواقف في الكثير من القضايا التي تهم الاتحاد. مثال المجلس التعاون الخليجي.

الاتحاد الفدرالي المركزي (نظام الولايات): هذا النوع من الاتحاد يقوم بين دولتين ام اكثر بحيث يشكل دولة واحدة. وتنبع الرغبة في هذا النوع من الاتحاد بسبب الخوف من الاعداء خاصة اذا كانت الدول المتحدة تتعرض لعدوان من دولة كبرى. وايضاً الرغبة في التعاون الاقتصادي يصبح لهذا

الاتحاد السلطة على حكومات الدول الاعضاء ورعاياها. وتفقد الدول الاعضاء نتيجة لذلك سيادتها الخارجية والداخلية الى حد ما.

يقوم هذا الاتحاد بطريقتين:

الاولى: ان تتحد مجموعة دول مستقلة وتشكل دولة الاتحاد بسبب عنصر ـ الأمن والخوف من الأعداء كما حدث مع الدول الثلاثة عشر ـ الأمريكية عندما استقلت عن بريطانيا فشكلت اتحاد كونفدرالي ثم فدرالي ونتج عن الولايات المتحدة الامريكية حالياً.

الثانية: تفويض الصلاحيات الفدرالية من الحكومة المركزية للدولة الموجودة في الاساس كما هو الحال في السودان والهند. وطبق هذا النظام في عهد الدولة العربية الاسلامية في العهدين الاموي والعباسي وايضا في العصر ـ العثماني عندما كانت الدولة العربية الاسلامية موجودة لحكومة مركزية ومن اجل تخفيف العبئ على عاصمة الخلافة اعطت صلاحيات للولاة في الولايات المختلفة لتطبيق نظام الولاة رغم ان ميزة الدولة الاسلامية الانسجام الديني الا ان اتساع حجم الدولة يتطلب أحياناً منح الولاة صلاحيات محدودة يقوم بموجبها بتطبيق مبدأ الشريعة دون اللجوء الى عاصمة الخلافة لذا فإن النظام الفدرالي طبقه العرب المسلمون في عهد الدولة الاسلامية منذ قرون. وكان يطلق علية نظام الولاة او الولايات. علما بأن فيدرل كلمة انكليزية وتعني الاتحاد.

حسنات النظام الفدرالي:

اولاً: يتيح النظام الفدرالي للافراد في الدولة الحرية في اللغة والدين، خاصة اذا كانت الدولة الفدرالية تتميز بتعدد الاديان واللغات كما هو الحال في

الهنـد، حيـث ان معظـم الولايـات لهـا لغـة خاصـة بهـا و تتحـدث وتتعامـل هـذه الولايـات بلغاتها المختلفة لكنها تعتمد اللغة الرسمية للدولة ولغتها الخاصة في المعاملات الرسمية.

ثانيـاً: يتـيح النظـام الفـدرالي للولايـات المختلفـه داخـل دولـة الاتحـاد ان تمـارس نظامهـا الاقتصـادي الخـاص بهـا لكـن داخـل الدولـة ولـيس خارجهـا فتسـن القـوانين الاقتصـادية التـي تهمهـا وتضـع المكاييـل والمـوازين والضريـبة وغيرهـا مـن الامـور الاقتصـادية. مـما يعطـي مـواطني كـل ولايـة حريـة اقتصـادية تبعـاً لقـدرة الولايـة الاقتصـادية وملائمـة ذلـك للمـواطن، فمـثلاً اذا كانـت الولايـه فقـيره نوعـاً مـا تجـد نسـبة الضريـبة تـنخفض عـن غيرهـا مـن الولايـات الغنيـة واسـعار المـواد التموينيـة تختلـف عـن الولايـات الأخـرى، وذلـك تبعـاً للوضـع الاقتصـادي في الولايـة اما إذا كانـت الولايـة غنيـة فتجـد أثـر الغنـى عـلى سـكان الولايـة وذلـك تبعـاً للنظـام الفدرالي الذي يجيز لهم التمتع بخيرات الولاية اكثر من غيرهم في الولايات الأخرى.

ثالثـاً: النظـام الفـدرالي يخفـف الضـغط عـلى الحكومـة المركزيـة، مـما يعطيهـا مجـالا اكـثر في الإبـداع في الأمـور الدوليـة لأن أشـغال الولايـات تكـون في يـد الحكومـات المحليـة وليسـت الحكومـة المركزيـة حيـث تتمتـع كـل ولايـة برئيس للـوزراء ومجلـس منتخـب عـن الولايـة ولا يتمتع هؤلاء الوزراء والنواب بالصفة الدولية لا بل فقط بالصفة المحلية.

سلبيات النظام الفدرالي:

رغم الإيجابيات للنظام الفدرالي الا ان بعض السلبيات تعتريه للأسباب التالية:

أولاً: في النظـام الفـدرالي ذو المسـاحـة الكبيـرة، يتولـد لـدى حكـام بعـض الولايـات المطالبـة بالإنفصـال وذلك بسـبب التشريـعات المـمنوحـة للولايـة مـن اقتصـاديـة ودينيـة وغيرهـا، اذا مـا ضعفت الحكومـة المركزيـة مثلا. ففي الدولـة العثمانيـة سـابقاً بسـبب ضعف الحكومـة المركزيـة في اسطانبول عملت بعـض الولايـات عـلى الانفصـال مـثلا الولايـات العربيـة والفارسيـة داخـل الدولـة العثمانيـة وفي الهنـد مـثلاً تطالـب بعـض الولايـات بالانفصـال عـن الحكومـة المركزيـة لكنهـا لم تـنجح ومـا زالـت مسـتمرة في المطالبـة، وفي الولايـات المتحدة الامريكيـة طالبت ولايـة تكسـاس قبـل سـنوات بالانفصـال عـن الولايـات المتحـدة لكنها قمعت مـن قبـل الحكومـة المركزيـة بسـبب استمراريـة القـوة للحكومـة المركزيـة لكـن ضعف الحكومـة المركزيـة حـتماً سـينتج عنـه مطالبـة مـن الحكومـات المحليـة بالانفصـال بسـبب تكـوين دولـة الولايـة المحليـة مثل رئيـس وزراء ووزراء ومجلـس نـواب وأنظمـة اقتصـاديـة واجتماعيـة مسـتقلة تتمتع بها الولاية فعلميـة الاستقلال اذ سنحت الفرصة تكون سهلة.

ثانياً: يوجـد نظـام الولايـات احيانـاً فـوارق في الـدخول بـين ولايـة واخـرى مـما يغيظ سكان بعـض الولايات، وهـذا بالنهايـة يشكل مطلب للإنفصال اذا ما تزايدت الفجوة الاقتصادية بين الولايات.

ثالثاً: قـد يشكل نسـبه التمثيـل لكـل ولايـة في الحكومـة المركزيـة دوراً بـارزاً في المطالبـة بالإنفصال وذلك تبعـاً لعـدد سـكان كـل ولايـة لأن الولايـة الاكـثر سـكاناً تتمتع بنفـوذ اكـثر مـن الولايـة الاقـل سـكاناً في الحكومـة المركزيـة وهـذا يشكل تحديـاً لطموحـة الولايـة والنظـرة بعـدم الانصـاف رغـم وضوح التشريعات والقوانين امام الجميع.

ورغـم ورود بعـض السـلبيات عـن النظـام التعاهـدي او الفـدرالي الا ان حسـنات هـذا النظام تكون اكثر تطبيقاً بسبب الحالة العملية لهذا النظام وما سلبيات

هـذا النظـام الا بسبب عـدم استخدامه في الطريقـة المثلى. فالنظام الفـدرالي يقوي الدولـة ويحمي هيبتهـا ويضعها في مصـاف الـدول العظمى عـادة اذا مـا استخدم بطريقـة ايجابيـة. امـا اذا استخدم في طريقـة سلبية فقد تصبح الدولـة الكبيرة مهزلـة امـام الـدول الاخـرى وتتيـح المجال للتدخل بشؤونها بسبب التركيب الفدرالي.

السلطات العامة في الدولة

وتنقسم الى ثلاث سلطات اساسية:

الأولى: السلطة التنفيذيـة: وتعرف السلطـة التنفيذيـة بأنها مجموعـة مـن المناصب الموزعـة عـلى مختلـف المـوظفين في الدولـة لتنفيـذ أعمالهـم وتصميم في حيز التنفيذ ضـمن القانون وتتضمن ما يلي:

رئيس السلطة التنفيذيـة: وتختلـف طريـق مجيئـه الى الحكـم ومـدة بقائـه في منصبه والصلاحيات المخولة إلية وعلاقته بالهيئات الأخرى المختلفة.

المجلس الـوزاري: الفريـق الـوزاري الـذي يتكون منة المجلس ويشمل كافـة اسماء الـوزارات. الموظفون والاداريون المدنيون.

وظائف السلطة التنفيذية:

- تنفيذ القانون.

- تطبيق وصياغة السياسة الادارية من تعيين وعزل للموظفين.

- تنظيم العلاقـات الخارجيـة مثـل المعاهـدات والاتفاقيـات الدوليـة مـع الـدول الأجنبية وتعيين الممثلين الدبلوماسيين.

- الجيش، في الغالب رئيس الهيئة التنفيذية القائد الأعلى للقوات المسلحة ويكون إعلان الحرب في الغالب بيد السلطة التنفيذية لكنه يتطلب أحيانا موافقة السلطة التشريعية.

- الإعفاء وتكون صلاحية الإعفاء بيد السلطة التنفيذية.

الثانية: السلطة التشريعية: ان تشريع القوانين قد جاء نتيجة العادات والتقاليد الموروثة عـن الأجـداد وتعـاليم السـماء منـذ القـدم. وفي العهـد الإسلامي تبلور مفهوم الشورى في عمليه التشريع وإنشاء مجلس شورى منتخب (البرلمان). وجـاء اول برلمان إنجليزي عـام 1265م وتمتـاز السـلطة التشريعية حيث نظـام المجلس الواحد و أحيانـا أخرى بنظـام المجلسين.

ثالثـا: السلطة القضائية: منذ بدايات عمر البشرية كانـت المنازعـات تحسم بالطرق التقليدية مثل الصلح بين الطرفين بتوسط احد افراد العائلة ثم تطورت العائلة فأصبحت قبيلة فأصبحت تحسـم بواسطة شيخ القبيلة. وعند التعذر عـن الحسم لجأت القبائل الى الأخـذ بالثـأر لحسم الخلافات بينهما. ثم تطور النظـام القضائي الى دفع الدية او النفي (الجـلي) وبعـد تشكيل الدولة ووجـود المشرع والقاضي والمنفـذ للأحكام والمعاقب للمجرمين استقرت الامـور اكـثر بـين المواطنون واصبح القضاء جـزءاً لا يتجـزأ مـن حيـاة كـل انسـان في الدولة.

وظائف السلطه القضائية:

تقوم السلطة القضائية بتطبيق قواعد العرف والقوانين والدساتير وهي على الشكل التالي:

1- البت في حل المنازعات بين الافراد.

2- القيام بتطبيق العدالة.

3- إصدار الأحكام.

وانواع المحاكم ثلاث: النظامية. الدينية. الخاصة.

يمكن اعتماد الاعلام - بالسلطة الرابعة: يعـرف الاعـلام بأنـه الآليـة التـي يتم بهـا تزويـد الناس بالمعلومـات والاخبـار عـبر وكـالات الانبـاء والاجهـزة الاعلاميـة المختلفـة المسموعة والمرئيـة وذلـك مـن اجـل اطـلاع وتثقيـف ابنـاء المجتمـع بهـذا الكـم الهائـل مـن المعلومـات بهدف تكوين الرأي العام حيال العديد من القضايا المطروحة اعلامياً.

عنـد الحديـث عـن الاعـلام لا بـد مـن ايجـاز تـاريخ الصحافة حيـث تطـور مفهـوم الصحافة منـذ القـدم عنـدما نشـأت اول حضارة في تـاريخ البشـرية في العراق الحضارة السومرية عنـدما ابـدع العرب العراقيـين الابجديـة الحروف الكتابيـة التـي انتشـرت وسـجلت أحـداث الحضارة عـلى الحجـر عـلى شـكل مسلسـلات وكـذلك كتـب الفراعنـة وكـانت المسلسـلات تمثل حالـة متواضعـة مـن نقـل المعلومـات مـن جيل الى آخـر الا انهـا لم تأخـذ البعد الحقيقـي للحالـة الصحفيـة، وبقيت الاوضـاع عـلى ما هـو عليـه الى ان تـم اختراع الـورق وبقـي مفهـوم الصحافة مبهم الى ان تـم اختراع الطباعـة في اواسـط القرن الخامس عشـر عـلى يـد العـالم الالمـاني جـوتنبرغ وصـدرت اول صـحيفة مطبوعـة عـام 1502م في المانيا وتبعتها بقية دول العـالم. وتعرف الصحافة ايضاً عـلى انها نقـل المعلومـات مـن هنا وهنـاك بدقـة وتبصـر وسـرعة وبطريقـة تخـدم الحقيقـة وتجعل الصـواب يـبرز ببطء حتى لـو لم يـبرز فـوراً. وعـبر نابليون عـن أهميـة الصحافة بقولـه " إننـي ارهب صرير الاقلام اكثر مما ارهب دوي المدافع".

وفي العصرـ الحـديث تطـور عمـل الإعـلام مـع التطـور العلمـي حيـث تعمـل وسـائل الاعـلام المختلفـة مـن تلفزيـون الى جرائـد والشـبكة الدوليـة (انترنت) وراديـو وغيرهـا الى نقـل الاخبـار مـن وقـت الى آخـر وكشـف خفايـا الامـور علـى جميـع المسـتويات ممـا يرهـب اصحـاب القـرار وحكـام الـدول مـن الـدور المتنـامي للاعـلام ووسـائل الاعـلام ولعـل تـأثير وسـائل الأعـلام في نقـل الأحـداث اليوميـة جعـل مـن العـالم قريـة صغـيرة يتناقـل سـكانها أخبـارهم يوميـاً ويطلعـون عليهـا بسـرعة وتسـاهم وسـائل الأعـلام المختلفـة في كشـف الامـور المختلفـة لصنـاع القـرار وتسـاهم في إسـقاطهم عنـدما تتضـح معـادلات الفسـاد امـام الشـعب لكنهـا تختلـف مـن دولـة الى أخـرى حسـب قـوة الديمقراطيـة واتسـاع مجالهـا.

وفي النهايـة تلعـب وسـائل الأعـلام دور أسـاسي في الرقابـة علـى اعمـال السـلطات الثـلاث مـما يكسـبها اهميـة مميـزة في الدولـة وتخضـع وسـائل الأعـلام أحيانـا الى سياسـة الترغيـب والتهديـد مـن الشـعب علـى أعمـال الدولـة. قبـل أنظمـة الـدول وذلـك حسـب طبيعـة النظـام السـائد لكنهـا تبقى في النهايـة العـين السـحرية التـي يبصر بهـا الشـعب اعمـال الدولـة.

المراجع

1 - نخبة من الباحثين العراقيين ، حضارة العراق ، ط 2 ، بغداد ، دار الحرية للطباعة، 1985، ص 7 - 11.

2 - نفس المصدر، ص 9 – 10 .

3 - انظر : جمال عبد الرزاق البدري ، نبي العراق والعرب ، بغداد ، دار واسط للدراسات والنشر 1989، ص 25, وما بعدها . وانظر أيضا: د. احمد داوود ، العرب والساميون والعبرانيون وبنو اسرائيل، مصدر سبق ذكرة ، ص 63 .

4 - د . جمال عبدالهادي محمد مسعود و د . وفاء محمد رفعت جمعة، جزيرة العرب، الجزء الاول (د . م) الطبعة الاولى ، 1984، ص21–22.

5 - جمال عبد الرزاق البدري ، نبي العراق والعرب ، ص 27

6 – د . جمال عبد الهادي محمد مسعود و د. وفاء محمد رفعت جمعة ، جزيرة العرب، ص 22 – 23 .

7 - د . أحمد داوود ، العرب والساميون والعبرانيون وبنو اسرائيل، ص68 .

8 – نفس المصدر ، ص 67 .

9 – د . جمال عبد الهادي محمد مسعود و د . وفاء محمد رفعت جمعة ، جزيرة العرب، ص 26 .

10 – أ . د زغلـول النجـار ، " أرم ذات العـماد "، مجلـة الفرقـان ، العـدد الثـامن والسـتون، (شعبان/ رمضان 1428 هـ / ايلول 2007 م)، ص18 .

11 –زهـير صـادق رضـا الخالـدي ، صـدام حسـين ورجـال الحضـارة في العـراق، الجـزء الثـاني ، بغداد ، دار الحرية للطباعة ، 1989 ، ص 21 .

12 –أ . د زغلول النجار ، " أرم ذات العماد " ، مجلة الفرقان ، ص17.

13 –نفس المصدر .

14 – زهـير صـادق رضـا الخالـدي ، العـراق منـذ نشـوء الحضـارة وحتـى صـدام حسـين ، الطبعـة الاولى ، بغداد ، أصدار القيادة العامة للجيش الشعبي، 1989 ، ص 103 – 104 .

15 - نخبة من الباحثين العراقين ، حضارة العراق ، 28 .

16 - زهـير صـادق رضـا الخالـدي ، العـراق منـذ نشـوء الحضـارة وحتـى صـدام حسـين ، ص 97 .

17 - نخبة من الباحثين العراقين ، حضارة العراق ، ص 12 .

18- George . H Sabine   Thomas . L Thorson   A History of Political Theory . Fourth Edition , Publishing Oxford and IBH Co . 1973 , p: 329 .

19- Herman Finer , The Theory and Practical of Modern Government . London , 1932 , p : 35-37

20- Anup Chand . A. C . Kapur , Principles of political science. Fifteenth Edition , S. Chand and Company Ltd , New Delhi, 1983 , P : 74 .

21- A. C. Kapur, Principles of political Science. Ftd ed, S. Chand and Company Ltd . New Delhi , 1985, P : 80- 94 .

22- N. N. Agrawal, and Others, Principles of Political Science. 9th ed , Ram Chand and Co, New Delhi, 1984, P: 42 - 46

الوحدة الخامسة

الحكومات

الحكومات

قـديما: عرفـت البشـرية الدولـة والحكومـة منـذ ان اسـتقر الانسـان عـلى هـذة البسـيطة , فكـما اسـلفنا سـابقا في الوحـدات الماضـية ان العـرب السـومريين هـم اول مـن نظـم الدولـة وشـكل اولى الحضارات المتتابعـة ، ولم يكـن نظـام الحكـم انـذاك كـما هـو سـائد ملكيـا مطلقـا ، بـل كـان استشـاريا(ديمقراطيـا)، ورغـم دور الـدين انـذاك في تشـكيل الدولـة وهيكلهـا ، الا ان النظـام السـياسي العـربي السـومري القـديم اي في الالـف الخـامس قبـل المـيلاد كـان استشـاريا . فنظـام الحكـم كـان يقـوم عـلى ان تختـار الآلهـة الملـك ولم يكـن مـن الضرـوري ان يكـون وراثي . فمـثلا وقـع اختيـار الالهـة عـلى شـخص مغمـور تـتلمس فيـة الكفـاءة والقـدرة بـرأيهم فتاخـذ بيـدة الى مقاليـد الملـك كـما نقـرأ في اسـطورة سرجـون الاكـادي التـي ادعـى فيهـا كونـة مـن اصـل وضـيع نشـأ بسـتانيا ورعتـه عشـتار ووعدتـه بالملـك الـذي اعطتـه لـه بالنهايـة. ولـكي يسـبغ الشرـعية على تسلمه السلطة اطلق على نفسة الاسم شروكين (معناه الملك الشرعي)[1]

كـان النظـام السـياسي في الـبلاد السـومرية استشـاريا(ديمقراطيـا) حيـث تتركـز السلطة الحقيقية في مجلس المواطنيين العام (دائرة الشعب) الذي يتألف من مجلسين :

الاول: المسنين والمتنفذين من كبار رجال الاسر والعشائر

الثاني: الشباب القادرين على حمل السلاح

وينظر المجلسان بالقضايا الهامة كإعلان الحرب وتنفيذ عقوبة الاعدام والنظر في الدعاوي المهمة. ويتضح ذلك من شكل الحكومة في الدولة العربية السومرية فهو نيابي دستوري ملكي ذو صبغة دينية. فالملك يخضع لسلطات عليا وهي مجلس المسنين والمتنفذين، ومجلس الشباب القادرين على حمل السلاح. وليس للملك سلطات مطلقة على الشعب . وان اختيار الملك كان في الدولة السومرية الاولى اي في الألف الخامس قبل الميلاد يخضع لإختيار الشعب له .

فهو بادىء ذي بدء عبارة عن شخص هو المقدم بين اقرانه اختير لتزعم المدينة في الحرب . ففي حالة تعرض البلاد للخطر وخاصة الهجوم الخارجي او الفيضان يعمد اهل البلدة الى اختيار حاكم منهم تتوفر فية صفات الزعامة من حنكة وشجاعة لادارة دفة الدولة يخولونه صلاحيات واسعة واطلقوا علية اسم الملك[2] (لذلك فإن العرب هم اول من اطلق لقب الملك على الحاكم) حيث اسس العرب للنظام السياسي العالمي فيما بعد فانتقلت الملوكية من سومر الى اكد الى بابل الى اشور هذا في ارض الرافدين ، ومن سومر هاجرت قبائل عربية الى مصرـ والذين عرفوا فيما بعد بالفراعنة حيث اطلق على الملك في مصرـ (فرعو او برعو) ثم انتقلت الملوكية من ارض العرب الى بقية اجزاء الارض في الهند والصين واليونان والرومان .

لذا فإن السومريين العرب اول من كتب الحروف في التاريخ البشري اي ان العرب هم من علم البشرية القراءة والكتابة ، لذلك فنحن العرب امة اقرأ ، كما خاطب الله سبحانه وتعالى سيدنا محمد صلى الله علية وسلم بأول كلمة وهي (اقرأ) في سورة العلق .

وهكذا تشكلت الأنظمة السياسية فيما بعد في ارض الرافدين فكل حكومة يرأسها رئيس وزراء وينوب عنه مساعده ووزراء لمختلف الوزارات ، وبذلك تشكلت الحكومة المكونة من رئيس الوزراء (التورتان) وهي حكومة نيابية ملكية دستورية تخضع لرقابة المجلسان في الدولة السومرية .

وعلى الجانب الاخر تشكلت حكومات بنظام الولاية اي لكل اقليم والي معين من قبل الملك ، وتمارس هذة الولاية صلاحيات خاصة بها ، لكنها تتبع في النهاية الى الدولة المركزية . وتؤكد بعض الوثائق الادارية من الفترة الكشية خاصة كتابات امجاد الحدود كون البلاد موحدة بيد الملك ، واستمر الجهاز الاداري دون تبديل بين الفترة الكشية وسلالة أيسن الثانية فكانت البلاد مقسمة الى عشرين مقاطعة في الاقل كل منها بحكومة محلية مسؤولة امام الملك في بابل . وسميت كل مقاطعة باسم المدينة الرئيسية فيها مثل بابل، ايسن ، نفر او على اسم القبائل التي تقطن تلك الاراضي مثل بيت سن ماكير وكان حاكم المقاطعة يعين من قبل الملك ويلحق بة موظفون اقل مرتبة مسؤولون عن القانون وجمع الظرائب وادارة الاعمال العامة وخاصة الارواء . وكان رؤساء القبائل في المناطق الاكثر بعدا خاصة عند الحدود الجنوبية يخضعون اسميا للملك ويتمتعون بشبة استقلال . واستمر الملك بصفة السلطة العليا النهائية والمرجع القضائي الاعلى الذي لا اعتراض على احكامه. ويمنح الملك الاراضي الملكية كمكافأة للخدمة المتميزة في الحروب او للموظفين الكفوئين.(3)

لذلك فقد ساد في الانظمة السياسية العربية القديمة نظام ديمقراطي- نيابي. وكان ذلك في الالف الخامس قبل الميلاد . ونظام فيدرالي – وذلك باختلاف الزمان والمكان . على كل حال فقد عرف العرب النظام الاستشاري الديمقراطي وعزل الملوك ونظام الانتخاب لممثلي الشعب ، ولم يكن هنالك

مجلس واحد للشعب ، بل كان هنالك مجلسان يمثلان الشعب بمختلف فئاته، فمثلا :

المجلس الاول : مجلس المسنين والمتنفذين .

المجلس الثاني : مجلس الشباب القادرين على حمل السلاح .

وبـذلك يكـون الشـعب بمختلـف فئاتـه قـد مثـل في (دائـرة الشـعب) ولم يكـن الملـك يسـتطع ان يتأخـذ قـراراً بمفـردة بـدون مشـاورة المجلسـين فقـرار اعـلان الحـرب مـثلا مـرتبط بهـما ولـيس بيـد الملـك . وتتمتـع دائـرة الشـعب بخلـع الملـك عـن الحكـم ، فمـثلا جـاء الملـك اوروا ينكمينـا (اوراكاجينـا) بعـدما خلـع مجلـس المـواطنيين العـام (دائـرة الشـعب) والتـي تسـمى اليـوم بالبرلمـان ، الملـك الـذي سبقة عـن عـرش دولـة لكـش ، وانتخـب مجلـس المـواطنين العـام الملـك (اوراكاجينـا 2420 قبـل المـيلاد) انتخابـا. [4] وهـي قمـة الديمقراطيـة في عـالم اليـوم وحيـث لم يصـل الى هـذا المسـتوى مـن الديمقراطيـة في عـالم الامـس وأقصـد بـذلك لـيس الهنـد ولا الصـين ولا اليونـان ولا الرومـان سـابقا. لا بـل اكـثر الانظمـة ديمقراطيـة في عـالم اليـوم لم تسـتطع ان تصـل الى المسـتوى الـديمقراطي الـذي عاشـة العـرب القـدماء في الالـف الخـامس قبل الميلاد . لكنه شتان ما بين عرب الامس وعبر اليوم ؟! .

عـلى الجانـب الاخـر لم يكـن لرجـال الـدين سـلطة عليـا عـلى السـلطة السياسـية كـما هـو متـداول ففـي اغلـب الفـترات الزمنيـة السـابقة للحضـارة العربيـة القديمـة كـان يعـزل رجـال المعابـد عـن السـلطة فمـثلا الملـك (اوراكاجينـا) ملـك لكـش وضـع حـد لتـدخلات رجـال الـدين (الكهنـة) امـا الملـك العـربي المفكـر حمـورابي 1792-1750 ق . م [5] فقـد اخضـع (الكهنـة) للقانون ، حيث ان

القانون المدني العام الموحد، الذي يخضع جميع المواطنين لاحكامة ، وانة يلزم الجميع ، من موظفين كبار او قضاة او رجال دين او كاهنات او رجال عاديين او عبيد أو إماء ، للاصطفاف سواسية امام احكامه. وصحيح ان العقوبات في قانون حمورابي كانت تأخذ بنظر الاعتبار المرتبة الاجتماعية ، ولكن المساواة تتمثل في مسؤولية الجميع عند اجراء اعمالهم وتنفيذ التزاماتهم ، من التنفيذ ببنود القانون ومراعاة احكامة . ويخضع حمورابي رجال الدين لاول مرة لاحكام القانون المدني ، بينما نعرف ان القضاء والمحاكم كانت فيما سبق من اختصاص المعبد ورجال الدين وبذلك فإن حمورابي بعملة هذا يؤكد فصل القضاء عن الهيمنة الدينية وربطة بعجلة الادارة المدنية . (6) وليس ذلك فحسب بل تخلى حمورابي عن المطالبة بتأليهه كما كان يفعل بعض الملوك سابقا ، كما لم يفرض على أن يقترن اسمة بالآلهة في المخطوطات وفي عهده اصبح الملك فوق المعابد او بعبارة اصح انة استطاع أن يخضعها الى سيطرته بعد أن تعهد بتمويلها وتمويل الاماكن المقدسة فيها وقد تم في فترة حكمه بناء عدد من المعابد الجديدة واعادة تعمير ما تهدم منها وامر بتجديدها واهتم بشؤون العبادة فيها . (7)

وما طبق في العهد السومري والبابلي طبق في العهد الاشوري ايضا من نظام سياسي مطابق وشكل الدولة وشكل الحكومة ، وهذا التنظيم المترابط بين حضارات العرب في ارض الرافدين لم يكن عشوائيا بل كان استمراريا للحضارة العربية الواحدة إبتداء من الالف الخامس قبل الميلاد ولغاية سقوط بابل على يد الفرس في العام 539 ق . م . حيث دخلت البلاد العربية في آتون عمليات الاستعمار ومخلفاته السلبية على جميع مستويات الحياة العامة .

بينما على الجانب الاخر اخذ الفرس جميع مظاهر التقدم والرقي الذي وصل اليها العرب في ارض الرافدين واستفاد منها لا بل فقد اخذت جميع الشعوب المجاورة لحضارة العرب من نظام سياسي واقتصادي وزراعي وصناعي وطبي متقدم .

أثر الحضارة العربية على الحضارة اليونانية

على كل حال بقيت الحضارة العربية القديمة تشع على جميع الشعوب المجاورة فمثلا ، اخذ اليونان الحضارة بكافة جوانبها عن الفنيقيين العرب والفراعنة العرب ، ففي مجال الطب والتشريح انتقل هذا العلم من الفراعنة العرب الى اليونان وكذلك المبادىء الأولى لفن النحت والتماثيل اليونانية في عصرها المبكر نسخة من التماثيل المصرية .

وعن وادي الرافدين أخذ اليونان مبادىء الرياضيات ويكفي في هذا المجال أن نذكر أن الأصل الذي اخذ عنة عالم الرياضيات اليوناني فيثاغورس نظريتة توصل الية علماء وادي الرافدين قبله بعدة الآف من السنيين ولا يزال موجودا في نقشه الاصلي على لوح من طين المحروق محفوظ في متحف الاثار ببغداد .

كما نجد تاثير وادي الرافدين واضحا كذلك في مجالين أخرين هما الادب الملحمي جلجامش التي يظهر تاثيرها في اكثر من جانب في ملحمة الاوديسا الى الشاعر اليوناني هوميدوس

المجال الثاني : مجال الاساطير التي كان الانسان في العصور القديمة يحاول عن طريقها ان يفسر الطبيعة وظواهر الكون المحيط بة ومن ثم يحدد علاقتة بها وموقفة منها. وهنا نجد عدد غير قليل من الاساطير اليونانية تكاد تتطابق فكرة وتفصيلا مع الاساطير التي سبقتها في وادي الرافدين . كذلك اخذ اليونان الابجدية الفينيقية التي نقلها الاغريق اثناء نشاطهم التجاري في البحر المتوسط . (8)

ففي جانب الفلسفة ، ايد أثريون اكاديميون النتيجة التي توصل اليها الكاتب الامريكي جورج . جي . ام . جيمس بشأن نشأة الفلسفة على ايدي المصريين القدماء الفراعنة ، والذي اكد انهم عرفوها قبل اليونانين والاغريق عكس ما كان شائعا .. ورأى الاثريون ان كهنة الفراعنة عرفوا الفلسفة قبل غيرهم ، وان من يرى غير ذلك يفتقر للجانب التاريخي ، وعلية فإنهم اتفقوا مع الكاتب في ان الفلاسفة اليونانيين لم يكونوا اصحاب هذة الفلسفة ، وانما اصحابها هم الكهنة المصريون .

وحسب الكاتب الامريكي فإن المصريين القدماء استحدثوا مذهبا دينيا شديد التعقيد سمي " نظام الأسرار " وهو اول مذهب للخلاص ، يهدف السمو على سجن الجسد ، وان هذا النظام ظل سريا وشفاهيا يحظر تدوينه لنحو خمسة الآف عام حتى سمح للإغريق بالتعلم مباشرة من الكهنة المصريين .. وقال جيمس : ان التضليل في حركة الترويج للفلسفة اليونانية، يبدو ساخرا وفاضحا الى اقصى مدى عند الاشارة عمدا الى ان نظرية المربع القائم الزاوية على وتر المثلث قائم الزاوية هي نظرية "فيثاغورث" وهو زعم اخفى الحقيقة قرونا عن اعين العلماء المصريين ، الذين علموا "فيثاغورث" واليونانيين الرياضيات التي عرفوها بعد ان اتيحت لهم فرصة التعلم من

الثقافة المصرية . ومن جانبهم اعتبر الاثريون ان القول بأن اليونانيين والاغريق اول من عرفوا الفلسفة ، وهو قول مخالف للحقائق ، خاصة انة قول يستشهد بة ويكتسب قدسية اكاديمية ، خاصة ان جميع الغزاة ناصبوا الثقافة المصرية العداء القاتل ، ولم ينتموا الى مصر تاريخيا او مجتمعيا، ولهذا تعمدوا تجفيف منابع الثقافة المصرية المادية والروحية بتدميرها او نهبها حتى لو تخفوا وراء اقنعة ايدولوجية باسم الحضارة او ابلاغ رسالة.(9)

وحينما سيطرت اليونان على مصر في زمن الاسكندر وبنى مدينة الاسكندرية استطاع السيطرة على كل الشرق ، وأصبحت الحضارة الهلنستية، التي عناصرها ليست من اليونان ولكن من دول المشرق العربي. واخذ اليونان الطب والهندسة والعقلنة من حكماء الشرق امثال امنحتوب الفرعوني وحمورابي البابلي ، وزينون الفنيقي الرواقي وغيرهم الكثير من رواد حضارة بابل وأشور وآكد وكنعان وفرعون ، وهذا ما جعل للحضارة اليونانية هذا البعد العالمي يوم سيطرت على عالم الحضارة القديم . وبما ان الانسان هو صانع الحضارة ، فانسان الشرق عامة هو صانع الحضارة الهلنستية . فالبابليون اول من اشتهر بوضع اسس علم (علم رسم الخرائط) الكارتوغرافيا منذ اقدم العصور ، والفنيقيون اول من وضع اسس علم الجغرافيا وخاصة الجغرافيا الرياضية ثم اخذ الفلاسفة اليونان عن الفنيقين هذا العلم فنسقوه وزادوا علية وفي ذلك يقول رولنسون : (ان اول من كتب في الجغرافيا على اسس رياضية تستند الى خطوط الطول والعرض مارينوس الصوري (اي من اهل صور الفنيقية)، وقد كان عمل بطليموس قائما على دراسة مارينوس في الجغرافيا ، وخارطته المستندة الى مدونات فنيقية قديمة، ثم استعمل بطليموس الاصطلاح الجغرافي نفسة نقلا عن مارينوس في دراساته الفلكية الجغرافية.(10)

وأهـم علـم في الحضـارة السـومرية هـو علـم الهندسـة المعمارية التـي ظهـرت اثارهـا بوضـوح في بنـاء المـدن والحصـون والقـلاع . وهـم لـذلك اول الشـعوب الـذين اسـتعملوا العقـد والقبـاب في المبـاني . ويغلـب الظـن ان مـا نـراة الان مـن نظـام هنـدسي معـماري في اقامـة القبـاب المسـتعملة في بنـاء الكنـائس والمعابـد والمسـاجد ان هـي الا اثـر مـن اثـار فـن الهندسـة عنـد السـومرين . واهـم مظهـر لنشـاطهم العقـلي هـو الكتابـة وتعتـبر اقـدم الرسـوم الكتابيـة قـي العـالم وتسـمى الخـط المسـماري ، ولغـة السـومريون تشـبه لغـة الفراعنـة في مصرـ الهيروغليفية اذ ان كل واحدة منهما تعتبر رسما للمعاني لا للأصوات.[11]

ومـن المعـروف ايضـا ان الكتابـة اخترعـت في جنـوب بـلاد الرافـدين (بـلاد سـومر) حيـث عـثر في اوروك عـلى الـواح طينيـة عليهـا كتابـة تصـويرية ، تتعلـق بالاقتصـاد . وتطـورت الكتابـة التصـويرية في بـلاد سـومر الى الكتابـة المسـمارية او الاسـفينية التـي شـاع اسـتخدامها وانتشرـت في معظـم انحـاء الشرـق القـديم كالاكاديـة والحثيـة والحوريـة والاوراثيـة . وتـاثير العلاقـات التجاريـة في نقـل الافكـار وتطـوير اخـتراع الابجديـة نـراه في اوغاريـت تلـك المدينـة الكنعانيـة المهمـة التـي ورد ذكرهـا في نصوص أبـلا بأرسـال كميـات مـن القصـدير مـن مـاري الى اوغاريـت ، مـما يـدل عـلى الـدور التجـاري الكبـير الـذي لعبـة مدينـة اوغاريـت كملتقـى لتجـار العـالم القـديم انـذاك ويـبرز دورهـا بالكتابـة الجديـدة التـي لم تكـن معروفـة سـابقا مؤلفـة مـن ثلاثـين حرفا ابجديا مسماريا .[12]

حضارة روما واليونان :

كـان سـكان ايطاليـا يعيشـون في هيئـة وحـدات قرويـة ، تشـكل كـل مجموعـة منهـا في هيئـة دويلـة تقـوم عـلى النظـام القـبلي وتـدعى Pagus وتتجمـع هـذة التنظـيمات عنـد الضرورة في هيئـة تنظـيمات قبليـة وكـان ذلـك في 1000 ق. م . بقـي المجتمـع الايطـالي يعـيش حيـاة بدائيـة وبدسـتور غـير مكتـوب ويحـل الخلافـات بـالطرق السـلمية . لكـن ايطاليـا بقيـت في عزلـة عـن المجتمعـات الاكـثر تحضرـا والتـي كانـت تقـوم عـلى سـواحل القسـم الشرـقي للبحـر الابـيض المتوسـط عـلى ان القـرن الثـامن قبـل المـيلاد ، شـهد هجرتـان : **هجـرة اتروسـيقية هجرة اغريقية .**

كانـت الملامـح الرئيسـية للتنظـيم السـياسي لمدينـة رومـا في العـام 753 ق. م. ولم تكـن تختلـف كثـيرا عـما كـان شـائعا في أيـة مدينـة مـن مـدن الدولـة التـي عرفهـا العـالم القـديم فالعامـة كـانوا يجتمعـون مـن حـين لأخـر في مجلـس يـدعى مجلـس الأحيـاء، يجتمـع فيـة هـولاء بحسـب الأحيـاء التـي يسـكنونها والتـي تنقسـم اليهـا رومـا. ولم تكـن مهمـة هـذا المجلـس تزيـد عـن الموافقـة عـن القـرارت التـي يصـدرها مجلـس الشـيوخ الـذي كـان يضـم ارسـتقراطية رومـا مـن كبـار اصـحاب الاراضي، وهـي الطبقـة التـي كانـت تسـمى طبقـة الاشراف أو الابـاء وكانـت هذة الطبقة سيادية لإعتماد صغار الملاك عليهم اجتماعيا واقتصاديا .

الملـك ويمثـل راس الهـرم ، و لم يكـن وراثيـا بـل كـان منتخبـا مـن قبـل مجلـس الشـيوخ والـذي كـان عـددهم لم يزيـد عـن مئـة شـيخ ثـم يوافـق عـلى انتخابـة مجلـس الأحيـاء بصـفة صورية، بعد ذلك يصبح مالكا لكامل السلطات بيده ومن ضمنه الحكم بالاعدام . (13)

لقد حكم في روما جيلان من الاباطرة : جيل من النبلاء المثقفين العرب الفينيقيين السوريين وجيل من الهمج اللاتين . الامبراطور " سبتيمو سفيرو " امبراطور روما (193 - 211م) وهو فينيقي من لبدة " طرابلس الغرب حاليا "، أصر على أن يكون " العربي " من بين ألقابة الثلاثة وقد حكم هو وزوجتة الحمصية جوليا التي تحولت في روما من امبراطورة الى ربة ، ثم ابنها جيتا ، ثم ابنها كراكلا ، ثم ابنة أختها جوليا ميزا ثم جوليا ماميا. (14)

أما الأمبراطور العربي فيليب العربي والمولود في شهبا عام 200 م، كان واحد من ابرز اباطرة روما في مرحلة شهدت تقلبات جذرية في جميع انحاء البلاد كما في العاصمة روما . بدأ حياتة العملية في الجيش الروماني، ووصل الى منصب أحد قادة الحرس الامبراطوري ، في عهد جورديان الثالث (238 - 244 م) الذي عين فيليب الغربي قائدا للحرس الامبراطوري مكان تيميسيوثيوس المتوفي عام 243 م . لكن التطورات الداخلية والنزاعات السياسية اسفرت عن تمرد الجيش ضد الامبراطور الشاب جورديان الثالث، مما ادى الى مقتلة والمناداة بفيليب العربي امبراطورا على عرش روما في اواخر شباط عام 244 م . وبعد حصولة على اعتراف مجلس الشيوخ به امبراطورا عقد معاهدة للصلح مع الساسانيين الفرس لوضع حد للحروب المستمرة بين الطرفين أدت الى خسائر فادحة خصوصا في المناطق الشمالية السورية التي كانت مسرحا للمعارك. ومن ثم غادر ساحة القتال باتجاة مدينة انطاكيا التي كانت العاصمة الروحية لسوريا في ذلك الوقت . وعندما وصل روما باشر سلسلة من الاصلاحات الادارية فأوقف الاضطهاد وعزز الحريات. ومن أهم ما قام بة فيليب العربي تنظيم الاحتفالات الكبرى في 21 نيسان عام 248 م بذكرى مرور الف سنة على تأسيس مدينة روما .

غـير ان شـهرة فيليـب العـربي الكـبرى تكمـن في وقوفـة موقـف المتسـامح والمشـجع للمسـيحيين الـذين كـانوا يتعرضـون لاضـطهادات مرعبـة عـلى ايـدي الابـاطرة الرومـان ابتـداء مـن نـيرون . و " هنـاك فكـرة خاطئـة تقـول ان الامبراطـور قسـطنطين هـو الـذي اعطـى المسـيحين الحريـة والحمايـة ، في حـين ان الوقـائع التاريخيـة تثبـت مـن دون ادنى شـك ان فيليـب العـربي كـان اول امبراطـور رومـاني يسـمح للمسـيحيين بحريـة العبـادة وتنظـيم انفسـهم في جميـع انحـاء الامبراطوريـة ، وبعـد ان اوقـف نهائيـا كـل التعـديات والمظـالم الواقعـة علـيهم ... فأسـلوب التسـامح الـديني مارسـة مـع المسـيحيين كـان قـد ترسـخ بصـورة قويـة بحيـث باتـت مسألة وقت فقط قبل ان تعتنق روما الدين القادم من بلاد الشام[15]

وكـذلك حكـم في رومـا الامبراطـور السـوري هيليـو جبـال ومعنـى لقبـه (سـبحان الخـالق) ولـيس (الـه الجبـل) كـما يـزعم . وهـو الـذي وطـد الحكـم في رومـا ، وحـارب البرابـرة في اوروبـا في منطقـة الـدانوب وانتصرـ علـيهم، واسـتعان بأقربائـة السـوريين في الحكـم ، وجعـل أخـاة قائدا على جيوش الشرق. [16] ".

هـؤلاء الابـاطرة العـرب الفينيقيـين العظـام الـذين يفتخـرون بـانتمائهم العـربي الأصـيل وهـم يبنـون حضـارة رومـا . فقـد كانـت ألقـابهم في بـلاد اليونـان مـثلا " السـادة، المعلمـون، أبنـاء الآلهـة ". فهـم اسـياد البشرـية انـذاك حيـثما وجـدوا، يبنـون ولا يهـدمون عـلى عكـس حضارة الغرب اليوم التي تقطع اليد التي بنت بلادهم فيا عجب !! .

أن مـما أثـارني للحـديث عـن تـاريخ الحكومـات هـو عـدم اثـارة الكتابـة عـن تـاريخ الحكومـات في الحضـارات العربيـة القديمـة السـائدة ، حيـثما شـكل العـرب في القـرون الماضـية نظـام استشـاري (ديمقراطـي) ولم يكـن النظـام الملـكي انـذاك وراثيـا مسـتبدا ، بـل كـان نظـام انتخـابي ينتخـب بطريقـة غـير مبـاشرة عـن طريـق دائـرة الشـعب والتـي تتكـون مـن مجلسـين منتخبـين مـن قبـل الشـعب . ويـتم عزلـة فـيما اذا خـالف احكـام القـانون الـذي اصـاغة المشرعون العـرب الاجـداد انـذاك . وبـذلك تتشـكل الحكومـة الشـعبية الديمقراطيـة المسـؤولة امام دائرة الشعب عن كافة اعمالها .

فشـكل الحكومـة في النظـام السـياسي العـربي القـديم كـان حكومـة ديمقراطيـة : تقـوم عـلى سـيادة الاكثريـة بسـبب ان اغلبيـة افـراد الشـعب متمثلـة في دائـرة الشـعب (البرلمـان اليـوم). وهـو مـا يعتـبر مـن افضـل انـواع الحكومـات في عـالم اليـوم ، وهـذا النـوع مـن الحكومـات كـان قـد تخيلـة فلاسـفة اليونـان، امثـال هيرودوتـوس (485 - 425 ق. م) وكـذلك الحـال سـقراط و افلاطـون وارسـطو وكلاهـما في القـرنيين الخـامس قبـل المـيلاد . امـا فلاسـفة السياسـة والحكـم عنـد العـرب امثـال سرجـون وحمـورابي وغـيرهم فقـد طبقـوة في الالـف الثالـث ق . م والثـاني ق . م . وشـكل العـرب ايضـا حكومـات اتحاديـة (فدراليـة) في عهـد حمـورابي في الـف الثـاني ق . م . اي قبـل ان تشـكل الولايـات المتحـدة الامريكيـة هـذا النـوع من الحكومـات بنحـو اربعـة الآف عـام . وطبـق ايضـا العـرب المسـلمون هـذا النـوع مـن الحكـم في عهد الدولة العربية الاسلامية (نظام الولاة) .

بينمـا كـان فلاسـفة اليونـان يتخيلـون هـذا النـوع مـن الحكومـات في بلادهـم آملـين تطبيقه، كانت بلاد اليونان والرومان تعيش انظمة استبدادية ملكية تعاقب كل من يفكر بانتقادهـا. وإن كـان هـؤلاء الفلاسـفة قـد تتلمـذوا عـلى ايـدي الاسـاتذة العـرب الفينيقيـين والبابليـن والفراعنـة العـرب في بـلاد العـرب، وتـاثروا بحضـارة العـرب الخالـدة ونقلـوا هـذة المعـارف الى بلادهـم لكنهـا بقيـت مجـرد احـلام وافكـار لهـؤلاء الفلاسـفة بسـبب التخلـف الفكري والانظمة الاستبدادية التي كانت تسود بلاد الرومان واليونان .

أشكال الحكومات: قسم هيرودوتس (485 – 425 ق.م) الحكومات الى ثلاثة اقسام:

1 – الحكومـة الملكيـة: وهـي أسـوأ انـواع الحكومـات بنظـره حيـث تتركـز السـلطات الثـلاث (التنفيذيـة والتشريـعية والقضـائية) بيـد الملك، وعـادة يكـون الحكـم فيهـا وراثيـا، حيـث يستأثر الملك السلطة .

2 – حكومـة الأقليـة الأوليجاريكيـة: وهـي حكومـة القلـة حيـث تمـارس الأقليـة دور السـيادة في الدولة . مع تغيب دور الاكثرية .

3 – الحكومـة الديمقراطيـة: وهـي حكومـة الاكثريـة التـي تنتخـب مـن قبـل الشـعب، لكنهـا مقيـدة كونهـا مسـؤولة امـام الشـعب صاحـب التفـويض لهـذة الحكومـة. اعتبرهـا هـيرودوتس مـن افضـل الحكومـات، لكنـه كـان قـد ذكـر حسـناتها وعيوبهـا اضافـة الى عيوب وحسنات الحكومات الاخرى. [17]

أفلاطون: (427 - 347 ق . م)

قسم افلاطون الحكومات الى ستة انواع :

1 - النظام السوفقراطي: وهو حكم طبقة الفلاسفة العقلاء اصحاب الفضيلة والمعرفة ، لذا يرى افلاطون بأن هؤلاء هم الاقدر على حكم البلاد وذلك لمعرفتهم العميقة في الشوؤن السياسية والادارية .

2 - النظام الاستبدادي: وهو نظام الحكم الشمولي، اي جمع جميع السلطات بيد حاكم واحد، واستخدام القوة بمختلف ادواتها لتحقيق الهدف المنشود، ويرى افلاطون بأن الحاكم المستبد يمكن ان يصبح سوفقراطي اذا اصبح الطاغية فيلسوف .

3 -النظام التيموقراطي: وهو نظام حكم طبقة العساكر ، حيث يرى افلاطون بأن هؤلاء لا يقدموا كثيرا للدولة ، بسبب ابعاد طبقة الفلاسفة والعقلاء عن الحكم .

4 - النظام الأوليجاركي الحقيقي: وهو نظام حكم طبقة الاغنياء وهو من الانظمة الفاسدة لكون هؤلاء يستغلون السلطة من اجل تحقيق مصالحهم على حساب الفقراء الذين يرون بطبقة الاغنياء عدوهم الذي يسرق قوتهم . مما ينتج عنة في النهاية تصادم بين الطبقتين ويؤثر سلبا على امن واستقرار البلاد .

5 – النظام الأرستقراطي الديمقراطي: نظام حكم بـرأي أفلاطـون يقـوم عـلى حكـم طبقـة النبلاء الذين تم اختيارهم من قبل الشعب للعمل من اجل الصالح العام .

6 –النظام الديمقراطي: وهـذا النظام ليس محببا كثيرا لـدى افلاطون، فهـو يـرى بـأن توزيـع الحكـم عـلى اغلبية افراد الشعب الـذي يتكـون مـن الفقـراء وعـدم معـرفتهم الكافيـة للحكمـة والرؤية كالتي يتمتع بهـا الفلاسفة والحكـماء، فقـد يصبح نظام الحكم بهـا فوضويا وغوغائيا، ومـن هنـا فـإن الدولة قد تـدخل في دائـرة الصراع والاختلاف مـما ينتج عنة فقدان لمفهوم الدولة بحسب رأي أفلاطون .

أرسطو (384 – 322 ق . م)

قسـم أرسطو الحكومـات الى فئتـين الاولى تعنـى بعـدد الافـراد المشاركين في الحكم . والثانية الغاية من الحكم . [18]

الفئة الاولى وتقسم الى ثلاث انواع :

1 – حكومة الفرد: وتكون السلطة بيد رجل واحد .

2 – حكومة القلة: وتكون السلطة بيد قلة تتوزع الحكم فيما بينها

3 – حكومة الكثرة: وتكون السلطة موزعة بيد الاكثرية من الشعب .

الفئـة الثانية وتقسـم الى سـتة انـواع ثلاثـة تعمـل للصالـح العـام وثلاثـة يـرى انهـا لا تخـدم المصلحة العامة:

1 - حكومة ملكية : السلطة تكون بيد الملك ، وعلية ان يعمل للصالح العام ، بينما تكون الحكومة خاضعة لسلطة القانون .

2 - حكومة أرستقراطية: وهي حكومة النبلاء القلة الذين يعملون للصالح العام ، وتخضع لارادة القانون .

3 - حكومة الجمهورية (الدستورية) : وهي برأي أرسطو حكومة الكثرة والتي تعمل من اجل الصالح العام وتخضع للقانون

4 - حكومة الاستبداد : وهي بحسب رأي أرسطو حكومة الفرد المستبد سعيا لتحقيق مصالحة على حساب مصالح الشعب المستضعف . بحيث يسعى هذا الحاكم الطاغية الى سلب حقوق الافراد في الدولة بمختلف الطرق والاساليب ، ولا يعمل للصالح العام . لذا فهي بنظر أرسطو حكومة فاسدة .

5 - حكومة الأوليجاركية : وهي الحكومة التي تعمل من اجل مصالحها على حساب مصلحة الشعب ، الأوليجاركية هم الفئة القليلة الغنية التي تمسك مقاليد الحكم وتسلب حريات الافراد وتفرض نفسها فوق القانون ولا تخضع له ، لذا فهي بحسب رأي أرسطو فاسدة.

6 -حكومة الديمقراطية (حكومة الفوضى والغوغاء) : وهي حكومة الكثرة ويرى أرسطو بأن الحكومة الديمقراطية وهي حكومة الكثرة الفقيرة حسب رأيه، قد تعمل ضد مصالح الطبقة الغنية مما ينتج عنة اضطرابات وفوضى بين الطبقتين يؤدي الى تمسك الطبقة الفقيرة بمصالحها على حساب مصالح الطبقة الغنية وهي في النهاية حكومة فاسدة حسب رأي أرسطو .

على كـل حــال هــذا التقسيــم الـذي رسـمة فلاسفة اليونان وطالبوا بتطبيقـة او عـدم تطبيقـة في الالـف الاول قبـل الميلاد طبقـة الفلاسفة العرب هذة المفاهيم التـي نادى بها فلاسفة اليونان في الالـف الخامس والرابـع والثالـث والثاني قبـل الميـلاد ، اي قبل اليونان بالالاف السنين . كما ذكرت في الوحدات السابقة من هذا الكتاب .

فمفهــوم الحكـم الفيلسـوف وجـد في بـلاد العرب السومرية في العـام 2700 ق . م ، بينما التمثيـل النيابـي او الـديمقراطي وجـد ايضا في بـلاد العرب كـما ذكرت سابق عندما انتخب العرب ممثلين للشعب في مجلسين تحت مجلس واحد ويسمى دائرة الشعب والتي تشبة اليوم البرلمان الذي يضم مجلسين .

لـذا فإن هـذة الحكومـات التـي تنادى بها فلاسفة اليونان كانت موجـودة عند العرب قبـل قيام دولة اليونان بالالاف السنين . وبذلك فإن هـؤلاء الفلاسفة اليونان ليسـوا سـوى طلبة كـانوا قـد تتلمـذوا عـلى يـد المعلمين الحكـماء العرب في مصر ـ الفرعونية وبـلاد مـا بين النهرين العراقية واساتذة فينيقيا السورية .

وفي النهايـة لا نريد الا ان نـثمن جهــود الفلاسفة اليونان الـذين درسـوا في ارض العرب وتتلمـذوا عـلى ايـدي الحكماء والفلاسفة العرب ، وان كانت افكارهم التـي اخذوها قد طبقـت فيما بعد في اوروبـا ، حيـث نسبت تلك الافكار قصدا او عـن غـير قصد للفلاسفة اليونان وتـم تجاهـل الـديمقراطيـة العربيـة في الالـف الخامس والرابـع والثالـث والثاني قبـل الميلاد .

وهنا فإن اشكال الحكومـات التي طبقها العرب قبـل سبعة الاف سنة والتـي نـادى بهـا فيما بعد اليونان، لاقت استحسانـاً احيانا في اوروبـا، لكـن العرب كـانوا قـد نحـو منحـاً آخراً وهو الدين الاسلامي حيث رسم العرب

المسلمون شكلاً اخراً للحكومات مبنياً على الشورى ومع ذلك فقد استفادت اوروبا فيما بعد من هذا النظام العظيم الذي يرسم وينظم كافة اشكال العلاقة بين الفرد والحاكم مع الاخذ بعين الاعتبار كافة الحقوق والواجبات دون نقص.

وبذلك فإن العرب في المرحلتين قبل الميلاد وبعد الميلاد هم من علم العالم الاخر نظام الحكومات واشكالها وهم بذلك اول من وضع القوانين والدساتير التي تنظم العلاقة بين الحكم والفرد في الدولة .

الغرب في عالم اليوم يطبق او يمزج ما بين نظام الحكم العربي القديم ونظام الحكم الاسلامي ، ويطلق على نفسة مؤسس الديمقراطية ، ويطالب العرب والمسلمين بتطبيق هذة الديمقراطية التي علمناهم إياها قبل الاف السنيين . ومع ذلك يجب ان لا نلومهم على ذلك لاننا في هذة الايام الرديئة من حياة العرب لا نحن مع الاسلام العظيم ولا مع الحياة السياسية القديمة التي عاشتها امتنا قبل الاف السنين .

واذا ما بقينا على هذة الحال فإننا سنصبح في آخر قائمة الشعوب ونطمس ميراثاً عظيماً صنعة الاجداد على مر الاف السنين . وبذلك وجب علينا ان لا ندفن رؤوسنا في الرمال ، ان علينا ان نجدد الماضي المجيد وننبذ الاوهام ونعيش حياتنا بكرامة مجيدة كما علمنا الاجداد دوما. والى الابد مع المجد والكرامة بدلا من التبعية والخوف من الذين قد علمناهم كيف ينظمون شؤون حياتهم البسيطة عندما كان الغرب لا يعرف ابسط مفاهيم الحياة ، كنا نحن أمة العرب نصول في هذا العالم وننشر الرسالة الانسانية والدينية للآخرين .

أمـا عـرب اليـوم او اعـراب اليـوم وافضـل ان اتـركهم يطلقـون عـلى انفسـهم مـا يشـاؤون مـن تسـميات : فهـم اعـراب او مسـتعربين او عـرب الجنسـية هـذا لا يهـم كثـيرا بمقـدار مـا يهمنـي كيـف يسـمون انفسـهم امـة الوسـط او الوسـطية في لغـة السياسـة اليـوم ليبحثـوا عـن مخـرج ومـبرر لمـواقفهم السـلبية مـن تـاريخ امتنـا العظيمـة ، حيـنما يهربـون مـن واقعهـم المرير ويبررون ذلـك تحـت بنـد السـلام الـذي يجيـزون بـة الاعـتراف بـاحتلال اراضيهم مـن قبـل صـعاليك وقراصـنة الغـرب ، فهـم لا يريـدون تحريـر اراضـيهم ولا انفسـهم ، لا بـل يـذهبون الى ابعـد مـن ذلـك عنـدما يقولـون بـأن الاسـلام ديـن الوسـطية (اي انهـم يـزورون هـذا الـدين العظـيم الـذي يعرفـة العـدو قبـل الصـديق ، مـن منطلـق ان الوسـطية في الاسـلام لا تعنـي احـتلال ارض المسـلمين ، فكيـف ننظـر الى المانيـا عنـدما احتلـت اجـزاء مـن روسـيا في الحـرب العالميـة الثانيـة ، هـل قـال الـروس دعنـا نأخـذ الامـور بوسـطية ونقبـل بـالاحتلال ، طبعـا الجواب لا . فقد قاتل الروس حتى حرروا ارضهم)

امـا مـن يقبـل بـالاحتلال مـن منطلـق الوسـطية فـإن ذلـك لا يـرضي العـدو قبـل الصـديق لان العـدو يسـمي نفسـة محتـل !! ولا يقبـل ان يطمـس رأسـة بالرمـال ليفـاجىء بـردة الفعـل مـن اصـحاب الارض الحقيقـين ، فهـو يفـرض نفسـة محتـل، طبعـا تحـت تسـميات مختلفـة، وكلها زائفة، في النهاية سيطرد ولا وسطية بذلك.

وبهـذا فـإن الرجولـة والقـيم والمبـادىء والاخـلاق لا يمكـن ان تأخـذ مـن منطلـق الوسـط فهـي لا تقبـل القسـمة عـلى اثنـين ، طالمـا كـان هنـاك احـتلال ونقـص لسـيادة الدولـة . فهـل يجـوز ان يصـوم المسـلم في شـهر رمضـان نصـف النهـار ويفطـر في وقـت الظهـر ؟؟ طبعـا الجواب لا . فماذا نسمي من يفطر في رمضان قبل اذان المغرب بثانية وعن قصد . ؟؟ !!

تعريـف الحكومـة: هـي الأداة التـي تتشـكل بموجـب تشـكيل الدولـة لـذا فالدولـة هـي الإطـار الأوسـع بيـنما الحكومـة هـي أداة الدولـة وتسـعى مـن خلالهـا تطبيـق وتنفيـذ القـوانين التي تشـكلت بموجبهـا الدولـة. ومنهـا يمكـن تعريـف نـوع الحكومـة وطبيعـة عملهـا مـن الإطـار العـام للدولـة. ولا يمكـن وصـف جميـع الحكومـات بـنفس الوصـف والاسـم. لـذا فـإن شـكل الدولـة ونـوع نظامهـا السـياسي يحـدد شـكل الحكومـة. ومـن هـذا المنطـق تنقسـم الحكومـات الى عدة انواع تبعاً لنوع النظام السياسي للدولة. ويمكن وصف انواع الحكومات كما يلي:

اولاً: اذا كـان شـكل النظـام السـياسي للدولـة نيـابي ملـكي دسـتوري مطلـق، فتكـون الحكومـة نيابيـة مطلقـة. كـما هـو الحـال في بريطانيـا، لأن النظـام السـياسي للدولـة ملـكي نيـابي يتمتـع بحريـة مطلقـه للشـعب مـن خـلال الدسـتور الـذي يتـيح انتخـاب الحكومـة عـبر الاحـزاب المتنافسـة ومـن هنـا تتشـكل الحكومـة النيابيـه المنتخبـة وتمـارس حقـوق مطلقـة تـدعم وجـود شكل الدولة الملكي.

ثانيـاً: اذا كـان شـكل النظـام السـياسي للدولـة نيـابي ملـكي دسـتوري مقيـد، فتكـون الحكومـة نيابيـة مقيـدة، كـما هـو الحـال في الاردن حيـث النظـام الاردني نيـابي ملـكي دسـتوري مقيـد وليس مطلق الحريـة للحكومـة حريـة التصرف بعيـداً عـن الملـك، لـذا تـأتي الحكومـة مـن خـلال مجلـس النـواب المنتخـب وبموافـة الملـك الـذي يتمتـع بحـل الحكومـة وتسـميه رئـيس وزرائهـا وتصدر جميع القرارات باسمه، لذا فهي حكومة نيابية مقيدة.

ثالثاً: اذا كان شكل النظام السياسي للدولة ملكي دستوري وليس نيابي فتكون الحكومة ملكية دستورية، كما هو الحال في المملكة العربية السعودية حيث يعين الملك الوزراء بناء على رأيه وتصدر جميع القرارات باسمه.

رابعاً: اذا كان شكل النظام السياسي جمهوري رئاسي نيابي تتكون الحكومة رئاسية نيابية، كما هو الحال في الولايات المتحدة الامريكية حيث الرئيس يشكل رأس الحكومة ويعين الرئيس وزراء من حزبة الفائز او غيرهم من الاحزاب وهذا يخضع لمزاج الرئيس ورغبته ويتمتع الرئيس بصلاحيات كبيرة بذلك.

خامساً: اذا كان شكل النظام السياسي جمهوري نيابي فتكون الحكومة نيابية كما هو الحال في الهند، حيث تتشكل الحكومة من الأحزاب ذات الأغلبية في البرلمان ويرأس الحكومة رئيس وزراء وليس رئيس الجمهورية الذي يتمتع بصلاحيات مقيدة جداً، بينما رئيس الوزراء رئيس الحكومة يتمتع بصلاحيات مطلقه لحد ما.

سادساً: اذا كان شكل الدولة جمهوري فردي مطلق، فإن الحكومة تكون ديكتاتورية برئاسة رئيس الجمهورية، وهذا ما ينطبق على العديد من الأنظمة التي تأتي بواسطة الانقلابات والثورات تبعاً لظروفها السياسية، فهناك ديكتاتورية فردية إيجابية وأيضا ديكتاتورية فردية سلبية وتمثل العديد من دول العالم الأسيوي والأفريقي وأيضا اللاتينية لهذا النظام، وبموجب ذلك تمارس الحكومة الفردية صلاحيات مطلقة على الشعب قد تكون سلبية او إيجابية. ويشكل رئيس الجمهورية صاحب نفوذ الحكومة لكنه يرأسها ويتدخل في كل كبيرة وصغيرة سلباً او ايجابا.

سابعاً: دولة الحزب الواحد وبموجب ذلك تتشكل حكومة حزبية مطلقة وقد تكون استبدادية او قانونية وهذا النوع من الأنظمة يمنع تشكيل احزاب اخرى ويشكل حكومة حزبية ذات لون واحد وغالباً ما تتشكل هذه الحكومة بسبب الثورات التي تقودها بعض الأحزاب منفردة وتنجح بالوصول الى سدة الحكم عن طريق الثورات. ويمكننا ان نطبق هذا المثال على الحكومات التي تتشكل بفوز حزب واحد ذي لون واحد في الانتخابات وليس بالثورة لكنها احياناً تمارس دور الحزب الثوري بسبب تشدد هذا الحزب في تطبيق افكارة ومبادئة، كما هو الحال في الحزب الجمهوري الأمريكي الحاكم في الولايات المتحدة الأمريكية الذي يرفض السماع للحزب الديمقراطي الذي لم يوفق في الوصول الى الحكم. ويمارس برنامجاً استبدادياً بحق مواطنيه ومواطني الدول التي يعتقد أنها أعداء. ونفس المثال ينطبق على الحزب اليميني المتطرف الذي حكم الهند في السنوات الماضية قبل وصول حزب المؤتمر الحالي للحكم. حيث طبق برنامجاً سلبياً بحق بعض فئات دولته وخاصة الأفكار الدينية.

لذا فإن شكل الحكومة لا يخضع دوماً للاستمرارية كما هو شكل الدولة ونظامها الدستوري، فالحكومة قد تكون سلبية حتى في ظل النظام الديمقراطي وقد تكون إيجابية وهذا يخضع لمزاج القائمين على الحكومة ولو جاءت هذه الحكومة بانتخابات نيابية.

ثامناً:اذا كان شكل النظام السياسي دينياً فهنا تتشكل حكومة دينية وهذا النوع من الحكومات تشكل بالعهود السابقة وفي بعض الدول الحاضرة مثل ايران حيث تمارس الحكومة برنامجاً إسلاميا معيناً يخضع لرأي الدولة وشكلها السياسي.

وظائف الحكومة

تـأتي أهميـة الحكومـة مـن خـلال طبيعـة عملهـا فـإذا كانـت الحكومـة ناجحـة في تقـديم الخدمـة لمواطنيها فهـي حكومـة ايجابيـة بنظـر المـواطن ولـو كانـت مـن النـوع الاستبدادي، واذا كانـت الحكومـة غـير ناجحـة في تقـديم الخدمـة للمـواطن فهـي حكومـة فاشله ولـو كانـت حكومـة ديمقراطيـة لـذا فان النظـرة للحكومـة تنبـع مـن طبيعـة عملهـا للمواطن وليس بالاسم فقط وبذلك ممكن إيجاز آلية عمل الحكومة بما يلي:

أولاً: تشريع القوانين: الحكومـة المنتخبـة مـن قبـل الشـعب تقـوم وعـبر نوابهـا بتشـريع القوانين العامـة في الدولـة هـذا في الشكل الديمقراطي امـا اذا لم تكـن منتخبـة بـل معينـة فتسد مكان عمل مجلس النواب اذا لم يتوفر و تقوم بتشريع القوانين التي تهم الدولة.

ثانياً: تطبيق القوانين: حيث تعمـل الحكومـة وعـبر السلطة القضائيـة عـلى تطبيق القانون عـلى المـواطنين وهنـا تـبرز أهميـة الحكومـة مـن خـلال عـدالتها للمـواطن حيـث الجميـع سواسية أمـام القانـون فالحكومـات الإيجابيـة تتعامـل بـالقوانين مـع جميـع أفـراد الدولـة وبغض النظـر عـن قـرب الفـرد مـن الحكومـة او بعـده عنهـا امـا الحكومـة السـلبية وهـي التي تشرع القانون وتطبقه بمزاجية مع المواطن.

ثالثاً: تنفيذ القوانين: حيث تقـوم الحكومـة بمختلـف أجزائهـا الرسـمية بتنفيـذ القانون الـذي يصدر عـن السلطة القضائيـة، وتنبـع أهميـة الحكومـة مـن عمليـة العجلـة في تنفيـذ القانون حيث تنبع هيبة الدولة، فالدولة التي تمارس الحكومة

بها تنفيذ سريع للقانون تكون دولة ذات هيبة أما الدولة التي تشرع وتطبق القانون وتماطل في تنفيذه فتكون دولة ناقصة الهيبة لأن أقوالها اكثر من أفعالها. وغالباً ما تتردد الدول الصغيرة بتنفيذ القوانين وتخضع لضغوطات بعض الجماعات المستنفذة في الدولة بينما الدول القوية هي تنفذ القانون بسرعة وبغض النظر عن جماعات الضغط الموجودة.

وبذلك تمثل هذا الخطوات الثلاث الجوانب الأساسية في عمل الحكومة، وما يرافق هذه الخطوات الثلاث من أعمال ووظائف للحكومة يتبع طبيعة عمل الحكومة وحسب نظامها الاقتصادي، فمثلاً في الدول الاشتراكيه تقوم الحكومة بتطبيق برنامجها الاشتراكي حيث تتركز وظائف الحكومة في تقديم كافة الخدمات للمواطن من اتصالات ومواصلات وصحة وتربية وغذاء دون التدخل من القطاع الخاص.

وبينما في الحكومات الرأسمالية يتركز عمل الحكومة في رسم السياسة الخارجية للدولة والدفاع وتترك عملية تقديم الخدمة للمواطن لمؤسسات القطاع الخاص وتتفاوت هذه الحكومة من دولة الى اخرى.

المراجع

1 – نخبة من الباحثين العراقين ، حضارة العراق ، الجزء الثاني ، بغداد ، دار الحرية للطباعة ، 1985 ، ص 12 .

2 - نفس المصدر ، ص 8 – 9 .

3 - نفس المصدر ، ص 25 .

4 - نفس المصدر ، ص 21 – 22 .

5 - نفس الصدر ، ص 8 .

6 - نفس المصدر ، ص 80 – 81 .

7 - زهير صادق رضا الخالدي ، صدام حسين ورجـال الحضـارة في العـراق، الجـزء الثـاني ، الطبعـة الاولى ، بغداد ، اصدار القيادة العامة للجيش الشعبي، 1989 ، ص 48 .

8 - د . رجب عبد الحميد الاثرم ، دراسات في تاريخ الاغريـق وعلاقتـة بـالوطن العـربي ، الطبعـة الاولى ، بنغازي ، منشورات جامعة قاريونس ، ص 39 – 41.

9 - جريدة العرب اليوم ، 24 / 6 / 2008 ، الثلاثاء ، ص 16 .

10 - د . نشأت الخطيب ، "العلاقات العراقيـة – اللبنانيـة – البعـد التاريخي"، مجلـة الحكمـة ، العدد 24 – (أذار 2002 / ذي الحجة 1422) ، ص 20 – 21.

11 - نفس المصدر ، ص 21 .

12 - نفس المصدر ، ص 22 .

13 - ابراهيم ايوب ، التاريخ الروماني ، الطبعة الاولى ، بيروت ، الشركة العالمية للكتاب ، 1996 ، ص 24 – 26 .

14 – د . أحمـد داوود ، العـرب والسـاميون والعبرانيـون وبنـو اسرائيـل واليهـود ، الطبعـة الاولى ، دمشق ، دار المستقبل ، 1991 ، ص 42 – 45 .

15 - مسعود الخوند ، الموسوعة التاريخية الجغرافيـة ، الجـزء العـاشر ، الطبعـة الثالثـة ، بـيروت ، العالمية للموسوعات ، 2005 ، ص 308 .

16 - د . أحمد داوود ، العرب والساميون والعبرانيون وبنو اسرائيل واليهود ، ص 44 – 45 .

17 -   ثروت بدوي ، أصول الفكر السياسي ، القاهرة ، دار النهضة ، 1972 ، ص 50 – 51 .

18- George H Sabine and Thomas L Thorson , A History of Political Theory , Fourth Edition , New Delhi , Mohan Primlani , Oxford and IBH Publishing Co, 1973 , p 110 - 124 .

الوحدة السادسة

الدساتير

الدساتير

منذ ان وجدت البشرية على هذا الكوكب احتدم الصراع فيما بينها، ونشأ نتيجة لذلك طبقة حاكمة وطبقة محكومة، واستبدت الطبقة الحاكمة بالمحكومة ومارست كل انواع الاستبداد بحقها ورفضت تنظيم العلاقة مع المحكوم، وساد قانون الغابات طبيعة البشر تارة بحجة الامر الإلهي وتارة بحجة الأمر البشري، ومع اشتداد الاقتتال بين الطبقتين، انتصرت الطبقة المحكومة في النهاية لتضع حد لهذا الاستبداد البشري. ونظمت العلاقة بين الطبقتين بوثيقة ملزمة للجميع تعارف عليهما فيما بعد بالدستور.

تاريخيا: العرب هم اول من اسس القانون وصاغ بنودة ووضع الدساتير التي تنظم حياة الفرد داخل الدولة ، حيث تعتبر شريعة حمورابي اول عمل قانوني متكامل ومنظم دونها الانسان صدر في بلاد الرافدين في عصور ما قبل التاريخ ، رغم وجود بعض التشريعات والنصوص القانونية كاصلاحات اور كاجينا الاجتماعية التي تركها لنا سنة (2355 ق . م) وتشريعات اور نجو سنة 2111 ق . م وتشريعات شنونا وذلك لأن تشريعات الملك البابلي حمورابي قد عالجت كافة مجالات الحياة بنصوص قانونية ارتبطت بواقع المجتمع البابلي القديم من اجل تنظيم الحياة في الامبراطورية البابلية وسيادة القانون وتحقيق العدل الذي في ظله تتم حماية المظلوم والضعيف .

يقول حمورابي في مقدمة الدستور الذي وضعة : "لما عهد انو العظيم سيد الالهة وأنليل رب السماء والارض الذي بيدة مصير البلاد ، الى مردوخ بكر أيا، أن يحكم جميع البشر ، وعندما عظماه بين الهة السماء وجعلا اسم

بابل مجيدا شهيرا في جميع الدنيا واسسا فيها مملكة راسخة البنيان رسوخ السماء والارض ، انتدبني آنذاك انو وانليل ، انا حمورابي الامير الكريم عابد الالهة ، لانشر العدل في البلاد واقضي على الشر والغش وامنع القوي من اضطهاد الضعيف ". (1)

ومع ازدياد نشاط الدولة البابلية واتساع رقعتها اصبح من الضروري تنظيم حياة الافراد داخل الدولة ، وتنظيم العلاقة ما بين رأس الدولة والافراد وكذلك ما بين مركز الدولة والاقاليم التي تتبع للدول المكزية في بابل . وبذلك عمل حمورابي على عدة نسخ ووزعها على مختلف المدن الرئيسية لاجل توحيد الانظمة والقوانين ولضمان حقوق جميع الافراد في الدولة البابلية. (2)

يتألف دستور حمورابي من مجموعة من القوانين صنفت ب 44 حقلا ومقسمة الى ثلاثة اجزاء : (3)

الجزء الاول : ويشتمل على المقدمة التي طرح فيها حمورابي الاسباب التي حدت بة الى تقنين الدستور والتي تتلخص بتفويضة من قبل الآلهة ليكم بابل وينشر العدل بين الناس ، ثم يستعرض هذا الملك القابه واعماله الحربية والسلمية وتنتهي المقدمة بالعبارة التالية :

الملك الذي يجعل النور يشرق على بلاد سومر وآكد ، الملك الذي أخضع جهات العالم الاربعة ، محبوب الإلهه عشتار هو انا ، عندما امرني الإله مردوخ ان امنح العدالة لأهل البلاد وان اهيء لهم حكما ، لذلك نشرت الحق والعدل في البلاد لكي يعم الرخاء في ذلك الوقت ..

الجـزء الثـاني : ويشـمل الاحكـام القانونيـة -الجزء الاسـاس في المسـلة – (وقد عالجـت بموادها البالغة -282 مادة قانونية) المواضيع التي يمكن إجمالها بما يلي :

1-قضايا المخالفات والجرائم الخاصة باصول المرافعات ونورد لكم بعض النماذج .

مـادة (3): اذا ادلى رجـل بشـهادة كاذبـة (شـهادة زور) في دعـوى ولم يثبـت صحة قولـة ، فإن كانت تلك الدعوى من الدعاوي الكبرى ، فإن ذلك الرجل يعدم ..

2 -الجرائم الخاصة بالأموال :

المـادة 6 : اذا سرق حاجـة تعـود للإلـه او القصـر– (اي مـن امـوال المعبـد او القصر–) فإن ذلـك الرجـل يعـدم ، ويعـدم كـذلك مـن يسـتلم مـن يـده (اي مـن يـد السـارق) الحاجـة المسروقة.

3 -احكـام خاصة بالاراضي والعقار والبساتين :

مـادة (95) : اذا قطـع رجـل شجرة مـن بسـتان مـن دون موافقـة صـاحب البسـتان ، فعليـة ان يدفع نصف من الفضة (اي يدفع تعويضا يساوي نصف المن) .

4 – المعاملات التجارية وهي تتعلق بالقروض والتعامل مع التجار .

المـادة (103) : اذا قـرض تـاجر بياعـا متجـولا نقـودا مـن اجـل الاشـتغال .. ولكنـه تكبـد خسارة اينما ذهب ، فعلية ان يعيد رأس المال (المقترض) الى التاجر .

5 -الاحوال الشخصية وهي تتعلق بالزواج والطلاق والارث والتبني وغيرها.

المـادة (128) : اذا اتخـذ رجـل (احـدى النسـاء) زوجـة لـه ولم يـدون عقـدها فـلا تعتـبر هـذة المرأة زوجة شرعية (اي عدم الاعتراف بالزواج ان لم يكن مثبتا بموجب عقد مدون)

- اذا مرضـت الزوجـة فللـزوج أن يتـزوج غيرهـا ؛ لكـن لا يحـق لـة طلاقهـا وعليـه أن يقـوم باعالتها مدى الحياة .

6 -قضـايا تتعلـق بالاعتـداءات وبالعوقبـات المترتبـة عليهـا .. حيـث قـام مبـدأ العقوبـات في دستور حمورابي على مبدأ العين بالعين والسن بالسن .

المادة (195) : اذا ضرب ابن اباه ، فعليهم ان يقطعوا يده .

المادة (196) : اذا فقأ رجل عين رجل (آخر) ، فعليهم ان يفقؤوا عينه .

المـادة (219) : اذا اجـرى طبيـب (جـراح) جرحـا عميقـا (عمليـة كـبرى) لعبـد مـولى بمبضـع من البرونز وسبب وفاته فيجب عليه ان يعوض عبدا بعبد.

- اذا أجرى الطبيب عملية كبيرة لرجل وسببت وفاته ، تقطع يد الطبيب.

- اذا جبر الطبيب عظما مكسورا لشخص، او اشفى ورما، فان على المريض ان يدفع له خمس شاقلات من الفضة .

- اذا قام الطبيب البيطري باجراء عملية لثور وتسببت في موته فعليه ان يدفع لصاحبه خمس ثمن الثور .

- اذا شيد بناء منزلا ولم يقم بعمله جيدا ، فأنهار المنزل ونشأ عن ذلك وفاة صاحب المنزل ، فان البناء يعدم، واذا تسبب ذلك في وفاة ابن صاحب المنزل، فانهم يعدمون ابن البناء .

8 - قضايا تتعلق بشؤون الزراعة وتحديد الاسعار والاجور .

المادة (257) : اذا استاجرت رجل راعيا لرعي البقر والغنم ، فعليه ان يعطية ثمانية (كورة) من الحبوب في السنة .

المادة (276) : اذا استأجر رجل سفينة حمل ، فعليه ان يدفع في اليوم (حبتين ونصف) من الفضة .

9 - القضايا المتعلقة بالرق .

المادة (282) : اذا قال عبد لسيده (انت لست سيدي) (اي انكر العبد سيده) وثبت له عبده ، فعلى سيده ان يقطع اذنه ..

الجزء الثالث : وهو الخاتمة. وفيها مجد حمورابي حكمه وعدالته ويدعو فيها الى نشر احكامه بين الاجيال اللاحقة ويطلب من الآلهه انزال اللعنات على كل من يمحو من معالمها ويكتب اسمه عليها وتبدأ الخاتمة بالعبارة التالية :

" هــذة هــي القــوانين العادلــة التــي اصــدرها الملــك القــدير حمــورابي والتــي عــزز بواسطتها القيادة الحكيمة للبلاد انا حمورابي الملك الكامل " .

هــذا الدســتور الــذي كتبــة حمــورابي في العــام 1792 ق . م وغطــى بــه جميــع جوانــب الحياة الانسانية ونظم العلاقة ما بين الحاكم والافراد ، كتب على صخرة بارتفاع 225 سم وقطرها من الاعلى 165 سم ، ومن الاسفل 190 سم .. اما قطرها من الوسط فيبلغ 60 سم . وتم العثور على هذة المسلة في متحف اللوفر في باريس ، ويذكر بأن هذة المسلة قد سرقت من ارض بابل على يد الملك الفارسي العيلامي شتروك - ناخونتي . وحاول هذا الملك وبحقد دفين طمس معالم هذة المسلة ، اذ عمل على محو جزء منها الا انة ارتعب حينما وجد في نصوص هذة المسلة لعنات الآلهه التي سطرها حمورابي وبفعله هذا فقد ازال ما يقارب 28 مادة قانونية .. منها ومن الجدير بالذكر ان الملك شتروك - ناخونتي قام بنقل مسلتين أخريتين هما مسلة الملك الآكدي مانشتوسر (2275 - 2260 ق . م) ومسلة الملك نرام سن(2260 _ 2223 ق . م) من بابل ووضع اسمة عليها . .

تعريف الدستور :

اذن الدستور هو الوثيقة الرئيسية التي تنظم العلاقة ما بين الحاكم والمحكوم وتتضمن هذه الوثيقة مجموعة من القوانين والقواعد العامة التي تسير بها البلاد نحو الافضل، تبعاً لرغبة الجماهير. في الماضي نقشت الدساتير على الحجر على شكل مسلات حجرية لتتناقلها الاجيال فيما بعد، وبعد تطور صناعة الورق كتبت الدساتير على الورق لتصبح في متناول يد

الجميع واصبحت سهلة المعرفة لكل فرد في الدولة. وانطلاق من ذلك يمكن تقسيم الدساتير الى نوعين:

الدساتير المدونة و الغير مدونة:

الدستور المدون: هو الدستور الذي تكتب احكامة عن طريق مشرع وتكتب في وثيقة على شكل قوانين، واعتبر بعض مفكرو السياسة ان الدستور المدون هو الدستور الذي يتوفر في يد كل مواطن وان كان ذلك صعب المنال، الا ان مفهوم ذلك يشير الى تدوين الدستور في وثيقة سهلة التناول للجميع.

عرف الدستور المدون منذ القدم فقد عرف العرب المسلمون الدستور المدون بالقرآن الكريم، وعرف الدستور المدون في الولايات المتحدة الأمريكية عام 1776، ومع انهيار سلطات الملوك في أوروبا وانتهاء عهد القمع والأحكام العرفية انتشرت موجة الدساتير المدونة بين الشعوب إيذانا ببدء مرحلة جديده من الحياة السياسية للشعوب واعلاناً للديمقراطية وحقوق الانسان. وتمثل الدول التي تتمتع بدستور مدون بشفافية التعامل مع المواطن مع حيث تبين للمواطن من حقوق وواجبات تجاه نفسه وتجاه الدولة. اذن الدستور المدون يمثل الصراحة في العلاقة ما بين الحاكم والمحكوم دون اللجوء الى الضبابية والتحايل على القانون، وان كانت بعض الدساتير تتمتع بمكانة مرموقة بين الشعوب وتملك دستور غير مدون لكن ذلك لا يمنع من تدوين الدستور لوضع النقاط على الحروف في العلاقة ما بين الشعب والحاكم.

الدساتير الغير مدونة: هو الدستور الذي لم تكتب احكامة بواسطة المشرع بل اكتسبت احكامه عن طريق العرف واصبح مع مرور الزمن بقوة الدستور لذا يعرف الدستور الغير مدون بالدستور العرفي، خير مثال على الدول التي

تملك دستور غير مدون هو بريطانيا لكن وجود الوثائق المكتوبة مثل وثيقة العهد الاعظم (1215م) وملتمس الحقوق لسنة 1628م ووثيقة مشروع الحقوق لعام 1689م وقانون توارث العرش لعام 1701م وقانون البرلمان لعام 1911م. تعتمد بريطانيا هذه الوثائق كدستور لكنها لم تدون ذلك بشكل كامل بدستور مكتوب ومع ذلك لم يمانع الشعب البريطاني الدستور الغير مدون بسبب الحالة الديمقراطية التي تعيشها بريطانيا مع شعبها رغم سلبيات السياسية الخارجية البريطانية منذ القدم ولغاية الان والتي تعتمد على الاستبداد والبطش تجاه الشعوب الاخرى.[4]

تقسم الدساتير من حيث التعديل الى جامدة ومرنة:

الدستور الجامد: يعرف الدستور الجامد بشروط تعديله حيث يتطلب تعديل الدستور اجراءات معقدة لتعديله مثل الاستفتاء الشعبي او الأغلبية المطلقة في البرلمان. وبذلك يصعب جداً على الدساتير الجامدة التكيف مع الظروف الصعبة في الدولة، عندما يتطلب ذلك تعديل الدستور.

الدستور المرن: يعرف الدستور المرن بالدستور الذي يتم تعديله بإجراءات سهلة وليست معقدة كالدستور الجامد. فقد يتم تعديل الدستور مثلاً بالأغلبية البسيطة في مجلس الشعب ولا يتطلب استفتاء شعبي. لهذا تتميز الدساتير المرنة بالقدرة على التكييف مع الضروف الطارئة في الدولة اكثر من الدساتير الجامدة التي لا تتكيف الا بصعوبة جامدة.

أساليب نشأة الدساتير:

هنالــك أســلوبان لنشــأة الدســاتير غــير الــزمن وهــما مــن امــر البشرــ الاول ديمقراطــي والاخــر غــير ديمقراطــي. امــا الأســلوب الآخــر فهــو أســلوب الأمــر الألهــي الــذي يمــد البشرــ بتعليمات من الله سبحانه وتعالى تمثلت بالقرآن الكريم . وهو دستور المسلمين.

اما الامر البشري وهو على الشكل التالي:

الاسلوب الغير ديمقراطي: ويتم بطريقتين مختلفتين.

المنحــة: اعتــاد الملــوك في القــرون القديمــة والوســطى لغايــة القــرن الثــامن عشرــ عــلى مــنح الشــعب الدســتور وهــم بــذلك يعتقــدون بــأنهم قــد تنــازلوا عــن شيء مــن حقهــم في الحكــم ورغــم ان الدســتور يبقــى في ايــدهم وتحــت تصرــفهم لكــنهم بمجــرد مــا نظمــوا العلاقــة مــا بــين الملك والشــعب اعتــبروا ذلــك تنــازل. وقــد تختلــف المنحــة مــن ملــك الى آخــر فــالبعض يضــطر الى التنــازل عنــدما يوضــع الدســتور للشــعب عــن طريــق الضــغط الشــعبي والــبعض الآخــر يضــع الدســتور مــن تلقــاء نفســة. امثلــه الدســتور الفرنسيــ الصــادر عــام 1814 عقــب هزيمــة نــابليون ورجــوع الملكيــة الى فرنســا والدســتور اليابــاني الصــادر عــام 1889 والدســتور الايطــالي الصــادر عام 1848[5].

ورغــم ان الغــاء المنحــة او عــدم الغاءهــا يعتمــد عــلى طبيعــة النظــام الملــكي، فــاذا كــان مســتبد ومســيطر يســتطيع اســترجاع منحتــه أمــا إذا كــان عكــس ذلــك فــلا يتراجــع أمــام رغبــة الجماهير.

العقــد: وهـي مرحلة الرضا بيـن الطرفين اي عندما تلتقـي وتتوازى القـوة مـا بيـن ارادة الأمــة و اراده الحـاكم، عندما لم يعد الحـاكم يملك كـل شيء فيبـدأ بالتنـازل وهي مرحلة الضعف بالنسبة للحاكم ومرحلة الصعود بالنسبة للإرادة الشعبية[6]. وبذلك يصل الطرفـان الى عمـل مشتـرك ويعد الدستور وليد اتفـاق الطرفين وثمـرة جهـود الشعب في الحصول على بعض حقوقه.

ورغـم ورود طـريقين لنشـأة الدسـاتير بالأسلوب الغيـر ديمقراطـي الا ان الإرادة الشعبية تكـون قد حققت بعض الشيء نحو الحصـول عـلى الاستقلال الشعبي التـام عندما تتحقق الإرادة الكاملة بالأسلوب الديمقراطي.

الأسلوب الـديمقراطي: بعد انتصار الإرادة الشعبية في تحجيم إرادة الملـوك في القـرون الوسطى والحديثـة وخاصة بعد القرن الثامن عشـر قزمت إرادة الملـوك وتأصلت الديمقراطيـة وانتصرت إرادة الأمـة و الشعب. واصبح الحكـام ممثلين فقط للأمـة صاحبة السيادة، واصبح الشعب صاحب الإرادة وحده لـه الحـق في إنشاء الدساتير لان الشعب بنـاء عـلى ذلك يقوم بتفويض السلطات للحكـام وسحب التفويض متى يشـاء[7] وبذلك وجدت البشـرية عصـر جديد مـن الحيـاة السياسية أصبحت إرادة الملوك شكلية رغـم استمراريتها في العديد من البلدان الأوروبية. ويتم ألاسلوب الديمقراطي عبر طريقتين.

أسلوب الجمعية النيابيـة التأسسية: وهـي الجمعيـة التـي يقـوم الشعب بانتخابهـا مـن اجل وضع الدستور، وتمتلك هـذه الجمعية المنتخبـة مـن قبل الشعب صلاحية وضع الدستور بالطريقة التي ترأها مناسبة. تميزت هـذه الطريقة بعد الحرب العالمية الثانية. و خاصـة في ايطاليا عـام 1947[8]. ولعـل هـذة الطريقة وليدة الديمقراطية الحديثـة التـي تجذرت بعد انتهاء عصر الحروب في اوروبا.

أسـلوب الاستفتاء: وهـو ان يـتم اخـذ رأي الشـعب في الموافقـة عـلى الدسـتور حتـى وان وافـق البرلمـان او الحـاكم عـلى الدسـتور واحيلـت عمليـة إقرارة للشـعب يكـون قـرار الشـعب نهـائي بـذلك. وعمليـة الاسـتفتاء الشـعبي عـلى الدسـتور خطـوة إيجابيـة في العمليـة الديمقراطية. أي اقرار سيادة الشعب في حكم نفسه.

طرق إنهاء الدساتير:

الأسـلوب العـادي في إنهـاء الدسـاتير: يـتم الأسـلوب العـادي بإلغـاء الدسـتور بـالطرق الديمقراطيـة مثـل الاسـتفتاء والتصويـت في البرلمـان، كـما ويـتم أيضا عـلى طريـق الحـاكم نفسـه لكن بشرط العقد ما بين الشعب والحاكم.

الاسـلوب الغـير عـادي: ويـتم ذلـك في الغالـب بالأسـلوب الثـوري أي عنـدما يتغـير النظـام الموجـود فجـأة الى نظـام آخـر نتيجـة الثـورة او انقـلاب معـين في الدولـة فيسـقط الدستور تلقائي ويأتي دستور جديد.

المراجع

1 - نخبـة مـن البـاحثين العـراقيين ، حضـارة العـراق ، الجـزء الثـاني ، بغـداد ، دار الحريـة للطباعة ، 1985 ، ص 65 .

2 - نفس المصدر .

3 - زهـير صـادق رضـا الخالـدي ، صـدام حسـين ورجـال الحضـارة في العـراق، الجـزء الثـاني ، الطبعة الاولى ، بغداد ، دار الحرية للطباعة، 1989، ص 79 - 85 .

4- See : Anub Chand Kapur , Select Constitution , Eleventh Edition, New Delhi , S. Chand And Company LTD , 1983

5 - أنظر : د . ابراهيم شيحا، المبادىء الدستورية العامة، بيروت، الدارالجامعية، 1982.

6 -د. محسـن خليـل، الدسـتور اللبنـاني والمبـادىء العامـة للدسـاتير، الطبعـة الاولى ، بـيروت مطبعة عيتاني الجديدة، 1965، ص 17- 18.

7 - د. ابـراهيم شـيحا،و د. محمـد رفعـت عبـد الوهـاب، النـظم السياسـية و القانون الدستوري، الاسكندرية، دار الهدى، 1988، ص 485.

8 - د. محسـن خليـل، النـظم السياسـية والقـانون الدسـتوري، الطبعـة الثانيـة، الاسـكندرية، منشأة المعارف، 1972، ص 535- 536.

الوحدة السابعة

الانظمة السياسية

الأنظمة السياسية

تقسم الأنظمة السياسية في العالم من حيث المبدأ الى ثلاث:

أولاً: النظام البرلماني : ويقوم النظام البرلماني على أساس التعاون والتوازن بين السلطتين التشريعية والتنفيذية لذلك يعمل النظام البرلماني على تساوي كل سلطة كما يقوم النظام البرلماني على عنصرين أساسيين :

1. **ثنائية الجهاز التنفيذي.**
2. **تعاون السلطات**

يتكون الجهاز التنفيذي في النظام البرلماني من طريقتين :

رئيس الدولة: وهو ليس رئيس الوزراء لكنه يقوم على صنع التوازن بين البرلمان والجهاز التنفيذي.

الوزارة : وتتكون من رئيس الوزراء وفريقه الوزاري وبرنامجه الحكومي.

اما مفهوم تعاون السلطات فيقوم على التعاون المتبادل بين السلطتين التشريعية و التنفيذية حيث العلاقة تربط السلطة التشريعية بسلطة التنفيذية وعلاقة التنفيذية بالتشريعية ولا بد من توضيح علاقة السلطة التنفيذية بالسلطة بالتشريعية وهي على الشكل التالي.

1- اعمال خاصة بتكوين البرلمان مثل الدعوة الى الانتخابات.

-2 اعمال انعقاد البرلمان.

-3 العمل مع البرلمان ببعض الوظائف مثل اقتراح القوانين .

-4 الربح بين عضوية البرلمان والسلطة التنفيذية.

-5 حق حل المجلس النيابي.

أما عن علاقة السلطة التشريعية بالسلطة التنفيذية. وهي كما يلي:

1. حق السؤال وهو طلب استفسار عن موضوع معين من الوزير.

2. حق الاستجواب. وهو محاسبة الوزير واستيضاح يتضمن اتهاماً او نقداً وقد يتطور الاستجواب الى طرح الثقة بالوزير او الوزارة كلها.

3. إجراء التحقيق وهو إجراء التحقيق بتصرف اداري معين للحكومة مثل كشف عيوب المشاريع الحكومية وغيرها.

4. حق البرلمان في اختيار رئيس الوزراء.

النظام الرئاسي:

في النظام الرئاسي يكون رئيس الجمهورية هو صاحب السلطة التنفيذية وترجع قوته لكونه منتخب من الشعب لا من البرلمان مما يحقق استقلاله وتدعيم قوتة ازاء البرلمان ويجعله على قدم المساواة مع البرلمان ما دام ان الرئيس والبرلمان يستندوا الى نفس المصدر وهو الشعب.خير مثال على النظام الرئاسي هو الولايات المتحدة الأمريكية حيث يمر انتخاب الرئيس بأربعة مراحل نص الدستور على المرحلتين الاخريتين منهما فقط. وترك

المرحلتين الأولى والثانية للأحزاب. لا ينتخب الرئيس أكثر من مرتين وفي حالة الوفاة او الاستقالة يحل نائب الرئيس محلة حتى تنتهي مدة الرئاسة . أما موت أو استقالة نائب الرئيس فيحل محله رئيس مجلس النواب وتكون مدة الرئيس ونائبه أربع سنوات.

المرحلتان الحزبيتان:

يقوم النظام الحزبي في الولايات المتحدة الأمريكية على أساس الثنائية الحزبية حيث يتصارع على الحكم حزبان أساسيان هما الحزب الجمهوري والحزب الديمقراطي ولا يفرق بين الحزبين اختلاف قاطع في المبادئ التي يعتنقانها او في المصالح الاقتصادية التي يمثلانها ويعملان على حمايتها. فالحزب مخالفة وولاء بين جماعات تربط بينهم مصالح مشتركة ورغبة مشتركة في تولي زمام الحكم. ويقوم كل حزب باختيار مرشحه للرئاسة ومرشحة لنيابة الرئاسة فيجتمع مندوبو كل حزب في مؤتمر عام كي يقوموا باختيار مرشح الحزب للرئاسة ونائبة ولقد تقرر ذلك منذ عام 1830 بعد ان يقع الاختيار على لجنة الحزب. ويتم في هذا المؤتمر تحديد البرنامج الذي يخوض الحزب على اساسة معركة الرئاسة ولذلك يقوم زعماء هذا الحزب بالتنافس فيما بينهم وفي سبيل ذلك يلجأ الزعماء الى ترشيح أنفسهم في انتخابات تجريبية أولية تجري في ولاية أو في ولايات معينة يكون الغرض منها إثبات ما يتمتع به كل منهم من غالبية على غيرة بناء على نتيجة هذه الانتخابات فيتم ترشيح الحزب للمرشح الفائز ويتم استبعاد المنافسين لة على اعتبار انه هذا صاحب الغالبية وحدة فيصبح هو أجدر أفراد الحزب الذي يمكن أن ينافس مرشح الحزب الآخر من انتخابات الرئاسة الذي فاز بأغلبية أصوات حزبية أيضا .

مرحلتا الدستور الانتخابي:

تجري انتخابات الرئاسة كل أربع سنوات وبالتحديد في أول يوم اثنين من شهر نوفمبر تشرين الثاني وفقاً للشروط التي نص عليها الدستور الاتحادي بحيث تقوم كل ولاية باختيار عدداً من المندوبين (بحسب نظامها التشريعي) معادلاً لمجموع عدد الشيوخ والنواب الذين يحق للولاية ان يمثلوها في الكونغرس بشرط ان لا يكون هؤلاء الناخبون من أعضاء مجلس الشيوخ او النواب او ممن يشغلون منصبا يقتضي الثقة او يدر ربحاً تحت سلطه حكومة الولايات المتحدة. ورغم ان الدستور لم يعين أسلوب اختيار المندوبين لكنه أصبح من الأمور الثابتة يتم اختيارهم بواسطة الانتخابات من جميع الولايات فتنتهي بذلك المرحلة الأولى.

ثم تأتي المرحلة الثانية بأن يقوم المندوبون المنتخبون من الولايات بانتخاب الرئيس وذلك عن طريق الاقتراع السري وترسل نتيجة الانتخاب في كل ولاية الى رئيس مجلس الشيوخ ويتم فتح جميع القوائم بحضور أعضاء مجلس الشيوخ والنواب ثم تجري عملية فرز الأصوات والتحقق من صحتها ويفوز بمنصب الرئاسة من ينال أكبر عدد من الأصوات. أما إذا لم ينل أحد المرشحين هذه الأغلبية فيختار مجلس النواب رئيساً من بين ثلاثة من الأشخاص الذين فازوا بأكبر عدد من الاصوات ويكون هذا الاختيار عن طريق الاقتراع السري ، غير ان هذة الحالة قد أصبحت مسألة نظرية بحتة بعد تنظيم انتخاب الرئاسة من الناحية الحزبية.

نظام حكومة الجمعية النيابية: يرتكز هذا النظام على الهيئة النيابية المنتخبة من قبل الشعب وتتمثل بالسلطة التشريعية وهي السلطة العليا في البلاد. بينما السلطة التنفيذية لا تملك سلطة على السلطة التشريعية وبذلك لا تتساوى السلطتان بينما تحتل السلطة التشريعية الصدارة في البلاد.

خصائص نظام الجمعية النيابية: يمتاز نظام الجمعية النيابية بتبعية الهيئة التنفيذية للسلطة التشريعية. وكون الهيئة النيابية تمثل رأي الشعب في الدولة ويحق لها ممارسة جميع شؤون السلطة من تشريعية وتنفيذية، ونظرا لصعوبة ذلك تقوم الهيئة التشريعية بأختيار الهيئة التنفيذية للقيام بدور بديل عنها تمارس بموجبة سياسة الهيئة النيابية المنتخبة وتخضع للرقابة. لذلك تكون السلطة التنفيذية في نظام الجمعية النيابية ممثلة للهيئة النيابية في تصرفاتها وسياساتها ويجوز للهيئة النيابية أن تغير وتعدل اي قرار تصدرة الهيئة التنفيذية اذا ما وجدت بذلك مخالفة لرأي الهيئة النيابية. ظهرت حكومة الجمعية الوطنية في فرنسا لاول مرة، عقب الثورة الفرنسية التي اطاحت بالملكية عام 1792 م واستمر حتى عام 1795 م. وإبان هذة الفترة كانت الجمعية الوطنية تجمع بين يديها اختصاصات السلطتين التشريعية والتنفيذية، وكانت تعهد الى لجان معينة تعمل باعتبارها مندوبة عنها، للجنتين الامن العام والسلام العام، بمهمة تنفيذ اوامرها وتعليماتها، وكان على رأس هذة اللجان مجلس يدعى " المجلس التنفيذي المؤقت، وهو مجلس خاضع للجمعية التأسيسية خضوعا تاما ".

الوحدة الثامنة

التنظيمات السياسية

والرأي العام والإعلام

التنظيمات السياسية

الاحزاب السياسية :في عصر ـ الديمقراطيات وانهيار امبراطوريات الرعب التي كانت تسود الغرب سابقا، اصبحت سمة عامة من سمات اي مجتمع متحضر ـ وواعي العمل بالاحزاب السياسية و الديمقراطية. حيث يعتمد عمل الاحزاب السياسية على مساحة من الديمقراطية المتاحة في الدولة. وتتعدد رؤى الاحزاب من قومية ودينية واشتراكية الى امبريالية وغيرها وتختلف الأحزاب السياسية باختلاف برامجها ووجهات نظرها تجاه العديد من القضايا المطروحة .

تعريف الحزب : مجموعة من الافراد قل عددهم او كثر تجمعهم مبادئ واهداف مشتركة يسعون لتطبيق مبادئهم وافكارهم عن طريق الوصول الى سدة الحكم .

يعرف ادموند بيرك الحزب على انه (مجموعه من الافراد يجمعهم السعي نحو تحقيق المصلحة القومية انطلاقا من مبادئ وافكار معينة توافقوا عليها) .

انواع الأحزاب : تختلف الأحزاب باختلاف مبادئها وافكارها وهناك ثلاثة انواع من الأحزاب :

1)   احزاب المبادئ .

2)   احزاب الافراد .

3) احزاب التكيف .

احـزاب المبـادئ : وهـي الأحزاب التـي تتكون نتيجـة لرغبـات الافـراد في تحقيـق اهـداف ورؤى مشـتركة منبثقـة مـن معانـاة معينـة يسـعى الجميـع الى الوصـول لحـل هـذه المعانـاة سـواء اكانـت اقتصادية او دينيـة او فكريـة . وغالبـا مـا يلجـأ الافـراد الى اسـتخدام القـوة للوصـول الى الحكـم لتطبيـق بـرامجهم وافكـارهم مـن اجـل الوصـول الى الحقيقـة المقنعـة التـي تحـل كافـة مشـاكل المجتمـع وانهائهـا ، لـذا تمتـاز احـزاب البـرامج بالجديـة والشـدة في طـرح موضوعاتهـا وتطبيـق برامجهـا واحيانـا مـا تسـتخدم الثـورة مـن اجـل ذلـك اذا وجـدت خطـورة مـن البعـض تعمـل عـلى تشـتيت افكارهـا وتوبيـخ برامجهـا خدمـة للاعـداء كـما يفتـرض اصحـاب المبـادئ في الحـزب .

تمتـاز احـزاب المبـادئ بعـدة صفـات وهـي كـما يلي :

اولا : التشـدد في تطبيـق برامجـه ولـو كلـف ذلـك ثمنـا باهظـا مـن التضحيـات الماديـة والجسـدية لسـبب بسـيط وهـو ان اصحـاب المبـادئ اصحـاب معانـاة في الاسـاس نتيجـة لاسـتبداد النظـام الحاكـم سـواء اكان ملكيـا او جمهوريـا .

ثانيا : يسـارع الحـزب في تطبيـق مبـادئ وبرامجـه الاقتصاديـة منهـا والسياسـية مـن اجـل اثبـات مصداقيتـه وهـذا مـا يجعـل الحـزب عنصر جـذب عندمـا يتوصـل للحكـم وذلـك نظـرا لمصداقيـة اصحـاب المبـادئ في تطبيـق افكارهـم .

ثالثـا : تمتـاز ايضـا احـزاب المبـادئ بالمصداقيـة والجديـة في التعامـل مـع اعضـاء الحـزب حيـث يجمـع افـراد الحـزب رابطـة قويـة تفـوق في متانتهـا روابـط اخـرى .

رابعا : تمتاز احزاب المبادئ في الغالب بالدكتاتورية الايجابية وهذا ما يفسر نجاح العديد منها حيث تسعى القوى المعارضة للمبادئ وهي قوى الشر في الغالب الى افساد القوى الخيرة لكي تتيح المجال لنفسها من ممارسة اعمال الابتزاز والنهب.

اما احزاب الافراد : وهي تختلف تماما عن احزاب المبادئ حيث يغلب عليها طابع الفردي وتنتهي هذه الاحزاب مع انتهاء الزعيم المؤسس للحزب وفي الغالب يستمد الزعيم مؤسس الحزب نفوذة من قدراته القيادية او مكانته الاجتماعية القائمة على العائلة او القبيلة او الثروة. وغالبا ما تأخذ هذه الأحزاب الجانب المصلحي حيث يسعى الأفراد في الحزب الى تحقيق رغبات فردية مصلحية وانانية من صاحب الحزب المؤسس نظرا لمكانته الاجتماعيه او قدراته الماديه .وفي الغالب تؤول هذه الأحزاب الى الاضمحلال بعدما لايجد المنتسبون المنتفعون فائدة من ذلك بينما يجد مؤسس الحزب نفسه وحيدا او محاطا بعدد قليل من الأفراد وغير قادر على تشكيل الهيكلية الادارية للحزب وهذا النوع من الأحزاب وجد في العديد من الدول التي تدمقرطت حديثا مثل الاردن وبعض الاقطار العربية الاخرى .

أحزاب التكيف: هذا النوع من الأحزاب يمتاز بالتغير والتكيف مع الظروف المحيطة بحيث لم يعد يثبت على برنامج معين بمقدار ما يسعى لتحقيق مصالح فردية للحزب دون الاهتمام بالشعب ويصاحب ذلك التكيف حمله منظمة تسعى لاقناع جمهور الشعب (الناخبين) بمبررات التغيير ، من الأمثلة على ذلك حزب العمال البريطاني برئاسة طوني بلير سابقا الذي يمارس سياسة عدوانية على العراق وافغانستان تتنافى مع متطلبات الحزب التي تهتم بشؤون العمال في بريطانيا اكثرمن الطموحات المقررة التي يدعي

بها القائمين على الحزب وعلى رأسهم طوني بلير .وهنالك أحزاب اخرى كثيرة تغير من برامجها عند وصولها للحكم طمعا في الاستمرارية .

وظائف الأحزاب: تمتاز الأحزاب بشكل عام بعدة وظائف وهي :

أولا: تعمل الأحزاب على زيادة الوعي السياسي لدى الجماهير.

ثانيا : تقوم الأحزاب بالمنافسة على تقديم الحلول للمشاكل المستعصية وذلك لجذب أصوات الناخبين في المراحل الانتخابية المتعددة .

ثالثا: شغل المناصب التشريعية النيابية ثم العمل على تشريع القوانين التي تناسب البرنامج الحزبي .

رابعا: توعية الشعب بالقضايا الرئيسية والمصيرية التي تهم الوطن والمواطن

جماعات الضغط او المصالح :

تعرف جماعات الضغط او المصالح بانها جماعات من الناس تمارس الضغط على الحكومة من اجل تحقيق مصالحها .

انواعها :

اولا: جماعات الضغط السياسية مثل (اللوبيات) او الاروقة وهي جماعات تمارس الضغط على الحكومة من اجل تغيير سياستها تجاه قضية معينة .

امثلة :اللوبي الصهيوني في امريكيا . والمسلمون في الهند.اتحادات الطلبة .

ثانيـا: جماعـات الضـغط شبه السياسية وهـي في الاسـاس جماعـات تسـعى لتحقيـق اهداف اقتصادية لكنهـا تلجأ الى اسـتخدام السياسـة لتحقيـق مطالبهـا مثـل النقابـات ، حيـث الاضراب عـن العمـل يعتبرمن الاعمـال السياسـية ويحقـق مكاسـب اقتصادية مثـل زيـادة الاجـور وتحسين الاوضاع بشكل عام للعمال .

ثالثـا: جماعـات الضـغط ذات الاهـداف الموجهـة بحيـث يكـون لهـا اهـداف موجهـة تسـعى لتحقيقهـا مثـل الجماعـات الرافضـة للأسـلحة النوويـة والجماعـات التـي تحافـظ علـى البيئـة (حزب الخضر) وغيرها كثر .

رابعـا: جماعـات الضـغط الانسـانية وهـي الجماعـات التـي تسـعى للاهـتمام بالحيوانـات وحماية الطفولة والكهولة والجماعات التي تحارب الفقر والبطالة .

اليـة عمـل جماعـات الضـغط او المصالح: تعمـل هـذه الجماعـات علـى تحقيـق أهـدافها مستخدمة عدة طرق:

اولا: التأثيـر في الانتخابـات ، حيـث تسـعى الى التأثير علـى صانـع القرار بعد الوصـول الى الحكـم من اجل تحقيق مطالبها .

ثانيـا: التقـرب مـن الـرأي العـام وهـي بـذلك تخاطـب الجماهـير لكسـب ودهـا وعطفهـا في قضايا معينه .

ثالثا: الاضرابات والاحتجاجات التي تسيرها جماعات المصالح من اجل تحقيق اهدافها .

رابعا: التقـرب والتـودد الى صناع القرار وخاصـة النـواب و الـوزراء مـن اجل تحقيـق مصـالحها عن طريق صناع القرار.

الفرق بين الأحزاب وجماعات الضغط:

اولا: تسعى جماعـات الضغط لتحقيق مصالح افرادها عـن طريـق الضغط عـلى الحكومـة، بينما تسعى الاحزاب للوصول الى الحكم.

ثانيا: جماعـات الضغط تستخدم اسـاليب احيانـا شرعيـة واحيانـا اخـرى غـير شرعيـة، مثـل التـودد وربـما الرشاوي لأصحاب القـرار مـن اجـل تحقيـق مصـالحها، بينما الأحـزاب السياسية تسعى للوصول الى الحكم بالطرق العلنية (الانتخابات) والشرعية.

ثالثا: تتمتـع الأحـزاب السياسية بدقـة التنظيم واشـتراط العضوية، بينما في جماعـات الضغط لا يشـترط ذلـك بـل يلتقـي الاعضـاء في الجماعـة مـن منطلـق المهنـة او المعانـاة او المسـتوى التعليمي والثقافي.

الرأي العام

مقدمة

تعتبر ظاهرة الـرأي العـام ، ظاهرة قديمـة حيـث تبلـورت تلـك الظـاهرة في الـديمقراطيات القديمـة إبـان المصريـين القدامى واليونان ، وبعـد ظهـور الطباعـة الحديثـة في أوروبـا عـلى يـد " جوتبرج " ازداد عـدد القـراء ، ويتبـع ذلـك تنـافس عـلى كسـب الـرأي العـام من خلال الصحف و المجلات .

اشتد التنـافس عـلى الـرأي العـام بـين القوتين العظميـين الاتحـاد السـوفياتي سابقا و الولايات المتحـدة الأمريكيـة ، بعـد الحرب العالميـة الثانيـة كنتيجـة فعليـة للحرب البـاردة التي احتدمت بـين القطبين ، واستمر الإعلام الحديث و المتطور مـن فتـرة إلى أخـرى في نقل الـرأي العـام مـن مسـتوى إلى آخـر متطـور وأكـثر تطـورا نظـرا للمنافسـة الشـديدة بـين قـوى الإعـلام العالميـة التـي كانـت ومازالت تسعـى للهيمنـة عـلى الـرأي العـام العالمي لأسبـاب متعـددة منهـا السياسي أو الاقتصادي أو العسكري .

ولعل أهـم مـا يميـز ظاهرة الـرأي العـام هـو استغلال الأنظمـة الحاكمـة العديـدة لهـذه الظـاهرة مـن أجـل الاستمرار في الحكـم إمـا سـلميا أو عسـكريا عـن طريـق الإقنـاع بواسطة التأثير في الرأي العام .

التعريـف : الـرأي العـام : كمفهوم لتلك الكلمتـان الأولى الـرأي ، وتعنـي تعـدد الأفكـار في رأي واحـد ، وهـو موضـوع الحـوار ، والثانيـة العـام وتعنـي السـواد الأعظـم مـن المجتمـع ، لهـذا يتبلور مقصود الرأي العام ، بمعنى حزم من

الأفكار و الطروحات تنقل للفرد في الدولة عبر وسائل الإعلام المختلفة لتباين رأيه .

لـذا يمكـن تعريـف الـرأي العـام عـلى أسـاس " مجموعـة مـن الأفكـار تحملهـا وسـائل الإعـلام المختلفـة حيـال مواضـيع متعـددة قـد تكـون هدامـه أو بنائـه يسـعى مـن خلالهـا أصحاب تلك الأفكار للسيطرة على السواد الأعظم من الناس من خلال الإقناع " .

يعـرف الفريـد سـوفي الـرأي العـام بأنـه " حكـم وضـمير ،أنـه محكمـة مجـردة طبعـا مـن السلطان القضائي ، غير أنها مهيبة الجانب ، أنه منبر ضمير الأمة".

ويعرفه الدكتور محمد عبد القادر حاتم بقولة " الرأي العام هو الحكم الذي تصل إليه الجماعة ، في قضية ذات اعتبار ما " ويشترط الدكتور حاتم لتحقيق ذلك بعض الشروط أهمها .

- أن يكون هناك مناقشات وافية حول القضايا المطروحة.

- أن تكون القضية مثارة بكل حقائقها عن طريق القادة أو الإعلام والدعاية أو عن طريق الجماعات و الهيئات العامة .

- أن يكون الاتجاه الذي تتخذه الجماعة في هذه القضية يتفق تماما مع المعتقدات العامة للناس مثل العقيدة الدينية أو القومية أو غيرها التي يعتنقها الشعب .

ويعرفه ميكافيللي: على أن الشعب أكثر ذكاء وثباتا وصدقا في إصدار الأحكام من أي أمير . . . ويستطيع الرأي العام أن ينبئ جيدا لما سيحدث وكأنه يملك في ذلك

صفه موروثة في التعرف على أسباب السعادة و الألم ، وكما يستطيع الفصل التام بين الحقائق و الظواهر المزيفة .

لذا يتضح من التعريفات السابقة بأن هناك اختلاف في وجهات النظر حيال تعريف الرأي العام ، إلا أنه يجب أن لا يغيب عن الذهن بأن عناصر الرأي العام هم ثلاث :

1 ـ اتجاه .

2 ـ جماعة .

3 ـ قضية .

و بذاك يجب أن تسود هذه العناصر في أي تعريف للرأي العام وبغض النظر عن ألية الطرح للتعريف .

تكوينه : يتكون الرأي العام للفرد نتيجة للعوامل التالية :ـ

التنشئة : تتبلور التنشئة بدور العائلة في تنشئة الطفل و توعيته ، لهذا تلعب العائلة دوراً أساسياً في التأثير في شخصية الطفل و خلق الإبداع لديه ، عن طريق رسم شخصيته ، فمقدار ما تكون العائلة مترابطة و متماسكة بمجموعة من الأفكار والعادات والتقاليد ، يخرج الطفل متمسك وملتزم بتلك العادات و التقاليد . لذا ينشأ الطفل ضمن توازن معين ، بينما الطفل الذي ينشأ في عائلة مفككة و غير مترابطة تختلف نشأته تماما عن الآخرين الذين ينشؤون في جو أسري منظم . وهكذا هي بدايات التنشئة الأسرية كمرحلة أولا ، بينما تأتي المدرسة في المرحلة الثانية من التنشئة، وهنا تعتمد التنشئة على نوعية المدرسة. ففي الأنظمة التي تمتاز بأيديولوجيات معينة قد تجبر الطالب على تعلمها أو تؤثر به قدر الممكن.

الحكومات ذات الأفكار القومية تطرح مناهج ذات أبعاد قومية في المدرسة أما الحكومات ذات الأفكار الدينية تطرح أفكارها في المدرسة عن طريق المناهج ، بحيث يتأثر الطالب بذلك ، ويأخذ بعدها البعد الديني منهجا أساسيا في حياته بينما الأنظمة ذات الأيديولوجيات العلمانية أو التطرفية ، تنشأ أطفال ينهجون منهج تطرفي أو علماني لا يعترف بالدين . وبهذا تشكل المدرسة جوهر العملية التعليمية للطفل ابتداء من المقاعد الأولى للدراسة حتى التخرج .

ومن هنا تجد غالبا الرأي العام في المدرسة ينسجم مع رأي الحكومة المسيطرة تماما على الحكم . مما يعني الانسجام المحتوم للفرد في المدرسة حيث تثقف كل دولة أبنائها حسب أفكارها ومبادئها السياسية والدينية .

ويأتي دور المؤسسات الدينية كالمساجد والكنيسة والمعبد كمؤسسات مؤثرة تماما في تكوين شخصية الفرد، حيث يدعو رجال الدين الإنسان إلى إطاعة الخالق و التقرب إليه عن طريق التعبد و العبادة . وقد نجد اختلافا في المفاهيم الدينية، فالإسلام له طرح والمسيحية لها طرح و البوذية او الهندوسية لها طروحات وكل دين يحاول استقطاب جماعات اكثر عن طريق الحجة و البرهان والإقناع وبهذا يتحتم على الفرد أن يؤثر على الرأي العام بمفهومه الديني ، ونجد ذلك واضحا في بدايات الدعوة الإسلامية عندما اخذ المسلمون من المسجد مكانا للتعبد و التعلم وكبنية أساسية لبناء الرأي العام لدى العرب المسلمون الأوائل .

ويأتي دور الزمرة أو الشلة ، كحالة انفتاحية للفرد بعد الخروج من نطاق الأسرة، وقد توجد الزمرة في المدرسة أو الجامعة أو الأندية ويشكل محيط الزمرة نوعا متميزا من الحرية للفرد دون قيد أو إكراه للتعلم و التأثير ببعضهم البعض في الوقت الذي يواجه به الفرد ممنوعات في الأسرة هذا من جانب ، أما على الجانب الآخر يجد ذلك مباح ومتوفر بين الزمرة دون قيود وبذات الزمرة التي لا تأخذ البعد الرسمي.

وهكذا قد ينشأ الفرد موجها سياسيا بسبب ارتباطه بزمرة معينة ذات بعد رسمي عن طريق حزب معين ، أو فوضويا إرهابيا عن طريق ارتباطه برفاق السوء من خلال زمرة العصابات . وبهذا تجد تأثير الفرد في الرأي العام ينبع من فكره الأولي الذي اقتنع به عن طريق المؤسسة أو المدرسة أو الزمرة التي أثرت به كثيرا .

الثقافة : يمكن تعريف الثقافة بأنها فن وعلم وذوق وأخلاق ، يحصل عليها الفرد في المجتمع من خلال الارتباط المنسجم مع المفاهيم المكونة لمفهوم الثقافة ، انطلاقا من مرحلة الولادة للطفل وحتى مرحلة النهاية ، حيث يولد الطفل في وسط مليء بأفكار وعادات وتقاليد معينة ، تتلقفه هذه التقاليد منذ البداية ، فينشأ عليها هذا ما يؤكده جون ديوي بقوله " لا نستطيع فهم أي عمل أنساني إلا باستقرار تاريخه " . وهكذا لا يمكن إنكار ثقافة شعب على حساب ثقافة شعب آخر ، بسبب الارتباط المحتوم لهم بقيم وثوابت معينة ، فالمسلم مرتبط بثقافة إسلامية مؤثرة في الرأي العام الإسلامي، و المسيحي مرتبط بثقافة مسيحية مؤثرة في الرأي العام المسيحي ، وهكذا الهندوسي والبوذي واليهودي . . . الخ .

لذا فتأثير الثقافة واضح على الرأي العام لا نستطيع إنكار ذلك ، حيث أن دراسة أي مجتمع تنبع من دراسة ثقافته الدينية ، أو التقاليدية أو العاداتيه ومدى أبعادها في الرأي العام من هنا يقول صادق الأسود: " أن تأثير الوسط الاجتماعي على الفرد واقعة لا سبيل إلى دحضها في المجتمع" .

وسائل الإعلام: لا شك تلعب وسائل الإعلام المتعددة دوراً هاماً وفعالاً في تشكيل الرأي العام وتكوينه عند الفرد في المجتمع، (التلفزيون، الإنترنت، السينما، الراديو، الصحف و المجلات)، مما يوفر كماً هائلاً من المعلومات للفرد تؤثر في عواطفه وسلوكه، فالبرامج التلفزيونية التي تبث في محطات معينة سواء كانت حزبية أو سياسية أو اقتصادية ، أو اجتماعية ، لا بد أن تؤثر بشكل أو بآخر في سلوك الفرد أو

انعكاس على الرأي العام ، فمشاهدة الأفلام الأمريكية و دور المؤسسة العسكرية الأمريكية في فيتنام وطريقة القتل الهمجي الجماعي التي تعرض لها الفيتناميون ، تلهب الرأي العام الفيتنامي و تعمل على تعبئته بالحقد على أمريكا ، بينما استمرارية حالة القتل الأمريكي اليومي في العراق تشرح أساس الاعتداء الأمريكي و محاولة إخضاع العراق للهيمنة الأمريكية، واستمرار مسلسل القصف الصهيوني لجنوب لبنان تبرز الوجه الحقيقي للصهيونية وترسم صورة واضحة في ذهن المواطن اللبناني أولا والعربي ثانيا والمسلم ثالثا عن مدى الحقد والكراهية الذي تبديه الصهيونية ، ولقد أصبحت هذه المشاهدات شبه يومية في عراقنا الحبيب ولبنانا المفدى عبر وسائل الأعلام المختلفة ، مما يرسم صورة واضحة للرأي العام العربي وساعدت وسائل الأعلام المتعددة في تكوينه.

الحوادث و الأزمات : تؤثر الحوادث والأزمات في تكوين الرأي العام في المجتمع ، تبعا لنوعية الحادث أو الأزمة ، أو الكارثة ، فالحروب و الانقلابات و الثورات تؤثر غالبا وتترك الأثر الكبير في نفوس الأفراد في الدولة ، وأما الأزمات الاقتصادية و المالية وما لها من انعكاسات سلبية على الفرد ، تعكس الصورة في الرأي العام ، إن انعكاس مرآة الحرب الأهلية اللبنانية على الرأي العام خلال فترة الحرب وتركت أثراً واضحاً في نفوس أجيال الحرب الأهلية ، وبالذات الأطفال الذين ولدوا في فترة الحرب و عاشوا وتعايشوا معها ، لهذا سادت صورة المعركة في أذهان الأطفال منذ البدايات ، لكنها ليست بسهولة أن تذهب ، وإن انتهت المعركة لكن ذكرياتها و أثارها لم تزل موجودة في الرأي العام للمواطن .

الأحزاب: انطلاقا من المفهوم الحزبي الذي يسعى لإقناع الأفراد بمبادئ وأفكار الحزب ، عن طريق قوة الإقناع من أجل إكثار أعداد الأفراد في الحزب ، عن طريق البرامج والمبادئ التي يطرحها الحزب لذا لابد من التأثير في الرأي العام من أجل

إنجاح المسيرة الحزبية ومن هنا يعد الحزب كإحدى أدوات تكوين الرأي العام ، والذي من خلاله يسعى الحزب للوصول إلى الحكم . ويمكن تحميل نفسه الآلية التي يسعى من خلالها الحزب ، تعمل جماعات الضغط في التأثير في الرأي من أجل الحصول على المطالب الأساسية لهم ، وإن اختلف تعريف الحزب عن الجماعات إلا إن آلية التأثير في الرأي العام واحدة في كلتا الحالتين. والتي تتمثل بتشعب الرأي العام الشعبي .

الحكومة : تسعى أي حكومة بغض النظر عن شكلها ، سواءاً أكانت ديمقراطية أو دكتاتورية في التأثير في الرأي العام ، فالحكومة دائما تسعى للتأثير في اتجاه واحد ، أي التأثير في الشعب بواسطة الرأي العام عن طريق وسائل الأعلام والاجتماعات و الاتصالات الشخصية المختلفة بغض النظر عن التأثير السلبي أو الإيجابي .

أنواع الرأي العام:

يمكن تقسيم الرأي العام إلى عدة أنواع :

الرأي العام (المنساق): و يقصد به رأي السواد الأعظم من المجتمع الذي تمليه الدولة عبر وسائل أعلامها المختلفة ، خاصة عندما تكون الدولة هي المسيطر على وسائل الأعلام في ظل وجود نظام دكتاتوري ، تقدم به الفرص لحرية الأعلام للرد على سلبيات وممارسات النظام الخاطئة .

الرأي العام المستنير : ويمثل هذا النوع من الرأي العام مجموعة قليلة من المجتمع، مدركة لحقيقة الأمور لا تتأثر كثيرا بوسائل الأعلام الخافية للحقيقة، بل تسعى لتوضيح الصورة الحقيقية للمواطن عبر وسائلها المختلفة وتختلف نسبة هذا الرأي في كل مجتمع وذلك حسباً لنوع الديمقراطية الموجودة .

الرأي العام الوطني : ويمثل رأي أغلبية سكان الدولة ، حيال قضية معينة حيث تكون محل للنقاش و الحوار ، وقد يكون منقاد أو مستند ، حسب نوع الحرية و الأعلام المتوفر في الدولة .

الرأي العام القومي : وعادة يمثل هموم و شجون عدة دول يتمتعون بلغة واحدة و تربطهم عادات و تقاليد واحدة و دين واحد غالبا ، كهم الأمة العربية حيث يغلب هم الوحدة العربية على نفسية كل عربي في كل الأقطار و تجد الحديث عن قضايا الأمة و مصيرها على لسان كل عربي ، لذا تجد الرأي العام القومي العربي يميل نحو الوحدة.

رأي عام الأمة : كما هو الحال في الأمة الإسلامية بمختلف أقطارها تجد الرأي العام السائد هو الطابع الإسلامي و الحديث عن المقدسات الإسلامية المحتلة ، و أوضاع المسلمين المستضعفين في العالم الإسلامي، هو التفكير السائد لدى السواد الأعظم من المسلمين ، عدا عن الحديث عن الوحدة الإسلامية ، وغيرها من الهموم المشتركة كأمة ذات دين واحد . ما ينطبق على الأمة الإسلامية ينطبق على الأمم الأخرى ذات الدين الواحد و العرف الواحد . كالأمة العربية أو الأفريقية أو الصينية .

الرأي العام الإقليمي : وهو رأي السواد الأعظم لسكان إقليم معين في منطقة جغرافية معينة كرابطة شعوب جنوب و شرق آسيا (آسيان) ورابطة دول جنوب آسيا للتعاون الإقليمي (SAARC) ورابطة دول تجمع المحيط الهندي حيث يسود هم مشترك لهذه الشعوب بغض النظر عن الاختلافات في اللغة أو الدين أو العرق ، بينما يربطهم البعد الجغرافي والهم الاستراتيجي أو الأمني أو الاقتصادي

الرأي العام العالمي : ويعني كل تعبير عن وجهة نظر معينة تتعدى حدود الدولة أو الأمة أو الإقليم تهم العالم بأجمع ، يسعى جميع الناس في العالم لإيجاد حل لهذا التفكير كالتلوث البيئي مثلا ، الأوزون ، الإشعاعات النووية الزلازل و الكوارث البيئية المختلفة الخارجة أحيانا عن إرادة وتفكير الشعوب غالبا . لذا فالمظاهرات التي تجتاح العديد من الدول العالم ، بغض النظر عن اختلاف المواقف السياسية لهذه الدول، تجعل من الشعوب أو القادة يفكرون بطريقة واحدة للتخلص من هذه الكارثة أو المشكلة كمشكلة المخدرات مثلا .

أهداف الرأي العام و أهميته

يهدف الرأي العام إلى إيصال صوت الجماهير إلى الطبقة الحاكمة من أجل التأثير في القرارات التي تتناسب مع الرأي العام للمواطن وبالتالي تصبح القضايا المتوترة في متناول الحل . من هنا تأتي أهمية الرأي العام فمقدار ما يكون الرأي العام منسجم ، موحد بمقدار ما يكون النتائج الموحاة إيجابية و العكس صحيح . ومن هنا تنبع أهمية الرأي العام . بينما تنبع أهمية الرأي العام من ما يلي :

أولا : التغيرات الديمقراطية التي جاءت بعد الثورة الفرنسية في أوروبا زادت من أهمية الرأي العام للتأثير في الجماهير .

ثانيا : التغيرات الاقتصادية وسوق المنافسة بين الاقتصاديات المختلفة زادت من أهمية الرأي العام بسبب الاستهلاك الجماهيري المتزايد على المواد الاستهلاكية ، مما يتطلب قوة أعلام ودعاية منظمة بسبب المنافسة الجادة بين الشركات المنتجة .

ثالثا : التغيرات التعليمية وسهولة انتشار التعليم ، تطلب التأثير في الرأي العام لجعل الثقافة و العلم بيد الجميع وخير مثال على ذلك دخول شبكات الإنترنت ، وبرامج

الحاسوب المتعددة ، مما يجعل المنافسة على الرأي العام و الوصول إليه ليس بالصعب ، بسبب هذه التطورات العالمية المذهلة .

رابعا : كما تنبع أهمية الرأي العام لدعم و تنشيط السياسة العامة للدولة خاصة عند وقوع الحروب ، من أجل مساهمة عامة الشعب في الحرب والوقوف خلف الدولة والنظام ، ليس ذلك فقط بل أيضا تتمثل وقت السلم حيث يحتاج النظام عادة إلى الشعب لإنجاز برامج و سياسات الحكومة ، خاصة إذا كانت الحكومة تابعة لحزب حاكم معين ومنافس له آخر في ظل الديمقراطية ،

وبمقدار ما يكون النظام بعيدا عن الرأي العام بمقدار ما تكون السياسات سلبية وغير ناجحة وذلك هو كثرة الحروب في فترة الحرب العالمية الثانية و قبلها ، حيث كانت تعتمد الحكومة إلى إخفاء سياساتها واتفاقياتها عن الشعب وعدم إشراك الشعوب في القرارات المصيرية .

ومن هنا تنبع أهمية اطلاع الشعوب على سياسات الدولة الخارجية و الداخلية خيرا من التورط في الحروب ، و إدخال الدولة في توترات جانبية مع جيرانها .

خصائصه: يمتاز الرأي العام بعدة خصائص يمكن إيجازها بما يلي :

1- **التقلب:** ظاهرة التقلب في الرأي العام ظاهرة واقعية وحقيقية ، ولو أصبح الرأي العام حالة ثابتة لانعدام التغير في المجتمعات سواء أكان التغير في المجال السياسي أو المجال الاقتصادي أم الاجتماعي بهذا يغلب على المجتمعات طبيعة التغير نظرا لمتطلبات الحياة ونادرا ما يستقر رأي الشعب على حالة معينة فمثلا تجد الحديث في فصل الصيف يغلب عليه طابع الحرارة و ارتفاع الرطوبة وهكذا، يتذكر الناس جمال الشتاء، وفي الشتاء يحن المجتمع للصيف ، وهكذا نجد بأن الرأي العام للمجتمع يتغير مع تغير الطقس، نفس الحال تطبق على الحاكم، فنادرا ما يستمر الرأي العام للمجتمع في حالة ثبات ، وبمقدار ما تتغير حالة

الحاكم السياسية بمقدار ما يتغير رأي الشعب حيال ذلك. وبنفس الحال يطبق على الاقتصاد ففي حالة الانتقال من النظام الاشتراكي إلى النظام الاقتصادي و الحر (الرأسمالي) يجدي الحديث في الوسط الاجتماعي عن الحالات الإيجابية ابان النظام الاشتراكي و الحنين له ، والعكس صحيح .

وبهذا امتاز الرأي العام بحال التقلب نظرا للعوامل المؤثرة في المجتمع سواء أكانت اقتصادية أم سياسية أواجتماعية خارجية أم داخلية.

2 ـ **التبرير:** يقصد به تعليل السلوك الإنساني بأسباب منطقية يقبل عليها المجتمع بقناعة منطقية . ومن هنا يتبلور التبرير لسلوك معين قد يكون فردا عندما يقرر الحاكم الدخول في المعركة أو في السلام كحالة تصرف فردي يعمل بموجب ذلك الحاكم إلى تبيان أسباب دخول المعركة أو السلام و محاولة إظهار المبررات الكافية لإقناع الناس بذلك ودعوتهم لتغير سلوكهم تجاه هذا القرار و بالتالي التأثير في الرأي العام الشعبي للوقوف خلف هذا الحاكم .

هذا من جانب أما على الجانب الآخر ، الرأي العام نفسه فيتبلور بتعليل سلوك المجتمع السلبي أحيانا و إرجاع ذلك إلى العادات و التقاليد الموروثة ، كحالة بعض العادات و التقاليد في المجتمعات الغير مقنعة للفرد نفسه في المجتمع إلا أن الإنسان يستمر بممارسة هذه العادات و التقاليد مبررا ذلك بكونها أعرافا لا يستطيع أن يستغني عنها كونها موروثة .

3 ـ **الإسقاط :** ويقصد به إسقاط العيوب على الآخر من أجل تحقيق مآرب ذاتية للفرد أو الدولة عن طريق كسب الرأي العام المحلي أو العالمي حيال قضية معينة. في العام 1990 ادعت أمريكيا بأن العراق يسعى للسيطرة على النفط العربي، حشدت أمريكيا بموجب ذلك معظم دول العالم تحت شعار الأمم المتحدة لضرب

العراق، خوفا من تهديد اقتصاديات دول العالم ، ولكنها في الحقيقة هي التي تريد السيطرة على النفط . والكيان الصهيوني الذي يدعي دائما بأن العرب يسعون لتدميره و شطبه من الوجود ، يقصد به إسقاط مشاعرها على الآخرين من أجل استقطاب مشاعر الرأي العام العالمي لكسب التأييد والوقوف ضد العرب في صراعها معهم .

4-**التعويض:** ويقصد به تعويض المجتمع عن حالة نقص محدودة كحجم الدولة ودورها في المجتمع الدولي و البحث عن صفات أخرى كالتاريخ و الحضارة أو تعويض الدولة عن نقصها الحضاري التاريخي بإظهار صفات معينة أخرى لتجعل منها عادات و تقاليد دارجة في المجتمع و محاولة نشرها في المجتمعات الأخرى ، كالغزو الثقافي الأمريكي المتمثل في المطاعم السريعة ، و الجينز وغيرها من ثقافات تسعى أمريكيا لتعويض نقصها الحضاري وذلك لحداثة عمرها الحضاري ، مقارنة مع أمم أخرى كالصين و الهند و العرب مثلا . ومن هنا نجد بأن التعويض صفة يتبناها الرأي العام ويقصد بها تعويض حالة بحالة أخرى من أجل تعويض الناقص أو المعدوم .

5 ـ **الإبدال**: يقصد به إبدال حالة معينة يعيشها المجتمع لا يستطيع أن يعلن موقفه منها، بحالة أخرى ممكن التعبير بواسطتها عن حالة الغضب التي تسود المجتمع، فمثلا قد يضطر المجتمع إلى الخروج للشارع و ممارسة حالات من العنف تحت شعار رفع أسعار السلع الاستهلاكية ، لكن الحقيقة تكون كره الشعب لتصرفات الحاكم ورغباتهم في استبداله لكن طبيعة الحكم الاستبدادي، قد تمنع الرأي العام الشعبي من الحديث عن هذا المطلب .

الاعلام

يمكـن تعريـف الاعـلام عـلى انـة الآليـة التـي يـتم بهـا اعـلام النـاس بـأمور تهـم حيـاتهم اليومية عـبر وسـائل الاعـلام المتعـددة مـن اجـل اطـلاع وتثقيـف ابنـاء المجتمـع بهـذة المعلومـات لبناء الرأي العام الشعبي حيال العديد من القضايا التي تهم العامة.

عرفـة العلامـة الالمـاني اوتـوجروت " الاعـلام عـلى انـة التعبـير الموضـوعي لعقليـة الجماهـير ولروحهـا وميولهـا واتجاهاتهـا في نفـس الوقـت". يمثـل الاعـلام التعبـير الحقيقـي القـائم عـلى الارقـام والاخبـار ومـن هنـا يتوجـب عـلى الاعـلام الصـادق ان يبنـي الرسـالة الاعلاميـة عـلى اسـاس الدقـة والحـذر والارقـام الحقيقيـة ويبتعـد عـن الاهـواء الشخصـية مـن اجـل الالتقـاء مـع ميـول ورغبـات الجماهـير. لـذا فـأن الاعـلام لا يمثـل تعبـيرا ذاتيـا مـن جانـب المحـرر أو المـذيع او القـائم عـلى الاعـلام بـل هـو الحقيقـي الناقـل للموضـوع الاعلامـي بأمانـة الى الجماهير.

ويعرفـه سـمير حسـين: بأنـه كافـة اوجـة النشـاط الاتصـالية التـي تسـتهدف تزويـد الجمهـور بكافـة الحقـائق والاخبـار الصـحيحة والمعلومـات السـليمة عـن القضـايا والمعلومـات والمشـكلات ومجريـات الامـور بطريقـة موضـوعية وبـدون تحريـف، ربمـا يـؤدي الى خلـق أكـبر درجـة ممكنـة مـن المعرفـة والـوعي والادراك والاحاطـة الشـاملة لـدى فئـات جمهـور المتلقـين للـمادة الاعلاميـة بكافـة الحقـائق والمعلومـات الموضـوعية الصـحيحة، عـن هـذة القضـايا والموضـوعات وبمـا يهـم في تنـوير الـرأي العـام وتكـوين الـرأي الصـائب لـدى الجمهـور في الوقائع والموضوعات والمشكلات المثارة والمطروحة.

ومنذ ان وجدت البشرية وهي بحاجة الى اعلام، بسبب انتقال البشرية من مجتمع الاسرة والقبيلة الى مجتمع القرية والمدينة ومن ثم الدولة. مما توجب الحاجة الى اعلام في العصور الحديثة أضعاف ما كانت علية في العصور القديمة والوسطى. وذلك بسبب التطور الصناعي الهائل والمنافسة الاعلامية في ميادين السياسة والاقتصاد والصناعة وغيرها من مجالات الحياة المتعددة اليومية.

أهمية الاعلام:

تنبع اهمية الاعلام من كونة الآلية الاساسية التي تربط بني البشر مع بعضهم البعض، وبهذا التطور السريع للعلم دآب بني البشر على الاتصال مع بعضهم بوسائل الاعلام المختلفة وفي ظل المنافسة الدولية بين القوى، بسبب المصالح الاقتصادية والسياسية والاجتماعية والدينية، عملت الدول وأصحاب المصالح على تسخير الاعلام لخدمة اهدافها، ومن هنا نجد بأن الاعلام بمختلف وسائلة لا يمكننا الاستغناء عنة لانة يمثل لنا في ظل هذة التطورات المتلاحقة سواء في مجال الاقتصاد او السياسة الشريان الوحيد الذي يغذي البشر بأخبارهم الطيبة والسيئة، وعلينا ان لا نتجاهل الاعلام والتميز بين الاعلام السيء والاعلام المستنير الذي ينقل الحقيقة دون الالتفاف الى الاهواء الفردية او الجماعية السلبية.

وبهذا لا يمكننا ان نتصور مجتمع معين يعيش دون اعلام، حيث يستحيل علية ان يواكب التقدم والتطور العلمي المتسارع ويبقى منعزلا عن الاخرين. ومن هذا المنطلق لا يمكن لقضية ما ان تتعزز ثوابتها في نفوس الافراد والاطلاع عليها والوقوف على مجريات الاحداث دون وجود اعلام.

وبـذلك عملـت الجماعـات المنبـوذة في المجتمعـات الدوليـة التركيـز عـلى الاعـلام بمختلـف وسـائلة مـن اجـل اطـلاع الاخـرين عـلى صـورتهم الايجابيـة وأبعـاد الشـبهات عـنهم، وهـذا مـا فعلـة الصـهيونية العالميـة في مرحلـة مـا بعـد الحـرب العالميـة الاولى. حيـنما كـان يعـيش اليهـود في اوروبـا بحالـة سـيئة بسـبب نظـرة المسـيحيين لهـم كمجـرمين وقتلـة بسـبب اتهـامهم بقتـل المسـيح عليـة السـلام وبـث الفسـاد والدسـائس بـين بنـي البشر، وسـخرت الصـهيونية اموالهـا لخدمة أطماعها الاجرامية للحصول على وطن ولم شتاتهم.

ومـن هـذا المنطلـق نـرى اهميـة توجيـة الاعـلام العـربي نحـو الغـرب والـرد عـلى ادعـاءات اليهـود المزيفـة في فلسـطين واقنـاع الـرأي العـام الغـربي بحقيقـة اليهـود في الغـرب قبـل بـدء المعركة على ارض فلسطين المحتلة.

وسائل الاعلام: تنقسم وسائل الاعلام الى خمسة اقسام:

الوسـائل المقـروءة وتتمثـل بمـا يـلي: الصـحافة ووكـالات الانبـاء والكتـب والنشرات والملصـقات والجرائـد والمطبوعـات بأشـكالها. ويمكـن أضـافة البريـد الاليكـتروني عـبر الشـبكة الدوليـة بالإضافة الى جهاز الخلوي في ظل تطور وسائل الاتصالات السريع.

الوسائل البصرية وتتمثل بما يلي: الفنون والناسوخ (الفاكس).

الوسـائل السـمعية - البصريـة وتتمثـل بمـا يـلي: الاذاعـة المرئيـة (التلفزيـون) والمسرح والخيالة (السينما) الحاسوب والشبكة الدولية.

الوسائل الشخصية وتتمثل بما يلي: المقابلة والمحادثة.

الوسائل الشفهية وتتمثل بما يلي: الخطابة والمحاضرة والاذاعة والهاتف.

الوحدة التاسعة

السياسة الخارجية

والعلاقات الدولية في الإسلام

تعريف السياسة الخارجية

تعتبر السياسـة الخارجيـة هـي العجلـة التـي تعمـل مـن خلالهـا العمليـة الدوليـة فهـي مظهـر الدولـة ورمـز قوتهـا وانعكـاس لصورتها في المجتمـع الـدولي ، وكلمـا ازدادت اسـتقلالية السياسـة الخارجيـة للدولـة كلمـا ازدادت هيبتهـا أمـام الـدول ، وتعتبر السياسـة الخارجيـة هـي الأداة واليـد الطويلـة التـي ترسـم مـن خلالهـا السياسـة الدوليـة لدولـة مـا ، فكلمـا نشـطت السياسـة الخارجيـة لدولـة مـا عبـر ممثليهـا خـارج الوطـن كلمـا اتسـعت السياسـة الدوليـة لتلـك الدولـة وازدهـرت لتأخـذ حيـزا واسـعا في المجتمـع الـدولي, لـذا يتوجـب علـى كـل دولـة أن تتبنـى نمطـاً معينـاً مـن السياسـة الخارجيـة مـن أجـل أن تـتمكن مـن إدارة شـؤونها الخارجيـة مـع الـدول الأخـرى وتعمـل في الوقـت ذاتـه لتـدعيم مصلحتها الوطنيـة مـن خـلال التـأثير أو السـيطرة علـى السـلوك الخارجـي للـدول الأخـرى , ومـن هـذا المنطلـق نجـد العديـد مـن المفكـرين والكتـاب يسـتخدمون مصطلح السياسـة الدوليـة كبـديل للعلاقات الدوليـة ، لاعتقـادهم بـأن القـوة هـي المنفـذ الرئيسي ـ للظـواهر الدوليـة ، وأن العلاقـات السياسـية للـدول هـي الأهم والأجدى.

ومن هنا نجد بأن السياسة الدولية هي التي تمثل البعد السياسي للدول، بينما العلاقات الدولية عادة تأخذ البعد التجاري و الاقتصادي والاجتماعي والثقافي . لذا تجد هناك العديد من الدول تتمتع بعلاقات دولية جيدة تتمثل بالعلاقات التجارية والثقافية بينما على الصعيد الآخر من العلاقات السياسية لتلك الدول تجدها بمستوى دون الجيد وذلك لاختلافهما حيال قضية معينة أو تطابق بوجهات نظر تجاه قضية معينة أخرى لدى الأمم المتحدة ، حيث يصوت كل منهما ضد الآخر . وهنا لا نستطيع

أن ننكر بأن الموقف السياسي أو السياسة الخارجية لدولة ما تجاه دولة أخرى غالباً ما يؤثر على العلاقات الدولية لكل منهما ولكن الحاجة إذا ما اقترنت وكانت هناك فائدة لكلا الدولتين من عدم قطع العلاقات التجارية بينهما ، تبقى العلاقات الدولية جيدة بينما تسوء السياسة الدولية بينهما، وقد يتمثل ذلك بسحب السفراء أو بتخفيض عدد الدبلوماسيين ما بين البلدين .

وفي زماننـا المعـاصر هـذا لا يمكـن لأيـة دولـة أن تتجنـب الارتبـاط عـلى الصـعيد الـدولي إذ يتوجـب أن يكـون هـذا الارتبـاط اتسـاقياً ومسـتنداً إلى بعـض المبـادئ الواضـحة المعـالم ذلـك أن مبـادئ الدولـة وأهـدافها يجـب أن تـنعكس في سياسـتها الخارجيـة . وبسـبب الثـورة التـي تنشـأ في عـالم النقـل والاتصـالات، أصـبحت هـذه العلاقـات أكـثر وثاقـا وتواصـلاً عـما كانـت عليـه قبـل نصـف قـرن مضى- كـما يجـوز لنـا القـول بـأن هنـاك اتصـالات ومواجهـات وخلافـات تفـوق مـا كـان عليـه الحـال سـابقاً. فعـلى كـل دولـة أن تهـتم بـالمواقف التـي تتخـذها الـدول الأخـرى، لـيس اتجاههـا هـي فحسـب وإنمـا بـين دولـة وأخـرى أيضـاً. وبالفعـل فـإن تعاقـد السياسـة الخارجيـة ينشـأ عـن تفاعـل رغبـات الـدول التـي تشـكل المجتمـع الـدولي سـعياً إلى تحقيـق مصـالحها الوطنيـة، ومـا يتصـل بـذلك مـن موقـف تجـاه القضـايا الدوليـة التـي تـرتبط جميعـاً بصـورة مبـاشرة أو غـير مبـاشرة بقضـايا السـلم والحـرب. ومـن البـديهي أن نقـول بـأن إقامـة علاقـات تعـاون وديـة بـين الـدول هـو هـدف كـل سياسـة خارجيـة صـائبة، والمهمـة كـما أشرنـا آنفـاً في غايـة الصـعوبة ، وتنبـع صـعوبتها مـن الطبيعـة التـي تتصـف بهـا السياسـة الدوليـة ذاتها.

ويمكـن القـول بـأن السياسـة الخارجيـة هـي: نظـام الفعاليـات التـي تسـتمده مـن قبـل المجتمعـات بهـدف تغيـير سـلوك الـدول الأخـرى ، وتكييـف فعاليتهـا هـي بمـا ينسـجم والبيئـة الدوليـة . والمهمـة التـي تتصـدر السياسـة الخارجيـة في اعتقـاده يجـب أن تتمثـل في تسـليط الضـوء عـلى الطرائـق التـي تحـاول الـدول مـن خلالهـا إحـداث التغيـير والنجـاح في تغيـير سـلوك الـدول الأخـرى . لـذا فـإن السياسـة الخارجيـة تنطـوي عـلى اسـتخدام التـأثير السـياسي بهـدف حـث الـدول الأخـرى عـلى ممارسـة سـلطتها في صـنع القـانون عـلى أن ينسـجم مـع رغبـات الـدول المعنيـة، أنـه تفاعـل بـين قـوى تنشـأ خـارج حـدود البلـد وأخـرى تنحصر في إطـاره . وتعـرف السياسـة الخارجيـة عـلى أنهـا (خطـة شـاملة جيـدة الأعـداد تسـتند إلى المعرفـة والخـبرة في تسـيير شـؤون الحكومـة مـع بقيـة العـالم. وهـي تسـتهدف تعزيـز وحمايـة مصـالح الـدول. ويسـتلزم هـذا فهـماً واضحـاً لمـا تكـون عليـه هـذه المصـالح وإلى أي مـدى نأمـل في اسـتخدام الوسائل المتاحة لدينا .

فالسياسـة الخارجيـة يجـب أن لا تنفصـل عـن السياسـة الداخليـة لـذلك البلـد لأن السياسـتين الداخليـة والخارجيـة متـداخلتان في علاقـتهما وعـلى أيـة حـال فـإن السياسـة معنيـة بسلوك دولة باتجاه الدول الأخرى .

إن صـانعي السياسـة يعملـون وفقـاً لمـا يمليـه علـيهم المجتمـع السـياسي الـذي يمثلونـه وأولئـك الـذين يتحـدثون ويعملـون بالنيابـة عـنهم وصـانعو السياسـة عنصر أسـاسي في عمليـة السياسـة الخارجيـة. وفي صـياغتهم السياسـة الخارجيـة بالنيابـة عـن المجتمـع السـياسي ، يتوجـب علـيهم أن يعملـوا ضـمن اثنتـين مـن المسـتويات مـع المجتمـع الـذي يقـدم لهـم التعلـيمات ويـزودهم بـالموارد التـي يمكـنهم مـن خلالهـا تنفيـذ وظـائفهم ومـع الـدول الأخـرى التي يحاول صانعو

السياسة تغيير سلوكها أو تنظيمه ويسمى (جورج مودلسكي) تدفق أفعال المجتمع نحو صانعي السياسة بـ (المُدْخَل) وأفعال صانعي السياسة نحو الدول الأخرى بـ (الناتج) . وبالتالي فإن مهمة صانعي السياسة هي تحويل الدخل إلى ناتج .

إن الأفعال التي تتدفق من المجتمع إلى صانعي السياسة هي عملية أحادية بمعنى أن نشاطات صانعي السياسة لا تملك أهميتها إلا في سياق صلتها مع المجتمع. فهي لا تملك أي أهمية مستقلة. وهذا هو السبب الذي يكمن في النظر إلى السياسات الخارجية في سياقات الدول، أكثر مما ينظر إليها في سياقات الأفراد وكلما صدر قرار سياسة خارجية ووضع موضع التنفيذ، أفرز عدداً من العمليات الاجتماعية. ومن أكثر هذه العمليات أهمية : التعاون و الصراع والحياد أو التعايش المشترك. ولذلك فإن السياسة الخارجية لا يمكن أن تفهم إلا في سياق الفعاليات الحكومية الأخرى، الأهداف وأيديولوجيتها و الوضع الاقتصادي و الأوضاع السياسية المواقف السيكولوجية و الثقافة العامة لدولة ما و التوتر العاطفي والوضع الجغرافي، إذ يعتمد الواحد من هذه العوامل على الآخر وتتفاعل فيما بينها بل وتتداخل في بعض الأحيان، فالسياسة الخارجية لا يمكن أن تنشأ في فراغ، فهي لا يمكن أن تعمل إلا في سياق المصالح والأهداف، ويمكن تعريف المصالح على أنها الغايات التي ينقلها المجتمع إلى صانعي السياسة كما يمكن تعريفها على أنها الغايات العامة المتواصلة التي تعمل الدولة على تحقيقها من خلال تنظيم علاقاتها الخارجية وهي تشتمل على جوانب مثل الأمن ضد العدوان ، تطوير معايير العيش العالية والمحافظة على أوضاع الاستقرار الوطنية والدولية. تشير بعض المفاهيم أحياناً إلى أن المصلحة الوطنية تنطوي على مراعاة المصلحة الذاتية على حساب الآخرين ولا حاجة

بنا إلى نقد مثل هذا المفهوم عـن المصلحـة الوطنيـة لأنـه لا وجـود لسياسة خارجيـة تتجاهـل المصلحة الوطنيـة، كـما يتوجب علينـا أن نتذكـر بـأن المصلحـة الوطنيـة لا تحـول دون التركيـز على أهمية الالتزامات الدولية وبخاصة في عالمنا اليوم .

العوامل التي تؤثر في السياسة الخارجية

هنالك عدة عوامل تؤثر في السياسة الخارجية للدولة نوجزها كما يلي :

الحجـم : حيـث يلعـب حجـم الدولـة دوراً مميـزاً في السياسـة الدوليـة فالدولـة ذات الحجـم الواسع المترامية الأطراف، والتي تشـترك بحدود واسعة مع العديـد مـن الـدول غالبـاً مـا يكون لهـا وزن في الشـؤون الدوليـة لـذلك فـإن حجـم الدولـة ومـا يرافقـه مـن أعـداد كبيـرة مـن السـكان وقـادة مميـزين يجعلـها تتبـوأ مكانـة مميـزة في السياسـة الدوليـة نظـراً لقدرتهـا عـلى تكوين قـوة عسـكرية ذات أعـداد كبيـرة وتكويـن أعـداد كبيـرة مـن العلـماء يسـاهمون في تطوير الدولة ممـا يشكل قـوة مميـزة عـلى السـاحتين الداخليـة والخارجيـة ويسـاهم في حفـظ الأمـن في الـداخل والخـارج . أمـا الـدول الصغيـرة الحجـم والغنيـة بالثروات الطبيعيـة غالبـاً مـا تترك أثرا مميزا في السياسة الدولية .

الجغرافيـا : يلعـب العامـل الجغـرافي دورا مهـما في رسـم السياسـة الخارجيـة للدولـة عـلى السـاحة الدوليـة فتضاريـس الدولـة ومناخهـا وموقعهـا ومصـادر الميـاه كلهـا تقـرر الاكتفـاء الـذاتي للبلد، فالدول التي لهـا حدود جغرافيـة مـع دول كثيرة تنشـط سياسـتها الخارجيـة عـلى الأقـل مـع دول الجـوار فالدولـة التـي تتمتـع بسلسـلة جبـال حدوديـة عاليـة تشـكل عائقـا أمـام الدولـة المجـاورة المعتديـة أو غيرهـا مـن الاحـتلال ومصـدر قـوة وكذلـك منابـع الأنهـار التـي تتحكم بها

الدولة ذات المنابع يعطيها موقفا سياسيا مؤثرا في السياسة الدولية , لهذا نجد أن الموقع الجغرافي يلعب دورا مميزا في السياسة الخارجية للبلد فأمريكا مثلاً في القرن التاسع عشر- اتخذت سياسة الانعزال بسبب البعد الجغرافي عن العالم .

التطوير الاقتصادي : تلعب الدول التي تتمتع باقتصاد قوي دورا مميزا في السياسة الدولية، فالانتعاش الاقتصادي لدولة ما كاليابان مثلاً يجعلها تتمتع بعلاقات إيجابية مؤثرة مع العديد من الدول وذلك عن طريق تقديم العديد من المساعدات والقروض على العكس من الدول الفقيرة والتي لا تتمتع باقتصاد قوي مما يجعلها بمعزل نوعاً ما عن السياسة الدولية .

التكنولوجيا : وتشكل التكنولوجيا المتقدمة والمتطورة دورا مهما في تطوير إمكانيات الدول العسكرية والاقتصادية ، حيث تتبؤ الدول المتطورة تكنولوجياً دوراً مميزا في السياسة الدولية .

البعد التاريخي والثقافي : ثقافة وتاريخ دولةً ما يشكلان حضارة تلك الدولة ، فالدول التي يتمتع سكانها بثقافة واحدة ولغة واحدة وتاريخ واحد غني بأمجاد الأجداد تختلف تماماً عن الدول التي يتمتع سكانها بعدة ثقافات وعدة لغات مما يجعل تلك الدولة عرضة للمشاكل في أي لحظة ما وذلك لعدم وجود أساسيات تاريخية ثابتة تربط سكان البلد الواحد مع بعضهم البعض . لذا نجد بأن الدولة التي تتكون من شعب واحد ذي ثقافة واحدة وتاريخ واحد عريق تساعد في إيجاد سياسة دولية مميزة وذلك لوجود تأييد من أبناء الشعب الواحد .

البنيـة الاجتماعيـة : الهيكـل الاجتماعـي للـدول يلعـب دورا مميـزا في إرسـاء سياسـة دوليـة مميـزة ، فالـدول التـي تحتـوي عـلى مجتمـع متعـدد الأديـان واللغـات والثقافـات والأقاليـم ووجـود طبقـات غـير متسـاوية في المجتمـع يخلـق العديـد مـن المشـاكل والتناقضـات للدولـة مـما يضعفهـا ويـؤثر في سياسـتها الخارجيـة، وبالتـالي تفقـد تلـك الدولـة هيبتهـا أمـام المجتمـع الدولـي مما يعنـي إضعـاف السياسـة الدوليـة لتلك الدولة .

المـزاج الشـعبي : يعتـبر المـزاج الشـعبي مـن العوامـل التـي تـؤثر في السياسـة الخارجيـة للـدول . إلا أنـه غالبـاً مـا يتبـع المـزاج الشـعبي السياسـة الخارجيـة للبلـد ولكنـه عـادة مـا يمـارس دور أسـاسي في السياسـة الخارجيـة فالـدول التـي لا يوجـد بهـا ديمقراطيـة نجـد أن المـزاج الشـعبي لا يلعـب دورا في السياسـة الخارجيـة بينـما عـلى العكـس مـن الـدول التـي تتمتـع بالديمقراطيـة نجـد بأن المزاج الشـعبي يؤثر في السياسـة الخارجيـة للبلد .

المنظمات السياسية : الـدول التـي تتمتـع بوجـود منظمـات سياسـية أو أحـزاب سياسـية تـترك تلـك المنظمـات السياسـية أثـرا كبـيرا في السياسـة الخارجيـة للبلـد، فالـدول التـي تتمتـع بوجـود الديمقراطيـة تمـارس المنظمـات السياسـية دورا كبـيرا في رسـم السياسـة الخارجيـة للـدول حيـث يأخـذ صانـع القـرار السـياسي بعـين الاعتبـار دور هـذه المنظمـات فمثـلاً مـارس حـزب المـؤتمر الهنـدي ضغطـا سياسـيا عـلى الحـزب الحـاكم إبـان حـرب الخليـج الثانيـة (أم المعـارك) واسـتطاع أن يلغـي قـرار الحـزب الحـاكم الـذي سمـح للطائـرات الأمريكيـة المرابطـة في الفلبـين مـن تعبئـة الوقـود مـن مطـارات الهنـد ، ممـا شـكل تغـير للسياسـة الخارجيـة الهنديـة خـلال الحـرب وذلـك بتهديـد الحـزب بإلغـاء الائتـلاف مـع الحـزب الحـاكم وبالتـالي سـقوط الحكومـة، هذا بالنسبة للدول التي تتمتع

بالديمقراطيـة أمـا بالنسـبة للـدول التـي لا تتمتـع بالديمقراطيـة نجد بـأن المنظمات السياسية إذا وجـدت تكـون مهمشـة، وسـهولة صنـع القـرار السـياسي دون التـأثر بـآراء الأحزاب أو المنظمات السياسية

الصحافة : تلعـب الصحافـة دورا أساسيا في صياغـة ورسـم السياسـة الخارجيـة للـدول وذلـك عـن طريـق تقـديم الكثيـر مـن المعلومـات السـرية أو العلنيـة للشـعب ممـا يعنـي إطـلاع السـكان علـى كافـة نشـاطات الدولة ومن هنا يمارس السكان الضغط أو التأثير علـى صانعي القـرار السـياسي مـن أجـل التغيـر أو التـأثير . كـما تلعـب الصحافة دوراً أساسياً أيضاً في نشـ ـر السياسـة الخارجيـة للـدول وتكبيرهـا أو تحجيمهـا. علـى كـل حـال يعتمـد دور الصحافة علـى نـوع الحكـم الموجـود فكلـما تـوفرت الديمقراطيـة كلـما نشـطت الصحافة وكلـما انعـدمت الديمقراطية كلما تقلصت الصحافة وأصبح دورها هامشيا غير مؤثر.

القيـادة : للقيـادة أيضـا دور حيـوي ومهـم في رسـم السياسـة الخارجيـة للدولـة، لـذا نجد بـأن الدولـة التـي تتمتـع بقائـد ذكـي ومحنـك تجـد لهـا وجـود ومـؤثر في السياسـة الدوليـة رغـم صغـر حجـم الدولـة أو قلـة إمكانياتهـا علـى العكـس مـن القائـد الـذي يحكـم الدولـة الشاسـعة المساحـة والتـي تتمتـع بطاقـات بشـرية وثـروات طبيعيـة ولا يملـك قـدرات القيـادة الفعالـة ممـا يوصـل الدولـة إلى الهاويـة والـدمار . ومـع ذلـك لا نجـد توافقـا لـدور القائـد في كـل الحـالات ففـي الـدول الناميـة نجـد القائـد يلعـب دورا مميـزا نظـراً لعـدم وجـود دور وحريـة للفـرد بينـما علـى العكـس مـن ذلـك نجـد في الـدول المتقدمـة مـع وجـود الديمقراطيـة يلعـب الفـرد دور مميـز وأكـثر فاعليـة ممـا يـؤثر علـى صانـع القرار في تلـك الـدول ، ومـن هنا نجـد بـأن القائـد في الـدول المتقدمة يتأثر برأي الفرد والمؤسسات المختلفة مما

يُجد نوعاً ما من سلطاته الانفرادية القيادية. ومن هنا نجد بأن الدولة بدون سياسة خارجية أشبه بسفينة بلا رادار تتقاذفها الأمواج بلا هدف ولا اتجاه وتتناهبها الزوابع والعواصف إلى أن تصل قاع المحيط معزولة عن بقية أنحاء العالم تغطس في ظلام دامس . وهكذا نجد أن السياسة الخارجية هي غالباً ما تشكل المجموع الكلي للمبادئ والمصالح والغايات التي تقوم الدولة بصياغتها ومتابعتها في المنابر الدولية .

الأحلاف : بالإضافة إلى العوامل التي ذكرت سابقاً والتي تؤثر في السياسة الخارجية للدولة هناك أيضاً عامل التحالفات حيث يؤثر في السياسة الخارجية ، ففي وقتنا الحاضر أصبح العالم مترابطا مع بعضه بحيث أن أي حادث معين في أي دولة معينة يؤثر على الدول الأخرى ومن هنا تأتي أهمية السياسة الخارجية للدولة للتفاعل مع الحوادث المختلفة التي تتفاعل في عدة أماكن من العالم وتشكل بؤر توتر عالمية تتطلب سياسة خارجية للتعامل معها. وتأتي أهمية السياسة الخارجية للدولة للنظر في التحالفات المتعددة لذا فوجود تحالفات دولية يجعل السياسة الخارجية لدولةٍ ما تتأثر بذلك من أجل التعامل مع هذه التحالفات سواء بالانضمام إليها أو المحايدة . ومن هنا تأتي أهمية السياسة الخارجية للتعامل مع هذه التحالفات .

العلاقات الدولية في الاسلام

يختلف المفهوم الاسلامي للعلاقات الدولية في الغاية والوسيلة عن المبادىء التي تحكم العلاقات الدولية اليوم . حيث الملامح العامة للعلاقات الدولية في الاسلام تتركز على ثلاث نقاط اساسية وهي :

اولا : العلاقة بين المسلمين فيما بينهم :

وهي العلاقات التي ينبغي أن تسود سواء أكان ذلك في داخل الدولة الاسلامية الواحدة أو في نطاق الدول المتعددة . إن اساس العلاقة بين المسلمين هي الوحدة التي تقوم على أساس العقيدة وليس على أساس عرقي أو قبلي أو لغوي. هذة الوحدة القائمة على أساس العقيدة تستند الى تأكيد الهي من خلال العديد من الآيات القرآنية يقول الله سبحانه وتعالى : ﴿ **وإن هذه أمتكم أمة واحدة وانا ربكم فاتقون** ﴾. سورة المؤمنون : آية 52 .

وتوضيحا لمعنى الوحدة يقول الرسول الكريم محمد صلى الله علية وسلم : (**مثل المؤمنين في توادهم وتراحمهم كمثل الجسد الواحد اذا اشتكى منه عضو تداعى له سائر الجسد بالسهر والحمى**) . ويقول الرسول صلى الله علية وسلم : (**المؤمن للمؤمن كالبنيان يشد بعضه بعضا**) . وفي ذات الوقت يذم الاسلام التفرقة وينهى عن الخلافات. يقول الله سبحانه وتعالى: ﴿ **ولا تنازعوا فتفشلوا وتذهب ريحكم**﴾ الانفال: آية 46. ويقول الله سبحانه وتعالى : ﴿ **ولا تكونوا كالذين تفرقوا واختلفوا من بعد ما جاءهم البينات وأولئك لهم عذاب عظيم** ﴾ آل عمران : آية 105 . ويحث

الاسلام على نبذ التفرقة والاختلاف فيقول الله سبحانه وتعالى : ﴿ **واعتصموا بحبل الله جميعا ولا تفرقوا** ﴾ آل عمران آية 103

أن رابطة الاخوة الاسلامية تهتم ان تكون هنالك مصالح مشتركة واهمها الدفاع عن العقيدة وذلك يقتضي التنسيق بين السياسات الخارجية للدول الاسلامية في مواجهة الحركات والدول والمؤسسات المعادية للاسلام والمسلمين وبدون هذا التنسق ستكون سمعة الدول الاسلامية في مهب الرياح امام الدول والتكتلات العالمية الحاضرة . واذا ما اخذنا موقف رابطة العالم الاسلامي من الاعتداءات الصهيونية المتكررة على المسجد الاقصى لوجدنا انها لا ترتقي لمستوى هذة الرابطة لما لها من وزن عالمي غير مستغل لخدمة بيت الله . فكيف نفسر اقامة علاقات دبلوماسية مع الكيان الصهيوني الذي يسعى الى هدم المسجد الاقصى. ؟ !!

ثانيا: العلاقات بين المسلمين وغيرهم من الشعوب والدول :

لم يختص الاسلام بجماعة دون جماعة ولا قبيلة دون أخرى وانما جاء موجها الى جميع البشر على اختلاف ألوانهم وأعراقهم، يقول الله سبحانه وتعالى: ﴿ **وما أرسلناك الا كافة للناس بشيرا ونذيرا** ﴾ سبأ: آية 28 . ولكن من الناس من يؤمن بالرسالة ومنهم من يكفر بها . لذلك يثور الحديث عن العلاقة بين المؤمنين بالرسالة والكافرين بها . حول هذة العلاقة هنالك رأيان .

الرأي الأول: يطرح العلاقة بين الطرفين هي علاقة حرب مستمرة ويستند اصحاب هذا الراي الى بعض الآيات القرآنية كقوله سبحانه وتعالى: ﴿ **وقاتلوا المشركين كافة كما يقاتلونكم كافة** ﴾ التوبة آية : 36 .

وقوله سبحانه وتعالى : ﴿ قاتلوا الذين لا يؤمنون بالله ولا باليوم الآخر ولا يحرمون ما حرم الله ورسوله ولا يدينون دين الحق من الذين أوتوا الكتاب حتى يعطوا الجزية عن يد وهم صاغرون﴾ . . التوبة . آية 29 . ووفقا لهذا الرأي فالعالم ينقسم الى ثلاثة ديار وهي :

1 - **دار الاسلام** : وهي ما دخل في سلطان الاسلام ونفذت فيه أحكامه واقيمت فيه شعائرة .

2 - **دار الحرب** : وهي ما وقع خارج حدود السيادة الاسلامية حيث لا تطبق شريعة الاسلام وأحكامه .

3 - **دار العهد** : وهي التي لم يظهر عليها المسلمون وكتب عقد بين أهلها والمسلمين على شيء يدفعه غير المسلمين من ارضهم للمسلمين يسمى خراجا .

ولكن في واقع الامر فإن الآيات التي يستند اليها اصحاب هذا الراي لم تدع القتال دون حدود وضوابط يقول الله سبحانه وتعالى:

﴿ وقاتلوا المشركين كافة كما يقاتلونكم كافة ﴾ التوبة آية 36.

كما ان قول الله سبحانه و تعالى : ﴿ قاتلوا الذين لا يؤمنون بالله ولا باليوم الآخر ولا يحرمون ما حرم الله ورسوله ولا يدينون دين الحق من الذين أوتوا الكتب حتى يعطوا الجزية عن يد وهم صاغرون ﴾ . التوبة آية 29.

يؤكد ان الغاية من القتال هي قبول معاهدة أهل الذمة وليس الاسلام والا لما قبل الاسلام منهم الجزية وهكذا فان الغاية ليست اسلامهم . وبذلك فان القول بأن

العلاقة بين المسلمين وغير المسلمين هي علاقة حرب مستمرة لا سند لها ولا دليل . وفي ذات الوقت فإن الله سبحانه وتعالى قد شرع الجهاد وفرضه على المسلمين ولكن في اطار معين وله اهداف محددة، كالدفاع عن النفس ونصرة المستضعفين .

الرأي الثاني : هو ان العلاقة بين المسلمين وغيرهم هي علاقة مبنية في الأصل على السلم ويستندون في رأيهم هذا على عدد من الآيات القرآنية يقول الله سبحانه وتعالى: ﴿ **وأن جنحوا للسلم فاجنح لها وتوكل على الله** ﴾ الأنفال: آية 61 . ويقول الله سبحانه وتعالى : ﴿ **يا يها الذين آمنوا أدخلوا في السلم كافة** ﴾ البقرة : آية 208 .

ولعل أكثر ما يؤكد ايثار الاسلام للسلم قاعدة عدم الاكراه في الدين يقول الله سبحانه وتعالى : ﴿ **لا اكراه في الدين قد تبين الرشد من الغي** ﴾ البقرة : آية 256 . وعلى الرغم من أن الدعوة للاسلام واجبة على كل مسلم الا ان سبيل الدعوة ليس السيف والقتال بل الحجة والاقناع . يقول الله سبحانه وتعالى : ﴿ **أدع الى سبيل ربك بالحكمة والموعظة الحسنة وجادلهم بالتي هي أحسن** ﴾ النحل : آية 125 .

وهكذا فإن الأصل في العلاقة بين الطرفين هو السلم أما الحرب فهي أمر طارىء تحتمه الظروف وتفرضه عوامل الدفاع عن الدعوة أو رد الظلم أو نصرة المستضعفين.

ثالثا : الأسس العامة للعلاقات الدولية في الاسلام :

اوجد الاسلام مبادىء عامة تحكم العلاقات بين المسلمين فيما بينهم وبين غيرهم من الشعوب والدول . ومن اهم هذة المبادىء :

1 - **الوفاء بالعهود والمواثيق** : أوجب الاسلام على المسلمين الوفاء بعهودهم من خلال الكثير من الآيات القرآنية ، يقول الله سبحانه وتعالى: ﴿ **يأيها الذين آمنوا أوفوا بالعقود** ﴾ المائدة : آية 1 . ايضا يقول الله سبحانه وتعالى: ﴿ **وأوفوا بعهد الله اذا عاهدتم ولا تنقضوا الايمان بعد توكيدها** ﴾ النحل: آية 91 . ونهى الله عن تأسيس العهود على الغش والخداع يقول الله سبحانه وتعالى: ﴿ **ولا تكونوا كالتي نقضت غزلها من بعد قوة انكاثا تتخذون ايمانكم دخلا بينكم أن تكون أمة هي أربى من أمة** ﴾ النحل : 92 .

2 - **احترام الكرامة والانسانية** : يقول الله سبحانه وتعالى: ﴿ **ولقد كرمنا بني أدم** ﴾ ويدعو الاسلام الى احترام الانسان بغض النظر عن اللون او العرق او وضعه المالي والتمييز يستند فقط على درجة التقوى يقول الله سبحانه وتعالى: ﴿ **إن أكرمكم عند الله أتقاكم** ﴾.

3 - **الأمان للمستجير** : وهو ما يعرف الآن بحق اللجوء السياسي حيث أقر الاسلام هذا المبدأ حتى مع الأعداء والمشركين . يقول الله سبحانه وتعالى: ﴿ **وأن أحد من المشركين استجارك فأجره حتى يسمع كلام الله ثم ابلغه مأمنه** ﴾ التوبة : آية 6

4 - **تحريم القتال في الأشهر الحرم** : حرم الاسلام القتال على المسلمين في الأشهر الحرم الا لرد العدوان أو دفع الأذى .

5 -التسامح : يقول الله سبحانه وتعالى : ﴿ وإن عاقبتم فعاقبوا بمثل ما عوقبتم به ولئن صبرتم لهو خير للصابرين﴾ .

6 -التعاون الانساني: يقول الله سبحانه وتعالى: ﴿ وتعاونوا على البر والتقوى ولا تعاونوا على الإثم والعدوان﴾ .

7 - العدالة : يقول الله سبحانه وتعالى: ﴿ ولا يجرمنكم شنآن قوم على الا تعدلوا اعدلوا هو اقرب للتقوى ﴾ .

8 -الفضيلة : يقول الله سبحانه وتعالى : ﴿ ولا تعتدوا إن الله لا يحب المعتدين ﴾ .

الوحدة العاشرة

الأفكار السياسية الحديثة

الغاندية - اللآعنف

اسمة الكامل (موهنداس كرمشند غاندي) لقبة شعبة بالمهاتما ويعني بهذة الكلمة القديس ذو الروح العظيمة. كلمة (المها) تعني العظيم بينما كلمة (تما) تعني الروح. ولد عام 1869 في الثاني من تشرين الاول وينتمي غاندي الى طبقة (الفيشا) ويعمل ابناء هذة الطبقة في التجارة والصناعة. وتأتي هذة الطبقة في الترتيب الديني الاجتماعي الهندوسي بالثالثة بعد الطبقة الاولى (البراهمة) وهي طبقة الكهنة والثانية (الكشاتريا) وهي طبقة الحكام ثم طبقة غاندي الثالثة والطبقة الرابعة في الهندوسية هي طبقة المنبوذين (الهاريجن) وهي الطبقة التي تحرم الديانة الهندوسية لمسهم .

بينما غانـدي هـو جـد موهنـداس وتعنـي البقـال او التـاجر الصغير، وفي الاصل كانـت أسرة غانـدي تعمل بالتجارة، لكـن جـدة اتجـة الى السياسـة ليصبح رئيس وزراء على مستوى ولاية ثـم اصبح ابنـة كرمشـند والد المهاتمـا رئيسـا للـوزراء ايضـا. اي ان المهاتمـا ينحـدر مـن اسرة تعمـل بالسياسـة عـن اب وجـد. درس غانـدي الثانويـة في الهنـد وسـافر الى بريطانيـا لدراسـة الحقوق واصبح محاميا ناجحا يـدافع عـن حقـوق الفقـراء والمساكين الملونين في نظر الانكليـز. عمـل ايضـا محاميا في جنـوب افريقيـة حيـث كـان مسـتعمرة بريطانيـة، ونتيجـة لمواقفـة مـن التمييـز العنصـري في جنـوب افريقيـة تعـرض للسـجن اكـثر مـن مـرة، لكنـة قـرر مغادرة جنوب افريقية ليعود الى بلاده في تموز من عام 1914.

اسـس عـام 1915 مؤسسـة أشرم وهـي مؤسسـة اجتماعيـة آوت عـددا مـن اسـر المنبـوذين. في عـام 1918 قـاد غانـدي مظاهـرة عـمال النسـيج في مدينـة احمـد ابـاد احتجاجـا عـلى اوضاع العـمال وصـام ثـلاث ايـام حتـى وافق اصحاب المصانـع عـلى تسـوية اوضاع العـمال. في العـام 1919 أعتقـل بسـبب نشـاطاتة الاجتماعيـة والاقتصاديـة وخـلال ذلـك كـان غانـدي يكتـب لجريـدة تصـدر باللغـة الانجليزيـة تحـت اسـم (الهنـد الفتـاة) ومجلـة اخـرى تصـدر باللغـة القجراتيـة لغـة ولايـة غانـدي (قجـرات) بأسـم مجلـة الحيـاة الجديـدة وبعدهـا أنتخـب غانـدي رئيسا لهيئة الحكم المحلي لعموم الهند.

أعتمـدت بريطانيـا سياسـة (فـرق تسـد) وكـان موقـف المهاتـما غانـدي مـن ذلـك أن صـام لمـدة ثـلاث اسـابيع احتجاجـا عـلى الاضطرابـات التـي حصلـت سـنة 1924 بـين المسـلمين والهنـدوس وكـان ذلـك اول وقفـة لغانـدي ضـد اثـارة النعـرات الطائفيـة. اسـتمر غانـدي يقـود المظاهـرات وحركـات العصيـان المـدني ضـد الحكـم الأجنبـي البريطـاني وضـد المـؤامرات الطائفيـة ويدخـل المعتقـلات والسـجون حتـى عـام 1930، حيـث دعـي لتوقيـع معاهـدة مـع الحـاكم البريطـاني ارويـن لتسـوية العديـد مـن القضايـا الوطنيـة وقـد أطلـق عـلى هـذة المعاهدة تسمية معاهدة غاندي اروين .

وفي اروع الامثلـة التـي قادهـا غانـدي عـلى الاسـتقلال والاعتماد عـلى الـذات ان راح يغـزل نسـيجة بنفسـة ويتـأزر بالقماش الـذي ينتجـة كـما يفعـل الفقـراء في الهنـد. وبـدلا مـن المعلبـات والاطعمـة المسـتوردة اشـترى عنـزة وراح يعيـش عـلى حليبهـا, ولاقـت دعـوة غانـدي للغـزل والحيـاكة الشـخصية, اصـداء عجيبـة في ربـوع الهنـد واصبـح نسـيج ولبـس الكـادي(القماش الخشـن الوطنـي) حركـة سياسـية وصرعـة في شـتى المجـالات الشـعبية والاسـتقراء. واذا كانت

بريطانيـا تحتكـر تجـارة الملـح, فعـلى الهنـود ان يـذهبوا الى البحـر ويسـتخرجوا حاجـاتهم مـن الملـح بأنفسـهم وهـو مـا كـان. ففـي 21 أيـار عـام 1930 قـام غانـدي ومعـة ثمانيـة وسـبعون عضـوا مـن أعضـاء المعتقـل بمسـيرة تاريخيـة مـدتها اربعـة وعشرـون يومـا متوجهـا الى سـاحل البحر في دانـدي لكسرـ القـانون الـذي حـرم الفقـراء مـن حقهـم في صنع ملحهـم. لقـد بـدأ هـذا الأمـر عـلى انـة قضـية بسـيطة, لكـن الاسـلوب المثـير الـذي أعلـن فيـة غانـدي خطتـة وطريقـة تنفيـذها, ألهـب خيـال الجماهـير وأثـار حماسـتهم بصـورة لم يتوقعهـا أحـد. وفي الصـباح البـاكر مـن 6 نيسـان, وبعـد أدائـة للصـلاة ذهـب غانـدي الي الشـاطيء والـتقط قطعـة صـغيرة مـن الملـح. هـذا الامـر البسـيط أدى عـلى الفـور الى قيـام الشـعب كلـة بتحـدي القـانون. وفي منتصف ليلة 4أيار ألقي القبض على غاندي.

هـذة الحركـة التـي قادهـا غانـدي الى البحـر لأسـتخراج الملـح مثلـت ثـورة بحـد ذاتهـا لمقاطعـة مصـانع الملـح البريطانيـة التـي كانـت تسـتغل اسـتخراج الملـح مـن الهنـد, وبـذلك الرحلـة الطويلـة التـي قادهـا غانـدي لأسـتخراج الملـح مـن البحـر, قـاد الهنـد نحـو الاسـتقلال الحقيقـي وهـو الاعـتماد عـلى الـذات في كـل شيء, طبعـا أثـارت تلـك الحركـة حفيظـة بريطانيـا لا الشـعب الهنـدي بأكملـة بـدأ بمقاطعـة الملـح البريطـاني وأخـذ عـلى عاتقـة تصـنيع الملـح بنفسة ليكون الملح بداية التحرر من الاستعمار الامبريالي البغيظ.

اجـبرت بريطانيـا للتفـاوض مـع الـزعيم الهنـدي وفي آب عـام 1930 سـافر غانـدي الى لنـدن ومعـة بعـض قـادة حـزب المـؤتمر لحضـور مـؤتمر المائـدة المسـتديرة حيـث اسـتقبل اسـتقبلا حـافلا مـن المثقفـين والشـعب البريطـاني الـذي أعجـب بوطنيتـه وكفاحـه في خدمـة وطنه وقضايا شعبه.

ويصـف مراسـل صـحيفة النيويـوك تلغـراف موقـف الشرـطة الهنديـة عنـدما اصـطدمت مـع جماهير الشعب الهندي وهم في طريقهم الى الممالح بهذة الكلمات.

"رايـت صـياحا وسـمعت مئـات الضرـبات تهـوي بهـا الشرـطة, ولكنـي لم المتطـوعين يـردون عليهـا بضرـبة واحـدة... بـل لم ارى حالـة واحـدة يرفـع فيهـا متوطـع ذراعـة ليحـول دون وقـوع الهـراوة عـلى راسـة. ولم تصـدر اي صرخـات مـن دعـاة الاسـتقلال هـولاء باسـتثناء الآهـات التـي كنـا نسـمعها مـنهم عنـد ضربهـم.. ورأيـت عـدة مـرات الشرـطة تحـاول عبثـا تهديـد المتطـوعين الـزاحفين بـالهروات. وبعـد رفضـهم القـاطع لاي توقـف تسـقط الهـروات عـلى اجسـادهم بـدون مقاومـة مـنهم فيتسـاقطون عـلى ظهـورهم والجـروح والـدماء تغطـي ابدانهم, ثم يخف زملاؤهم لحملهم على النقالات."

ويضـيف المراسـل المحنـة النفسـية التـي يعيشـها المعتـدي ازاء النضـال اللآعنفـي : " وفي معظـم الوقـت وقـف افـراد الشرـطة المحليـة الاشـداء عـازفين عـن الضرـب وكـان مـن الملاحـظ انهـم تراخـوا في واجـبهم كلـما كـان ضـباطهم مشـغولين في امـاكن اخـرى. واسـتانفوا التهديـد والضرـب فقـط عنـدما رأوا الضـباط يعـودون الـيهم. ورأيـت في عـدة مناسـبات المتطـوعين يهيبون بالشرطة الانظمام اليهم."

ويضـيف " رايـت في أحيـان اخـرى الغضـب يسـتولي عـلى الشرـطة فيعمـدون الى الضرـب بحـدة وجـد. وفي عـدة حـالات شـاهدت الشرـطة المحليـة تركـل باحـذيتها المتطـوعين المتسـلقين عـلى الارض, او الجالسـين عليهـا والرافضـين الانصرـاف. وشـاهدت أمثلـة كثـيرة وخـز فيهـا شرطـي بطـون المتطـوعين بـرأس هراوتـه.." ويضـيف الصـحفي قـائلا: " كـان رد فعـلي تجـاه هذه

المناظر اشمئزازا شبيها بشعور الانسان عندما يرى احدا ينهال بالضرب على حيوان ابكم. شعور نصفة غضب ونصفة ضعفة ومهزلة".

بهذة الكلمات البسيطة عبر الصحفي عن الوضع المزري الذي كان يعيشة ابناء الشعب الهندي مقاومين عنجهية بريطانيا المستبدة بأجسادهم ليس ضعفا منهم وانما تعبيرا عن الحقيقة المطلقة التي نادى بها غاندي وهي لا بد للظالم والمعتدي من ان يخرج مهما طال مدى احتلالة ولا بد لصاحب الحق الا ان يبقى رافضا للأحتلال ولو بالخروج الى الشارع منزوع السلاح.

اجبرت بريطانيا الى الخضوع للمفاوضات مع حركة اللاعنف الهندية التي تزعمها المهاتما غاندي وعقد مؤتمر المائدة المستديرة أجتماعة الاول في شهر تشرين الثاني عام 1931, وفي الجلسة الختامية بتاريخ 19 كانون الثاني عام 1931 اعرب رامسي- ماكدونالد عن الأمل في ان يتم تمثيل حزب المؤتمر في المائدة المستديرة. فأطلق سراح غاندي وبعض الزعماء الأخرين بدون قيد أو شرط في 26 كانون الثاني بعد سنة كاملة من اعلان عهد الاسقلال وفي 14 شباط بدأت مفاوضات غاندي - اروين التي اشمئأز منها ونستون تشرشل لرؤية غاندي الفقير شبة العاري يصعد سلالم قصر- نائب الملك ليجري مفاوضات على قدم المساواة مع ممثل الملك - الامبراطور طبعا لم يكن تشرشل يعلم بأن الهند ستحصل على الاستقلال بهذة الخطوات وبهذة السيقان الرفيعة التي كانت ترتفع ببطء على ادراج قصر- الامبريالية في لندن, ولم يخطر ببال رئيس الوزراء البريطاني ذو السيقان الطويلة بأن الامم تتحرر عندما تقرر ارادتها بنفسها وتأكل من ارضها وتصنع وتزرع بنفسها.

لـذا لم يكـن يعلـم هـذا الـرئيس المغـرور بـأن العنـزة التـي كانـت ترافـق المهاتمـا غانـدي الى لنـدن للتفـاوض مـع رمـوز الشر والجشـع في العـالم بـأن هـذا الحيـوان الـذي كـان يصـعد بالطائرة مـن الهنـد الى لنـدن كـان يمثـل رمـز الاسـتقلال وبرفقـة العنـزة رمـز الاسـتقلال والأكتفـاء والرفـق الحقيقـي بـالحيوان. انبهـر العـالم كـما هـو الحـال لـدى بريطانيـا واكرهـت بريطانيـا في النهايـة عـلى الموافقـة عـلى اسـتقلال الهنـد. رغـم العـذابات التـي عاشـها الشـعب الهنـدي مسـلمين وهنـدوس معـا, لم تجـد بريطانيـا نفعـا مـن اسـتخدام سياسـة العنـف فأكرهـت عـلى التنازل عن درة التاج البريطاني. وكان ذلك بتاريخ 15 آب 1947.

طبعـا قـاد غانـدي هـذة الحركـة مـع رفاقـه الأخـرين مـن المسـلمين امثـال مولانـا ابـو الكـلام ازاد وجـواهر لال نهـرو وغـيرهم مـن المناضـلين الاوفيـاء وبقـي الشـعب الهنـدي بمختلـف طوائفـة يقـود حركـة التحريـر والتصـدي للآسـتعمار البريطـاني البغـيظ حتـى تـم الاسـتقلال رغـم مـرارة الانقسـام التـي حصـلت عنـدما أعلنـت باكسـتان انفصـلاها عـن الهنـد. وطبعـا تـم ذلـك بترتيـب مـن الاسـتعمار حتـى لا تبقـى شـبة القـارة الهنديـة موحـدة بمسـلميها وهندوسـها ويصـبح المسـلمون في الهنـد ضـمن الاقليـات ورغـم كبرهـا, علـما بـأن وحـدة الهنـد تعنـي ان يبقـى المسـلمون اغلبيـة ولـو ببسـيطة, لانهـا عنـدما اسـتعمرت مـن قبـل بريطانيـا كانت دولة اسلامية بنظامها السياسي وتتبع لدولة الخلافة في اسطنبول.

اعتمـد غانـدي بسياسـة اللاعنـف عـلى تقاليـد ديانتـة الهندوسـية مـن ناحيـة, ومـن معرفـة بالثقافـة الغربيـة مـن ناحيـة أخـرى مـن خـلال دراسـة في بريطانيـا. وبـذلك اعتمـد غاندي بسياسة اللاعنف على عدة مبادىء تتمثل بالكلمات الهندية التالية:

1- **الاهمسـا**: وتعنـي المحبـة والصـدق والحقيقـة واللاعنـف وعـدم العـدوان واعتمـدت معظـم اللغات معنى الاهمسا باللاعنف.

2- **سـاتيا غراهـا**: وهـي مكونـة مـن كلمتـين ساتيا وتعني الحقيقـة وغراهـا وتعنـي الصمـود. اي قوة الحقيقة.

3- **الهارتـال**: وتعنـي الاحتجـاج والاضطرابات وكانـت تسـتخدم فـي الهنـد تقليـديا بغلـق الاسـواق ومحـلات العمـل احتجاجـا علـى تصرـفات الامـير غـير العادلـة او حـداد علـى وفـاة شخصية مهمـة. وكـذلك دعـا الى تسـخير فكـرة الهجـرات, أي الهجـرة مـن وجـة الظـالم وتركـة فـوق ارض خاليـة مـن البشر_ ان ايمـان المهاتمـا غانـدي بـاللاعنف لا يعنـي ان يهـزم صـاحب القضيـة امـام العـدو, فقـد اكـد غانـدي ان مـن الضـروري ان يبقـى اللاعنـف سـلاح القـوي, واذا تحـول الى سـتار للضـعف فالأفضـل في هـذة الحالـة اسـتعمال القـوة بـدلا منـة. لكـن الرجـل الـذي يتمسـك بـاللاعنف لا يمكـن ان يتعـرض الى الهزيمـة لانـة يعتمـد في نضالـة علـى قـوة الروحيـة. ولا يمكـن للخصـم اسـر الـروح او تعطيلها. وفي عام 1936, وضع غاندي اسس اسلوبه النضالي في العمل كالتالي:

1- اللاعنف هو قانون الجنس البشري وهو اعظم من القوة العنيفة.

2- انه لا ينجح مع من لا يؤمن بآلهة المحبة.

3- انـه يعطـي احسـن ضمـان لشرـف الفـرد والامـة, وان لم يكـن علـى هـذه الفعاليـة بالنسـبة لسلامة الممتلكات.

4- انه يصلح للجميع وحتى للاطفال ويجب ان يمتد الى كافة جوانب الحياة.

5-ينبغي على صاحبه ان يكون مستعدا للتضحية.

1- انه يصلح للشعب كما يصلح للفرد.

ساهم المسلمون الى جانب الهندوس مساهمة كبيرة في تحرير الهند من براثن الاستعمار البريطاني. يقول غاندي عن الاسلام بأنة دين سماوي موحى بة من عند الله ودين يحض على السلام والعدالة الاجتماعية والمساواة, ويضيف قائلا في هذا الشأن اني أعتبر الاسلام كأحد الأديان الموحى بها من الله, ولذا فالقران الكريم كتاب موحى بة ومحمد صلى الله عليه وسلم أحد الانبياء المرسلين, ولكن اعتبر الهندوسية والمسيحية والزراداشتية أديان موحى بها أيضا. اما عن الاسلام والسلام فنظرتة الى الاسلام انة دين سلام ورسالتة الأصيلة هي السلام وعدم العنف ولكن بأعتبار ان السيف كان كثير الاستعمال في المجتمع ايام ولادة الاسلام من هنا جاء استعمال السيف, وحقيقة اذا درسنا تعاليم القرآن سنجد ان الاسلام في روحة كان ضد استعمال السيف وضد العنف. وقد أدان القران هؤلاء الذين يريقون الدماء كما ان الاسلام لم يدع للعنف في نشره.

﴿ لا اكراه في الـدين قـد تبـين الرشد مـن الغـي ﴾. وفي ايـة أخـرى ﴿لكـم دينكم ولي دين﴾. وبنظرتة للوحدانية والتعدد في الاديان يقول: الدين الحقيقي هو الاعتقاد في الـه واحد لا شريك له, ولكن بالرغم من هذة الوحدانية هناك اختلاف وتعدد, كما يصف ذلك غاندي بقولة ايضا: كشجرة بها ملايين الأوراق وبنفس التشبية هناك الـه واحد ولكن هناك ديانات كثيرة بقدر ما هناك رجال ونساء كثيرات, ولو ان الكل يـؤمن باله واحد الا ان الدين

موضـوع شخصي يخـص الفـرد. وهنـاك الكثـير مـن مواقـف واقـوال لغانـدي بخصـوص الديانات وخاصة الاسلام.

لقد اثنى غانـدي على الاسلام وتعاليمه السمحة, مـما شجع المسلمون على النضال معا. وكان لغانـدي الـدور البـارز في توحيـد مواقـف المسلمين والهندوس خاصة وانهم الاغلبيـة في المجتمـع الهنـدي في مرحلـة مـا قبـل الاسـتقلال اي قبـل انفصـال باكسـتان عـن الهنـد, ورغـم هندوسـية غانـدي الا ان امتداحـة للأسـلام بسـبب تعاليمه البنائـة حـض الهندوس والمسلمين للعمل معـا على تحرير الهند. ولكـون الحديـث عـن اللاعنـف لتحـدثت بالتفصيـل عـن دور المسلمين في تحرير الهند ومواقفهم الجريئة ضـد الانجليز انطلاقا مـن العقيـدة الاسلامية السمحة التي تعتـبر الجهاد فرض عـين عندما يحتـل شـبرا مـن ارض المسـلمين. ونظرا لكـون الهند استعمرت وهي دولـة اسلامية بنظامها السياسي انطلاقا مـن ان المغـول المسلمين هـم الذيـن كانوا يحكمـون الهنـد قبـل مجـيء الانجليز الى الهنـد وبعـد مجيئهم, حيث خـاض المسلمون عـدة حـروب داميـة ضـد الاستعمار البريطـاني, واستشهد الأف مـنهم دفاعـا عـن ارضهم, لكـن السياسـة البريطانيـة الماكـرة التـي بنيـت علـى الفتنـة واستغلال مواقـع الضعف لـدى الأخـر, جعـل مـن عمليـة الـدفاع عـن الهنـد في النهايـة عمـل بسـيط عندما, أنشـغل المسلمون والهندوس احيانـا كثيرة بخلافات بينهـم أشعلتها بريطانيا عندما كانت تهزم في بعض الحروب مع المسلمين في الهند.

علـى كـل حال لقـد سـد المهاتمـا غانـدي الفـراغ الـذي اوجدتـة بريطانيا مـا بـين المسلمين والهنـدوس وشـكلت افكـار المهاتمـا غانـدي عامـل جـذب للطرفين واعتـاد المهاتمـا علـى الصـوم احتجاجـا علـى اي اقتتـال بـين الطرفين حتـى يتوقـف القتـال بينهـم. وبهـذة الشخصية الفائقـة الانسانية وبجسدة النحيل وبتضحياتة

بجسـدة وروحـة اوجـد غانـدي طريقـا واحـدا لوحـدة الهنـد رغـم كـثرة الفـتن التـي صنعتها
بريطانيـا الخبيثـة, لكنهـا سرعـان مـا كانـت تتلاشى سمـوم الانجليـز امـام صمـود المهاتمـا غانـدي
عـلى وطنيتـة واحترامـة للأديـان, مـما جعلـة كـابوس للأنجليـز يقلـق منـامهم ويبطـل اثـر
سمـومهم بقـوة روحـه وجسـده النحيـل حتـى كـان مـا كـان واستقلت الهنـد ورحلـت بريطانيـا
الى الابـد ورغـم تعـدد الاديـان والطوائـف والقوميـات واللغـات في الهنـد الا انهـا بقيـت اليـوم
موحدة بسـبب نضـال رمـز الهنـد والانسـانية المهاتمـا غانـدي الـذي وان رحـل جسـده عـن الـدنيا
لكـن روحـة مـا زالـت موجـدة في جسـد كـل هنـدي مـؤمن بوحـدة الهنـد وبرفضـة التعامـل مـع
الاستعمار الدنس الذي يلوث الارض والهواء معا.

الليبرالية:

وتعنـي التحرريـة وهـي في المفهـوم السـياسي تعنـي تقـدم الفـرد واسـتقلالة الـذاتي وتنـادي بحمايـة الحريـات السياسـية والمدنيـة. امـا في المفهـوم الاقتصـادي فتعنـي الحريـة الفرديـة وتقـوم عـلى المنافسـة الحـرة (الرأسـمالية) اذا هـي مصـطلح سـياسي واقتصـادي بـرز في اوروبـا بعـد الثـورة الصـناعية التـي شـهدتها اوروبـا في القـرن السـابع عشرـ والثـورة الفرنسـية في القـرن الثـامن عشرـ ولعـل تفجـر الثـورة الصـناعية في اوروبـا وظهـور الطبقـة البرجوازيـة المتمسـكة بـراس المـال سـاهم بشـكل رئيسيـ في ارسـاء مفهـوم الليبراليـة الاقتصـادية, حيـث حرية رأسمال وحرية الاتجار والبيع المبنية على المنافسة الحرة وعدم تدخل الدولة.

هـذة التحرريـة الاقتصـادية سـاهمت بشـكل كبـير في تنميـة رأس المـال في الـدول الصـناعية لكـن عـلى حسـاب الفقـراء وهـم العـمال والفلاحـين. ولقـد اتسـمت التحرريـة الاقتصادية بصفتان اساسيتان هما:

الاولى ايجابيـة: وهـي التـي سـاهمت في تطـوير حلقـات الصـناعة وتوسـيعها وتنويعهـا مـن اجـل تحقيـق مـرابح ماديـة اكـثر, وهـذا مـا تـرك الاثـر الكبـير في ازدهـار الصـناعة في اوروبـا بشكل خاص وبقية دول العالم بشكل عام.

الثانيـة سـلبية: وهـي نتـاج للحالـة الاولى حيـث ازداد الطمـع والبشـع عنـد اصـحاب راس المـال, وبمقـدار مـا تنـو رووس الامـوال عنـد اصـحاب الصـناعة بمقـدار مـا يـزداد الجشـع, حيـث يزداد وضع طبقة العمال سوء التي تنمو

عليهـا روؤس الامـوال. وهـذا مـا نـتج عنـة في النهايـة طبقـة العـمال والفلاحـين (البروليتاريـا) عنـدما تفجـرت تلـك الطبقـة مـن قبـل اصحاب روؤس الامـوال. وظهـرت نتيجـة لـذلك الثـورة الاشـتراكية كـرد عـلى الثـورة الرأسـمالية. ساهمت العديـد مـن كتابـات المفكـرين التحـررين في تعزيـز التحرريـة الاقتصـادية ومـن ابـرز هـولاء ادم سـميث في كتابـة بعنـوان (ثـورة الامـم) عام 1776 .

التحرريـة السياسـية: وهـي بمثابـة الـرد عـلى الاسـتبداد السـياسي الـذي مارسـتة الانظمـة الملكيـة القمعيـة في اوروبـا وبقيـت الـدول الاوروبيـة التـي كانـت تعـيش حالـة مـن اليـأس والقنـوط بسـبب السياسـات القمعيـة الاسـتبدادية مـن قبـل ملـوكهم, حتـى جـاءت الثـورة الفرنسـية لتتـوج الديمقراطيـة وتـزيح عـروش الملـوك في اوروبـا تباعـا, ونتيجـة لـذلك تولـدت الليبراليـة السياسـية التـي اعطـت الفـرد الحـق بـالتفكير والتعبـير وأبـداء الـرأي وولـدت الحريـات العامـة في اوروبـا والتـي حـروت منهـا عـلى مـر التـاريخ, وكانـت بمثابـة المفاجئـة ان تتحـول الحيـاة في اوروبـا مـن عبوديـة الفـرد للحـاكم الى حكـم الفـرد بنفسـة, ومـع ذلـك ونتيجـة للتوسـع في الحريـات العامـة التـي ظهـرت في اوروبـا دون قيـد او شرط انعكسـت سـلبا عـلى سـلوك الانسـان وطبيعتـة, بحيـث تمـادى الفـرد في الاعتـداء عـلى انسـانيتة, عنـدما زعمـت التحرريـة السياسـية في حـق الانسـان في التعبـير عـن نفسـة كـيفما يشـاء ولـو خـالف ذلـك تعـاليم الـدين لان الـدين عنـد الغـرب لم يعـد يعنـي شيء سـواء اكـثر مـن تقليـد او طقـوس تمـارس في المناسبات.

وبهـذة الحريـات دخلـت اوروبـا ومـن معهـا في دهـاليز الفـوضى الانسـانية ولم تعـد كافـة القـوانين والتعـاليم الانسـانية كافيـة لحـل مشـكلة الشـذوذ بكافـة اشـكالة في اوروبـا وغيرهـا. هـذة هـي بركـات التحرريـة في الغـرب, فحريـة التعبـير وأبـداء الـرأي والترشـيح والانتخـاب والترحال والتجارة مفاهيم ايجابية في

السلوك الانساني, لكن ترك الحريات دون قيد او شرط هذا ما سيشكل تدمير لمفهوم الانسان وادخالة في المفهوم الحيواني, حيث كرم الله سبحانه وتعالى الانسان بقوله تعالى: ﴿ **وخلقنا الانسان بأحسن تقويم**﴾.

لذا لا بد من وضع ضوابط للسلوك الانساني الغربي ومشاكله. ووضع قيود على الحريات التي تسيء لطبيعة الانسان, لان الله سبحانه وتعالى لم يخلق الانسان عبثا. فلا يجوز في العرف البشري ان يتحول الانسان من جنس الى آخر بسبب الحرية, وهذة الحرية اطلق عليها حرية اليأس اي عندما ييأس الانسان من نفسة يسعى لتحطيمها.

الانسان خلقه الله وهو مسوؤل امام الله. وبتالي فأن تغيير الجسد واللون لحساب الحريات البأسة لم يعد الانسان بمخلوق بشري لا بل ابعد من الحيوان الذي يرفض ان يتعرض للأذى من الاخرين وليس من نفسه. اللبرالية التي ولدت في الغرب ورغم بعض حسناتها لكنها قتلت نفسها عندما ابتعدت عن المفهوم الانساني الذي جاء بأمر الالهي ولا بد من العودة للأمر الألهي حتى يستعيد الانسان ذاتة, لان الله سبحانه وتعالى عندما انزل الدين على البشرية انزل معه الحقوق والواجبات والحريات اكثر من ما اوجدتة الثورة الفرنسية والديمقراطية الغربية, فالله سبحانه وتعالى هو الخالق للبشرية وهو الاعلم بحقوقها, وليس الانسان الذي يقتل نفسه ويشوه نفسه باسم الحرية, ومن هنا فأن الحرية والتحررية هي ان يلتزم الانسان بأمر الله وليس بأمر البشر.

الاشتراكية:

وهـي نتـاج الراسـمالية المسـتبدة ولعـل مفهـوم الاشـتراكية لـيس ثابتـا في مفهـوم معـين, فقـد اختلـف هـذا المفهـوم مـن مكـان الى آخـر ومـن بيئـة الى اخـرى. الاشـتراكية بمفهومهـا العـام تعنـي سـيطرة الدولـة (القطـاع العـام) عـلى جميـع قطاعـات الانتـاج مـن صـناعية وزراعيـة وملكيـة الارض ومنـع وقـوع رووس الامـوال بأيـدي فئـات صـغيرة مـن المجتمـع مـما يعنـي تـوفير الدولـة جميـع انـواع الخـدمات والبنـى التحتيـة للـوطن, مـن النـواحي الصـحية والتعليميـة والغذائيـة والسـكنية, ولـيس ذلـك فقـط لا بـل تـذهب الاشـتراكية الى توسـيع مجـال عملهـا في الدولـة بـأن تـوفر لكـل فـرد وظيفـة ومسـكن وملـبس ومأكـل, اي ان الفـرد في الاشـتراكية الحقيقيـة مـؤمن مـن كـل نـواحي الحيـاة, ومسـلم امـور حيـاة الى الدولـة وبكـل موالاة. هذا الجانب العملي للأشتراكية كما جاءت من منشأها.

امـا عـن كيفيـة تحقيـق هـذا المفهـوم فتسـعى الاشـتراكية الى تحقيـق ذلـك عـن طريـق الثـورة والعمـل عـلى تغـير مجـرى الحيـاة السياسـية والاقتصـادية والاجتماعيـة مـن تحقيـق العدالـة للجميـع ولصـالح الفقـراء والكـادحين وانهـاء الملكيـات الفرديـة اينـما وجـدت, وحيـثما اخـذت الاشـتراكية جانبـا اقتصـاديا محصـنا في سـلوكها وسياسـاتها بسـبب الحاجـة الى المـال في معـاملات الحيـاة اليوميـة وبسـبب السـيطرة الرأسـمالية عـلى قطاعـات الانتـاج في الدولـة واسـتبداد راس المـال لمجموعـة محـدودة مـن الافـراد في الـتحكم بمصـائر الشـعب والعبـث بمقدراتـه واسـتغلالهم, جـات الاشـتراكية لتخلـيص رأس المـال مـن الايـادي العابثـة وتوزيـع الثروة على الشعب, فهذا الصراع على المادة من جانب

الرأسمالية المستبدة والاشتراكية العادلة ذات القاعدة الاوسع في الدولة, جعل المادة هي الاساس في التعامل اليومي للحياة.

وطالما قامت الرأسمالية على العلمانية والانحراف عن الدين والتركيز على تحقيق اكبر رأس مال للفرد او جماعة محدودة. سعت الأشتراكية ايضا الى الابتعاد عن الدين وتوزيع رأس المال قدر المستطاع على اكثر عدد ممكن من الافراد في المجتمع. فكلاهما يعملان بوتيرة واحدة من النظرة للدين. وان كانت الاشتراكية ذات عدالة في توزيع رأس المال, والرأسمالية أستبدادية في جمع رأس المال بيد فئة معينة تحتقر عامة الشعب, فأن الوازع الديني عند الطرفين مهمش. وهذا ما سبب انهيار الأشتراكية مبكرا بسبب المنافسة القوية من الرأسمالية هذا من جانب .

اما على الجانب الاخر فأن رغبة الشعوب الى الامور الروحانية لا يمكن تجاهله لان الفرد بطبعه روحاني ولا يمكن تجاهل ذلك, اما عن الرأسمالية والتي حاولت التظاهر بأنها لا تتجاهل الدين, فقد بدأت تنهار لسبب بسيط وهو ان الحرية التي تدعيها الرأسمالية لم تعد كافية لسد حاجات الشعوب التي تعمل كالعبيد في معامل الرأسمالية, ورغم الآعيب الرأسمالية المتمثلة بالعولمة, فما هي الا محاولات لأنعاش الجسد المريض والذي قارب على الانتهاء.

الشعوب الحية لا يمكن ان تقبل بفكرة فئران التجارب. الشعوب بحاجة الى برنامج حياتي صادق وناجح يحل لهم جميع قضاياهم اليومية لا برامج تعلق حل المشاكل الى اجل غير معروف. ومن هنا فأن الفكرتين اللتان ولدتا في اوروبا بدأتا الفشل معا. وان كانت الاشتراكية قد سبقت الرأسمالية في ادراك فشلها مبكرا فبادرت الى التغير والبحث عن بديل. فأن الرأسمالية

أصرت عـلى عنادهـا متوهمـة بقـدرتها عـلى الاسـتمرار. ورغـم تطبيـق الاشـتراكية المختلـف مـن مكـان الى آخـر في دول العـالم, الا ان عـدم الـذهاب الى قناعـة ان الـدين هـو الاسـاس في تسـير امـور الحيـاة اليوميـة جعـل منهـا مكـان للشـك عنـد الكثـيرين ورغـم حسـناتها التـي تفـوق الرأسـمالية بكثـير, الا ان الحسـنة الرئيسـية في الاشـتراكية هـو تبكيرهـا بحـل نفسـها والاعـتراف بسلبياتها, وهذا ما ميزها عن الرأسمالية المتلونة التي ما زالت ترفض الاعتراف بفشلها.

ومـا بـين الاشـتراكية الماديـة العادلـة والرأسـمالية الماديـة المسـتبدة, لابـد مـن البـديل عـن تلـك التجربتـان اللتـان قسـمتا العـالم الى قسـمين. ورغـم وجـود عـدم الانحيـاز, لكـن ذلـك لم يمنـع الفكـرتين مـن بـرامجهما وبالنهايـة انحيـاز عـدم الانحيـاز لهـما. وأخـيرا في خضـم الحـديث عــن الايـدولوجيا السياسـية, لا بـد مــن تسترشـد البشرـية الغـير مسـلمة والمسـلمة بتعـاليم الـدين الاسـلامي الحنيـف, الـذي يـوفر العدالـة اكـثر مـن الاشـتراكية ويـوفر حريـة العبـادة اكـثر من الرأسمالية ويوفر الطمأنينة والراحة وصحوة الضمير اكثر من الاثنين معا.

ان انجـراف البشرـية نحـو الكتلتـين في القـرن العشرـين جعـل مـنهما حقـلا للتجـارب وهمـش عقـل الانسـان واصـبح بوضـع القطيـع الـذي لا يملـك الا ان يسـير بحسـب رغبـة الراعـي. رسـالة الاسـلام التـي نجحـت ومـا زالـت تـنجح رغـم ابتعـاد المسـلمين عـن امـور ديـنهم لقلـة عقلهـم, كـان لا بـد وان تعـود الامـة الاسـلامية الى رشـدها وتقـدم الـدين الاسـلامي المرسـل مـن الله للبشرـية جمعـاء. مـن اجـل ان تـنعم البشرـية بقـوانين وأنظمـة تخـدم الجميـع دون اسـتثناء. فلـو تمعـن هيغـل وكـارل مـاركس بتعـاليم الاسـلام جيـدا لمـا كانـت الاشـتراكية عـلى مـا كانت عليـة ولمجـد كلـيهما الاسـلام بمـا يحملـة مـن مفـاهيم للعدالـة وتوزيـع عـادل للـثروة. لانـه في المجتمع الاسلامي المطبق لتعاليم الاسلام لا يوجد استبداد

رأسمالي و لا عبوديـة للفـرد كـما كـان في مرحلـة مـا قبـل الاشـتراكية. أذن الاشـتراكية ليسـت فكرة وليـدة القـرن الثامن والتاسـع عشـر لا بـل فقـد وجـدت منـذ ان نزلـت رسـالة الاسـلام على الارض منذ القرن السابع ميلادي.

ومـن هنـا فـأن الخلفيـة الدينيـة لكـلا مـن مـاركس وهيغـل المسـيحية والتـي كانـت تعيشـها اوروبـا خدمـة فقـط للأسـاقفة قـد شـكل لـديهما حـاجزا بالبعـد عـن الفكـر الـديني الحقيقـي المتمثـل برسالة الاسلام التـي جـأت بالعدالـة منـذ القـرن السـابع ولغايـة الان. ولهذا تجنـب كـلا مـن مـاركس وهيغـل الـدين بقـدر المسـتطاع نظـرا لعـدم اطلاعهـما عـلى تعـاليم الاسلام وليس الـدين كـما كـان سـائد في اوروبـا، فالـدين عنـد الله هـو الاسلام الـذي يحفـظ الحقوق لجميع بني البشر دون تمييز.

الديمقراطية:

الديمقراطية في الاصل كلمة يونانية مكونة من كلمتين هما: ديمُس تعني الشعب وكراتيا تعني السلطة. اذن هي تعني سلطة الشعب, قديما في اليونان تعارف على الديمقراطية المباشرة اي عندما كانت دولة المدينة يتاح المجال من خلالها ان يعبر المواطنون عن رغباتهم بحكم انفسهم مباشرة وذلك لقلة السكان.

الديمقراطية بمفهومها وبمصطلحها ولدت في اليونان في القرن الخامس قبل الميلاد, لكن الديمقراطية بمفهومها كانت متواجدة بين الامم وخاصة في المنطقة العربية التي شهدت حضارات قديمة قبل حضارة سبأ في اليمن في عهد الملكة بلقيس عندما أعتادت ان تتشاور مع شعبها في كافة امور حياتها وكان ذلك قبل اليونان . اي في الالف الاول قبل الميلاد وهكذا وجدت الديمقراطية في مراحل مختلفة من العالم. الا ان ما يميز اليونان القديم بهذة الديمقراطية ان تناقلت عبر الاجيال بهذا المصطلح القادم من اليونان.

بينما عملت اثينا على تقديم هذة الخدمة لاوروبا ثم ما لبثت ان تحطمت افكار وأعمال الديمقراطية على أعتاب الدولة الرومانية التي تؤمن بقوة السلطة لا بقوة الشعب في اتخاذ القرار السياسي وحاربت روما الديمقراطية اليونانية وبقيت الامبراطورية الرومانية تهيمن على اوروبا وأجزاء من العالم آلأخر, وتحكم بحد السيف حتى تبعت الكنيسة, ومع ذلك لم تلتزم الدولة الرومانية العظمى بتعاليم الحقة, لا بل فقد ذهبت الى استعباد المواطن من خلال الكنيسة ومنعت الحريات العامة تحت اسم الكنيسة, وأستخلصت

نظامها السياسي من ترهيب الفرد من الحاكم ورجال الدين. ولذلك قتلت الديمقراطية لمدة تزيد عن الفين عام. أي منذ ان سيطرت روما على اوروبا في القرن الرابع قبل الميلاد وحتى تفجير الثورة الفرنسية في القرن الثامن عشر بعد الميلاد عام 1793.

خلال هذة الفترة أتسمت الأنظمة السياسية في اوروبا بالاستبدادية وحكم الفرد تحت اسم الكنيسة, والكنيسة منهم براء.

وفي مرحلة ما بعد الثورة الفرنسية عادت الديمقراطية بعد غياب طويل وشهدت تلك المرحلة أنتهاء للأنظمة الملكية المستبدة وتهميش لدور الكنيسة, لا بل وصل الى حد عزلها عن الحياة السياسية. ومارست اوروبا بمختلف دولها الحياة الديمقراطية بعيدا عن الكنيسة وتعاليمها. فكان ان اتسمت الحياة بالحرية المطلقة واحيانا بما يتناقض مع الدين والأعتداء على الذات ألألهية من بعض الممارسات الحرية الفردية تحت اسم الديمقراطية التي منحت الفرد في اوروبا الحرية الفردية المطلقة. وبذلك فقد ظهرت مساوىء الديمقراطية رغم حسناتها. وقبل الحديث عن حسنات وسلبيات الديمقراطية الاوروبية لا بد من الحديث عن انواع الديمقراطية وهي نوعان:

الاولى: ديمقراطية مباشرة.
الثانية: ديمقراطية غير مباشرة.
الثالثة: ديمقراطية شبة مباشرة.

الديمقراطية المباشرة: تعني من الناحية النظرية ان يتولى الشعب كافة امورة بنفسة من سلطات تنفيذية الى تشريعية وقضائية وان كانت هذة الديمقراطية من الناحية العملية صعبة في ظل ازدياد عدد السكان ووحداتها الادارية

والسياسية. لكنها كانت قد طبقت في بدايتها في دولة المدينة اثينا قديما وبعض الولايات السويسرية حديثا.

الديمقراطية الغير مباشرة (التمثيلية): هذا النوع من الديمقراطية هو الاكثر شيوعا في عالم اليوم. حيث يقوم الشعب بأنتخاب نواب يمثلونهم في المجالس التشريعية, واذا قورنت مع الديمقراطية المباشرة يكون هذا النوع اكثر تداولا ومرونة بسبب كثرة تعداد السكان, حيث لا يمكن الشعب بأكملة ان يمارس امور حياتة السياسية والتشريعية والقضائية بصورة يومية. دون اللجوء الى نواب يقومون مقام الشعب في كافة شوؤن حياتهم.

الديمقراطية شبة المباشرة: وتتمثل بأن ينتخب الشعب نواب لة في مجلس النواب, لكن حرية التصرف لادارة امور البلاد لا تترك بصورة كاملة بيد النواب, بل يترك للشعب حق الاشتراك في الكثير من الامور التي تهم البلاد تتمثل بعدة طرق: مثل الاستفتاء على تعديل الدستور او القوانين بحيث يكون الشعب هو صاحب القرار النهائي في هذة الامور. مثال على ذلك الجمهورية المصرية بخصوص تعديل دستورها والتعلق بالمادة 76 التي تتعلق بأنتخاب الرئيس, وأيضا الاعتراض الشعبي على بعض القوانين خلال فترة زمنية معينة. وكذلك الاقتراح الشعبي حيث يحق للناخبين من افراد الشعب اقتراح بعض القوانين وعرضها على البرلمان, عمل بها واذا رفضها تعرض على الشعب للأستفتاء. كما يحق ايضا للناخبين المطالبة بأقالة النواب وحل المجلس النيابي بحيث يعرض الامر في النهاية على الشعب للأستفتاء. وبهذة الديمقراطية شبة المباشرة يكون الشعب صاحب القرار النهائي في الامور الهامة التي تتعلق بكافة امورالشعب, مما يخفف من حدة سلطة مجلس النواب ويضعة دوما في كفة المراقبة الشعبية. يطبق هذا النظام في سويسرا.

الوحدة الحادية عشرة

مفاهيم ومصطلحات سياسية

الامبريالية: مفهوم ارتبط بالأستعمار بالنسبة للدول التي استعمرتها الدول الاوروبية وتتمثل بعملية السيطرة السياسية والاقتصادية والعسكرية, على الدول البسيطة حيث مارست الدول الاستعمارية هذة الهيمنة من اجل استغلال وابتزاز مقدرات الشعوب المستضعفة عن طريق استخدام العنف والاحتلال العسكري بواسطة الارساليات التبشيرية والموجات السكانية التي كانت ترسلها الدول للأمبراطورية حيث الهيمنة والبلطجة الاستعمارية الاوروبية من اجل تحقيق مكاسب مادية فقط, وتحطيم للمفاهيم الانسانية وتدنيس كل اشكال الحضارة الانسانية عن طريق بث الفتن والحروب الاهلية بين الشعوب المستضعفة, حيث لا رسالة اخلاقية او دينية او انسانية للأمبريالية سوى تحقيق اكبر قدر ممكن من كسب المال بغض النظر عن الطريقة المستخدمة.

لذا الامبريالية بنظر الشعوب المستضعفة اساءة ومصيبة, اما بنظر الاستعمار فهي سياسية ايجابية تحقق مكاسب مادية لأصحاب البطون الجائعة. ولقد اتسمت اية حركة تحرر بالدول المستعمرة بمفهوم معاداة الامبريالية اولا وذلك نظر لشراسة هذا المفهوم.

الاستبداد: وتعني اي نظام حكم بغض النظر عن شكل الحكم يستقل بالسلطة سواء اكان فرد او جماعة, يمارس سلطة بطريقة اجرامية بحق المحكومين ودون الروجوع الى اية قاعدة قانونية سواء اكانت موجودة تلك القاعدة ام لا. وكلمة استبداد تشمئز منها النفوس لما لها من اثر سيء في نفوس المحكومين خاصة في الفترة التي سادت بها الأنظمة الملكية الاوروبية في القرنين السابع والثامن عشر, حيثما كان يرتكز

النظام الملكي المطلق في اوروبا على مبدأ ان الملك يمثل الحق الالهي على الارض, ومن هنا فهو لا يخضع لاية مسألة قانونية ولو وجد القانون.

هذا المفهوم وجد في اوروبا وانتقل منهم الى باقي المستعمرات التي خضعت لهم ومن ثم تورث هذا المفهوم الانظمة التي نصبتها الاستبدادية الاوروبية في مختلف دول العالم التي استعمرتها وما زالت تخضع لها بطريقة او بأخرى. رغم الزعم بوجود قوانين وحقوق انسان وديمقراطيات مشكلة هنا وهناك.

امبراطورية: من امبراطور وهو لقب يطلقه الحاكم على نفسة, قديما استخدم هذا اللقب على الدول ذات المساحة الكبيرة, وان كانت ليست بالضرورة مساحة الدولة نفسها, لابل المناطق المحتلة من قبل الدولة . حيث يمثل هذا الاحتلال نزعة عسكرية واقتصادية واستبدادية على الشعوب التي تخضع للدولة القوية, استخدم هذا اللقب الرومان في مرحلة ما قبل الميلاد وما بعدة. ومن ثم استخدم في بقية الدول الاوروبية لاحقا, وفي اليابان واماكن اخرى من العالم. الا ان مفهوم الامبراطورية بدأ يتلاشى مع بداية القرن العشرين, حيث اخذ يرمز الى الاستبداد والاستغلال, وان كان موجود فهو شكلي.

أم المعارك: معركة خاضها الجيش العراقي في حربه مع قوات التحالف الثلاثيني بقيادة الولايات المتحدة الامريكية. تعد اكبر معركة في عدد الدبابات بعد الحرب العالمية الثانية. وقعت تلك المعركة عام 1991 بعدما احتل العراق الكويت. أثرت تلك المعركة في رفع معنويات العرب والمسلمين في معاركهم ضد الروم الغزاة.

وتعتبر هذة المعركة فاصلا تاريخيا في حياة العرب والمسلمين حيث قال القائد الرمز صدام حسين : " أن ابواب الجنة قد فتحت يا مسلمين" أشارة منه الى المنازلة

الكبيرة ضد الحلفاء الغزاة, واضعا النقاط على الحروف في منازلة الشرف الكبير ضد الكفر والطغيان.

انتداب: احدى نصوص مواثيق عصبة الامم, مفهوم استعماري, كلمة حق يراد بها باطل تدعي عصبة الامم والتي شكلت بعد الحرب العالمية الاولى, بأن من حق الدول المنتدبة اي الدول القوية التي تكلف من قبل عصبة الامم بأن تمارس انتدابها على البلدان الضعيفة حتى تتمكن من القدرة على ادارة نفسها. امثلة على الانتداب, أصدرت عصبة الامم تكليف لكلا من بريطانيا وفرنسا بالأنتداب على فلسطين والعراق والاردن بينما انتدبت فرنسا لكلا من سوريا ولبنان, واخيرا حصلت هذة البلدان على استقلالها وينتهي الأنتداب.

استيطان: مصطلح يستخدم على الدول التي تحتل دول اخرى بسيطة ومتواضعة القوة, حيث يسكن هذة الارض المحتلة مواطنو الدول المحتلة, وغالبا ما يتم اقتلاع سكان الارض الاصليين واستبدالهم بالسكان الغزاة كما حدث في امريكا ارض الهنود الحمر عندما أستوطنت جموع الاوروبيون الغزاة ارض الهنود الحمر أقلية لا تذكر مقابل عددد السكان الغزاة.

وفي فلسطين استوطن الصهاينة الغزاة ارض العرب عندما احتلت عام 1948. لذلك فأن مصطلح أستيطان غالبا ما يترك طابع سلبي لدى القارىء. فالأستيطان مصطلح يشير الى مرحلة أحتلال عسكري وسكاني للدول المحتلة.

استفتاء: ويعني سؤال الشعب عن قضية معينة تهم الرأي العام. والاستفتاء مظهر من مظاهر الديمقراطية الغير مباشرة وتستخدم الدول الديمقراطية هذا الاسلوب الديمقراطي لتقرير مصير امر يهم عامة الشعب رغم وجود مجلس نواب يمثل الشعب,

لكن لحساسية الامر تلجأ الدول الى اسلوب الاستفتاء الشعبي العام, مثال على ذلك الدستور الاوروبي حيث يمثل الأستفتاء المدخل الرئيس للشعب.

الامم المتحدة: جسم دولي كبير خرج الى حيز الوجود بعد انتهاء الحرب العالمية الثانية عام 1945. تهدف الامم المتحدة الى نشر السلم والامن والاستقرار بين دول العالم, لكن دورها لم يكن ليرتقي الى درجة ميثاقها الرامي الى الامن والاستقرار لا بل فقط اصبحت الامم المتحدة في كثير من الازمات حليفة للدول العدوانية الكبرى وخير دليل على ذلك الحرب العدوانية على العراق حيث ناصرت الامم المتحدة الحرب واعترفت بشرعية الاحتلال رغم وجود نص بميثاقها على عدم الاعتراف بشرعية احتلال دولة عضو في الامم المتحدة.

ارستقراطية: مصطلح يطلق على طبقة النبلاء او الاخيار في الدولة قديما. نادى افلاطون بحكومة من الارستقراطيون وهم بنظر افلاطون أهل الحل والعقد او الحكماء, من منطلق قيمي وليس من منطلق طبقي, في الديمقراطية لا تحكم طبقة الارستقراطية, نظرا لاهمية دور رأس المال في انجاح المرشحين رغم غياب الحكمة و العقل. اختلف تطبيق مفهوم الارستقراطية عندما اصبحت تمثل النظام الطبقي من الجانب الاقتصادي اوالديني ففي اوروبا عامة تمثلت بملكية الارض الى النظام الاقطاعي ،وفي الهند سابقا ولاحقا تمثلت بطبقة البراهمة وهم اعلى طبقات المجتمع الهندي بنظر الديانة الهندوسية. بينما في بلدان العالم المستبد حكما تمثلت بطبقة الحكام والملوك .

امبراطور: كان الامبراطور في الدولة الرومانية هو القائد الاعلى للجيش وهو لقب اطلق على بعض حكام الامبراطورية الرومانية الذين كانوا يستأثرون بالسلطة المطلقة. اتخذ يوليوس قيصر واغسطس لقب امبراطور نظرا لمركزهما الرفيع ثم اتخذه بعدهما جميع حلفائهما . وحمل هذا اللقب في العصور الوسطى ملوك الدولة الرومانية

المقدسة وحمله ايضا نابليون وبعض ملوك النمسا والمانيا. وفي الزمن الحديث اطلق هذا اللقب على هيلاسيلاسي الذي كان امبراطورا للحبشة. كما اطلقة على نفسة الرئيس يوكاس رئيس جمهورية افريقية الوسطى.

استجواب نيابي: الاستجواب يعني في المفهوم البرلماني طلب عضو البرلمان من وزيرا ما بيانات عن سياسة دولة في مسألة عامة أو خاصة. والاستجواب مرحلة متقدمة على السؤال, اذ ان الاستجواب خطوة نحو طرح الثقة في الوزارة, وتأخذ جميع الدول ذات النظام الذي يفصل ما بين السلطتين التنفيذية والتشريعية(النيابية) بضرورة الاستجواب.

استثمار: عملية اقتصادية يهدف من ورأئها رأس المال عملية جني الارباح, حديثا وفي ظل نظام العولمة والانفتاح الاقتصادي أصبح مفهوم الاستثمار العامل الرئيسي المحرك لمفهوم العولمة. حيث يتحرك رأس المال من بلد الى آخر بهدف جني الارباح وتتسابق البلدان في تقديم التسهيلات لأستقطاب الاستثمارات الاجنبية. ويعتمد الكثير من اقتصاديات بلدان العالم على الاستثمارات الاجنبية. هنالك ثمة عوامل لنجاح اي أستثمار وهي: رأس المال والثروات الطبيعية والايدي العاملة والاسواق. بالإضافة الى جدية التسهيلات التي تطرحها الدولة المستقبلة للأستثمار.

بيروقراطية: مشتقة من الكلمة الفرنسية والانكليزية " Bureau " وتعني "مكتب" واصلها اللتيني " Burus " اي اللون المعتم الذي يناسب المهابة والجاة. اما كلمة " Cratia " التي منها اشتقت بقية كلمة " Bureaucracy " اي "بيروقراطية" فهي يونانية الاصل بمعنى " الحكم ". وهكذا فأن كلمة بيروقراطية تعني حكم المكاتب. وتستخدم هذة العبارة الاخيرة منذ نحو 200 عام للتعبير عن حكم وتحكم المكاتب والموظفين في

الحياة الاجتماعية, لذا فأن البيروقراطية تعتبر من صفات الفساد الاداري وذلك نظرا لتعثيرها مسيرة العمل الاداري.

بروليتاريا: تاريخيا كان البروليتاري مواطن من الطبقة السادسة والاخيرة في المجتمع الروماني. وبهذة الصفة فقد كان معفيا من الضرائب وكان ينظر الية على انة مفيد من ناحية واحدة فقط وهي انجاب الاولاد الذين سيصبحون عبيدا أو جنودا في خدمة المجتمع. وفي اوائل القرن التاسع عشر اعيد استعمال هذة الكلمة في الادبيات السياسية للدلالة على الطبقات التي لا تملك شيئا ولا تستطيع أن تستمر في الحياة الا بعملها.

كارل ماركس وانجلز أعتبرأ البروليتارية طبقة العمال الحديثيين الذين لا يعيشون الا بقدر ما يجدون عملا ولا يجدون عملا الا اذا كان هذا العمل يزيد الرأسمال. ان هولاء العمال باضطرارهم الى بيع أنفسهم يصبحون سلعة تجارية اخرى وبالتالي يتعرضون كسائر السلع الى كل نتائج المزاحمة والى تقلبات السوق. والبروليتاريا بالمعنى الماركسي للكلمة, تختلف عن الطبقة العاملة التقليدية اذ ليس لها جذور في شريحة معينة من المجتمع القديم لأنها " تضم جماعات من كل شرائح سكان البنيان الشيوعي". ويقول ماركس أن البروليتاريا هي الطبقة التي تتحمل كل اعباء المجتمع بدون ان تتمتع بأية ميزة من ميزات هذا المجتمع والتي تجد نفسها مضطرة الى حل جميع التناقضات وتوحيد جميع القوميات ومن هنا دورها الثوري ورسالتها الاممية.

التسلح النووي: وهو السباق نحو التسلح النووي, وبرز ذلك واضحا بعدما امتلكت الولايات المتحدة الامريكية للقنبلة الذرية ثم امتلاكها للقنبلة الهيدروجينية عام 1955 , على الجانب الاخر لحق الاتحاد السوفياتي بالأمريكان في مجال الردع

النووي فحصلوا على القنبلة الذرية والهيدروجينية تباعا. ولاحقا حقق السوفيات تقدما على الولايات المتحدة في مجال الصواريخ العابرة للقارات وكان ذلك في عام 1957.

أتخذ سباق التسلح وجة آخرى بعد أزمة الصواريخ الكوبية عام 1962 بين الولايات المتحدة والاتحاد السوفياتي ثم أتجة الجانبان للحد من هذة الظاهرة فوقعا اتفاقية الحد من التسلح (سالت) ووقعت الاتفاقية الاولى عام 1972 والثانية عام1979.

تكنوقراطية: مفهوم حديث نشأ مع اتساع أثر الثورة الصناعية والتكنولوجية. بدأ مع المفكر الاشتراكي المثالي الفرنسي سان سيمون, الذي تنبأ بقيام مجتمع يحكمة العلماء والمهندسون, بينما انطلق آخرون من هذا التوقع الى القول بأن " السلطة الحقيقة" هي من الممثلين المتخبين الى الخبراء الفنيين فيكون المجتمع قد انتقل من الديمقراطية مرورا بالبيروقراطية (المكتبية) الى التكنوقراطية. أما أستحداث المصطلح نفسة فقد تم على يد وليام هنري سميث عام 1919 الذي دعا الى تولي أهل الاختصاص العلمي مهام الحكم في المجتمع الفاضل. وقد اشاع استخدام المفهوم هواردسكوت, واستطاع أن يكسب شعبية تحولت الى تيار سياسي اميركي كسب قوة عابرة في مطلع مرحلة الهبوط الاقتصادي الكبير في الثلاثينات من هذا القرن.

وتكمن قوة التكنوقراطيين في تزايد أهمية دور العلم في جميع نواحي الحياة, ولا سيما النواحي الاقتصادية (الصناعية) والعسكرية, ولهم القول الفصل في التخطيط الاقتصادي والفكر الاستراتيجي, وتوسيع أستخدام وتطبيق العلوم. وبذلك يقررون عمليا وجهة تخصيص صرف الموارد وأتجاة العمل لتطويرعا فيؤثرون على الحكم والحكام , ولكن ذلك لا يعني أحلالهم مكان هؤلاء في النظام السياسي.

التعددية: مفهوم تحرري يشير الى تعددية الاقطار في الدولة مما يعني عدم تمركز السلطة في يد فئة معينة, فالتعددية تعطي الفرصة لبقية افراد المجتمع من المشاركة في الرأي والحكم.

بينما تشير التعددية الحزبية الى فسح المجال امام جميع الاحزاب بالعمل والمشاركة في العملية السياسية داخل الدولة الواحدة. مما يعني عدم سيطرة رأي واحد على العملية السياسية داخل الدولة.

ثيوروقراطية: وهي حكومة الكهنة اي الدولة التي تخضع لرجال الدين. سادت هذة الفكرة في العصور الوسطى عندما قامت الدول بأوروبا على اساس ديني والتي تميزت بالتعصب الديني وكبت الحريات السياسية والاجتماعية والادبية والفنية والعلمية, وأقامت مجتمعات متخلفة مستبدة,

ولذا فقد سميت تلك العصور بالعصور المتخلفة, تقوم هذة الفكرة على نظرية " الحق الالهي" التي تعتبر الله مصدرا للسلطة والحاكم بمثابةظل الله على الارض او مفوض السماء. تلاشت تلك الحكومات والدول مع تقدم الثورة الصناعية في اوروبا والثورة الفرنسية هي التي عزلت الدولة عن الدين.

حرب وقائية او استباقية: تعبير يقصد به تلك الحروب التي يشنها طرف في ظل قناعتة بأن النزاع العسكري مع طرف آخر لا يمكن تجنبه. في حين تفترض الحرب الوقائية كذلك اقناع الطرف الباديء بالحرب بأنها ليست وشيكة, فأنه يكون مقدرا ان التاخير في شنها يؤدي الى مخاطرة أكبر على صعيد نتائجها المتوقعة.

ويميز المنظرون بين تعبير وقائية وتعبير " استباقية " الذي يرتبط في معظم الاحيان بكلمة هجوم أو ضربة, ويستخدم التعبير الاخير للدلالة على ان هجوم الخصم وشيك, ولذا تم استباقة بضربة أولى.

وتلجأ الدول في كثير من الاحيان الى وضع مجموعة من الشروط والمتغيرات التي تدفعها في حال وقوعها الى شن حرب وقائية. وهي بذلك تسهل لاعملية اتخاذ القرار , كما تردع الخصم عن القيام بمجموعة خطوات متعارضة ومصالح الدولة المعنية.

حرب استنزاف: حرب يشنها احدى الاطراف على طرف أكثر تفوقا من الناحية العسكرية. يلجأ الطرف الاقل قوة عسكرية تقنية الى هذا النوع من الحرب عن طريق العمليات العسكرية المتعددة ضد قوات العدو دون اعلان الحرب الرسمية عليه, بهدف استنزاف قواتة بواسطة مشاغلة بعمليات عسكرية يومية. استخدم الرئيس المصري الراحل جمال عبد الناصر هذا النوع من الحروب بعد هزيمة عام 1967 مع الكيان الصهيوني, حيث لم تتمكن مصر وبقية الاقطار العربية من تحقيق نصر في حرب نظامية مع العدو، فلجأت مصر الى حرب أستنزاف مع العدو الصهيوني, أثمرت تلك الحرب عام 1973 في تشرين الاول / رمضان حيث تحقق النصر لها ولسوريا. وان كان نصرا محدودا الا انة استطاع ان يعيد للأمة املها في هزيمة العدو.

الحواسم- معركة: معركة وقعت بين العراق بقيادة السيد الرئيس صدام حسين من جهة والولايات المتحدة الامريكية وحلفاءها من جهة أخرى. بموجب ذلك أعتدت الولايات المتحدة الامريكية وحلفاءها على العراق لسرقة نفطة وحماية الكيان الصهيوني. اسفرت في **المرحلة الاولى** عن احتلال العراق، لكنها كانت بمثابة استدراج الفأر نحو الفخة.

اما **المرحلة الثانية** والتي ما زالت تدور راحاها في المنطقة فتمثلت بحرب الشوارع, حيث تستنزف قوات التحالف المعتدية في العراق في كل يوم بمئات القتلى والجرحى عدا عن الخسائر المادية الهائلة. وليومنا هذا ما زالت تدور الحرب, وما

نسمعة يوميا عن الخسائر الامريكية وحلفاءها وتقديم التنازلات من قبل الامريكان وثبوت المقاومة العراقية على شروطها للدلالة على قرب هزيمة التحالف في العراق.

الحياد: سياسة تنتهجها الدولة في تعاملها مع الدول الاخرى عندما يقع نزاع بين الدول. تعمل الدولة المحايدة على ما يلي:

العمل على حماية حيادها ولو عن طريق السلاح.

مقاومة جميع الضغوط الأجنبية التي تحاول المساس بحيادها.

مطالبة الدول الاخرى, وخاصة المتعهدة منها بحمل الأخرين على فرض الحياد.

عدم القيام بأي اجراء أو عمل, أثناء ممارستها لعلاقاتها الدولية, قد يؤدي الى احراج موقفها او تعريض حيادها للخطر.

اما واجبات الدول الاخرى فتتلخص بالنقطتين التاليتين:

احترام وفرض احترام سلامة الدولة المحايدة وأمنها.

مساعدة الدولة المحايدة على الحد من صلاحياتها, وفقا لنظام الحياد, وذلك لتامين احترام هذا النظام وتحقيق أهدافة (وللطلاع على بعض حالات الحياد في مرحلة ما قبل الحرب العالمية الاولى أنظر: بلجيكا واللوكسمبورغ وسويسرا والولايات المتحدة الامريكية ومبدأ مونرو)

الحياد الايجابي: هو نهج سياسي يقتضي من الدولة التي تسير علية أن تتفاعل سياسيا مع الاحداث العالمية, وأن تشارك في حل مشكلات المجتمع الدولي على اساس من عدم الانحياز وحسبما تمليه مبادىء العدالة الدولية بهدف الوصول الى تحقيق

الأمن والسلام العالميين. وقد نشأ هذا المفهوم بتأثير من الجو العام الذي كان يسود العلاقات الدولية بسبب الحرب الباردة وقد تجسد بشكل عملي لأول مرة في مؤتمر باندونغ.

أما في الوطن العربي فكان جمال عبد الناصر أول من استعمل هذا التعبير عام 1956 في بريوني بيوغسلافيا ثم وردت هذة الكلمة في البيان الصادر عن مؤتمر القمة العربي في 27/شباط /1957 وجاء فية: " ان الدول العربية المجتمعة تؤكد عزمها على تجنيب الامة العربية الحرب الباردة والبعد بها من منازعاتها والتزامها سياسة الحياد الايجابي محافظة بذلك على مصالحها القومية, وكذلك تؤكد أن الدفاع عن الوطن العربي يجب ان ينبثق من داخل الامة العربية على هدي أمنها الحقيقي وخارج الأحلاف العسكرية ... " .

ثم انتشر بعد ذلك استخدام اصطلاح الحياد الايجابي على مدى واسع وفي الكثير من دول العالم الثالث التي تنادي بعدم الانحياز.

سارك (SAARC) : في كانون الاول من عام 1985 اجتمع قادة الدول التالية- الهند وبنغلادش وباكستان و سريلانكا وبوتان ونيبال وجزر المالديف في العاصمة البنغالية- دكا ليعلنوا تشكيل رابطة دول اسيا للتعاون الاقليمي, من اجل تعزيز العلاقلات بين الدول ورفاهية الشعوب والتطور الاقتصادي ودعم القدرات المالية لهذة البلدان, وتطوير الثقة المتبادلة والاحترام بينهم والتعاون في المجالات الاقتصادية والثقافية والاجتماعية والعلمية , بالإضافة الى التعاون مع الدول النامية الاخرى والمنظمات الدولية والأقليمية التي تنهج نفس الاهداف. هذا التجمع الاقليمي لجنوب القارة ما زال غير مفعل بسبب كثرة الخلافات بين هذة البلدان وخاصة الهند وباكستان وهما الاكبر مساحة وسكانا. رغم الاجتماعات الدورية لهذا التجمع.

الشيوعية: هي نتاج للرأسمالية المستبدة ومجموعة افكار وعقائد ورؤى اشتراكية ثورية ماركسية تنادي بضرورة وحتمية أطاحة النظام الرأسمالي واقامة مجتمع المساواة والعدل في أطار أممي مرتكز على الملكية العامة لوسائل الانتاج وخال من التمييز الطبقي والاجتماعي, بحيث تختفي الفروق والتفاوتات بين المدينة والريف. وبين العمل الذهني والعمل اليدوي وبين المرأة والرجل. تطالب الشيوعية بزوال الدولة وذلك بسبب عدم حاجة المجتمع اليها, بعد ان تكون قوى الانتاج وعوامل التوزيع قد تطورت وانتقلت من الشعار الاشتراكي" من كل حسب طاقتة ولكل حسب انتاجة " الى المرحلة الشيوعية " من كل حسب طاقتة ولكل حسب حاجتة " وتطالب كذلك بزوال الفروق بين الامم (ذوبان القومية) بحيث يتكون مجتمع كوني ذو طبقة واحدة.

اذن المجتمع الشيوعي يشكل المرحلة العليا في التشكيل الاجتماعي الاقتصادي للأشتراكية الأممية ويفترض التطور التكنولوجي الهائل في الانتاج (والوفرة) والتوزيع والنجاح الحاسم في التغلب على " الرواسب" والحوافز والقيم والروابط القائمة في ظل المجتمعات السابقة.

يرى ماركس ان المجتمع الشيوعي يقوم على الملكية الجماعية لوسائل الأنتاج حيث سيتمتع كل انسان تمتعا كاملا بكل مكتسبات الحضارة والثقافة, التي انجزت في كل عهود الاستغلال. وهنا يميز ماركس بوضوح بين الوسائل الاقتصادية وهي استيلاء الطبقة العاملة على السلطة وهي ديكتاتورية البروليتاريا وبين الغاية النهائية للشيوعية والتي هي تحرر الانسان تحررا كاملا.

الشورى: فلسفة الحكم في الاسلام, فهي امر الهي منزل من عند الله سبحانه وتعالى على المسلمين. الا ان الله سبحانه وتعالى لم يحدد في القران الكريم ملامحها أو يعرج على سبيل تطبيقها. ثم جاءت تطبيقات هذة الفلسفة في العهد النبوي محددة

بحدود تجربة دولة الاسلام الاولى النبوية في المدينة, زمانا ومكانا, لبساطة الواقع وغياب التعقيدات التي تزداد مع التطور..

لذلك وجد المسلمون ساسة ومفكرين المجال مفتوحا للأجتهاد في كل ما يخرج عن مبدأ الشورى وفلسفتها, بأستثناء الخروج عن قاعدة الامر الالهي اي الحكم بما انزل الله في القرآن والسنة النبوية بينما تقوم تجربة المسلمين للشورى على ان يختار اهل الحل والعقد وهم اهل الثقة في المجتمع الاسلامي بسبب عدم وجود رغبات مادية لديهم, كما هو الحال في الديمقراطية, لابل فهم الاكثر حفظا للقران والسنة النبوية ولا مطامع مادية لديهم, يختارون الخليفة ثم تعلن البيعة على الشعب.

الشائعة: احدى وسائل الحرب النفسية وهي خبر مدسوس كليا او جزئيا. وينتقل شفهيا أو عبر وسائل الاعلام دون ان يرافقه أي دليل او برهان, ويقصد بة تحطيم المعنويات. ويهدف من الشائعة التأثير في الرأي العام الشعبي حيال قضية معينة تهم الشعب مثل الانتصار او الهزيمة للعدو. ومع التطور العلمي السريع وما رافقه من تطور لوسائل الاعلام لاقت الشائعة مجالا واسعا للأنتشار والتأثير في الرأي العام.

شخص غير مرغوب فية: تعبير دبلوماسي يقصد به عدم رغبة الدولة المستضيفة لشخص موجود لديها سواء اكان من الدبلوماسين او افراد عاديين. ويستخدم هذا التعبير لرفض حكومة معينة استقبال سفير او دبلوماسي من دولة اخرى بسبب سلوكه. او عند طلب الدولة لشخص غير مرغوب فية, تقوم دولته بأستدعائه للتشاور معه والانصياع لمطالبة الدولة المضيفة, تجنبا لحدوث ازمة دبلوماسية بين البلدين.

الشرعية: مفهوم سياسي مركزي مستمد من كلمة شرع (قانون أو عرف معتمد وراسخ, ديني أو مدني) يرمز الى العلاقة القائمة بين الحاكم والمحكوم المتضمنة توافق العمل أو النهج السياسي للحكم مع المصالح والقيم الاجتماعية للمواطنين بما يودي الى القبول الطوعي من قبل الشعب بقوانين وتشريعات النظام السياسي. وهكذا تكمن الشرعية علاقة تبادلية بين الحاكم والمحكومين للأوامر الصادرة عن السلطة يقوم الحاكم بتقديم الدليل على قدرتة على خدمة شعبه عامة وفي الاوقات الحرجة خاصة.

ان توليد وترسيخ الاعتقاد بفعالية وملاءمة المؤسسات السياسية القائمة لحاجات المجتمع يترافق مع فهم المجتمع السائد للعدالة التي هي لب الشرعية ومقياسها. ان غياب الشعور بعدالة السلطة يلغي الشرعية ويجعل الثورة على النظام امرا مشروعا على اساس القاعدة الاسلامية الفكرية " ان قول كلمة حق في وجة سلطان جائر خير من صلاة الف شهر" او عملا بالمنطق المترتب على قول سانت أوغسطين" ان السلطة بلا عدالة هي سرقة كبرى"

عفو عام: امر قضائي تتخذة الدولة بمناسبات معينة مثل الاستقلال او بداية عهد جديد للدولة, يزيل الصفة الاجرامية عن المجرم, اي يلغي بحق المجرم الحق العام وتبقى الحقوق التي للأفراد مثل التعويض المادي والمدني وغيرها كما هي. اذن هي محاولة من الدولة لاسدال النسيان على الجرائم, ولفتح صفحة جديدة في حياة المجتمع.

علم وطني: قطعة من القماش يرسم عليها رمز الدولة من الوان ورسومات مختلفة تمثل تلك الرسومات والالوان محطات واضحة في تاريخ الدولة, تتجمع لتشكل علم الدولة الوطني, يستخدم العلم في المناسبات ويرفع على المؤسسات الحكومية في الدولة العامة منها والخاصة. ينكس العلم اذا ما تعرضت الدولة الى نكسة معينة.

عنق الزجاجة: يستخدم هذا التعبير للدلالة على ضيق مرحلة في عمر الدولة, حيث تتحكم الازمة المفترضة بمستقبل الدولة وتقرير مصيرها. فهذا التعبير يعني حالتين:

الاولى سلبية: وقد تدمر الازمة الدولة.

الثانية انفراج: خروج الازمة من عنق الزجاجة وهي الانفراج.

الصهيونية: حركة سياسية اقتصادية استعمارية تبلورت على يد كلا من: اللورد شافتسبري (1801 - 1885) والسير لورانس أوليفانت (1829- 1889)

أنطلق شافتسبري بفكرة توطين اليهود في فلسطين من مفهومين

الاول: لكي تبقى بريطانيا صاحبة نفوذ في المنطقة العربية, لابد من دق آسفين لبريطانيا في قلب الوطن العربي واختار فلسطين نظرا لأهميتها الجغرافية والمتمثلة بملتقى القارات الثلاث الاسيوية والافريقية والاوروبية. وذلك للحفاظ على مصالح بريطانيا الاقتصادية والعسكرية وتأمين الطريق الى آكبر المستعمرات البريطانية انذاك الهند. ومثل بذلك الهدف المادي وهو الهدف الحقيقي الذي تسعى له بريطانيا:

حيث يقدم اليهود لبريطانيا مصالح اقتصادية على حسابهم الخاص وليس على حساب بريطانيا.

الثاني: الخلاص مـن اليهـود او اليهوديـة لان الـتراث المسيحي يتهمهم بقتل السـيد المسيح, وبـذلك يصفهم شافتسبري بـأنهم جنس مـن الغربـاء متعجرفون سـود القلـوب, منغمسون في الانحطاط الخلقي والعناد والجهل بالانجيل, وليسو سـوى " خطأ جماعيا", وينبغـي عليهم العـودة الى الايمـان بالمسيح حتـى تبـدأ سلسـلة الاحـداث التـي سـتؤدي الى عـودة المسيح الثانية وخلاص البشر.

وبهذة النظرة تطلع شافتسبري الى التخلص من اليهود واليهودية نظرا لسلوكهم الغريب عن اي رسالة سماوية مؤكدا بأنهم لا ينتمون لاي رسالة سماوية, نظرا لسلوكهم ومن هنا وجب دمجهم بالديانة المسيحية حتى تتضح صورتهم لدية. واذا لم يتم ذلك يكون الخلاص من شرورهم بأرسالهم الى اي بقعة في العالم خارج بريطانيا خاصة واوروبا عامة, وليس خطأ فقد تم اختيار فلسطين لهدف اقتصادي وليس ديني وهذا لم تخفية بريطانيا قبل وعد بلفور وبعد وعد بلفور.

تجميد الاموال : اصطلاح متداول في عالم الاقتصاد والمال لة مغزى سياسي يدل على الاجراء الذي تلجأ الية الدول او المصارف بعدم الافراج عن الارصدة المالية وايقاف سيولتها وانتقالها وتقييد حركة السحب منها . فالأرصدة الاسترلينية ، مثلا هي اموال بالجنيهات مودعة في مصرف بريطانيا أو المصارف الاخرى ، ويملكها اشخاص او هيئات من وراء البحار ، وتجميدها يعني عدم السماح بالسحب منها . وقد طبقت الدول الاستعمارية " تجميد الاموال " كسلاح اقتصادي للضغط على البلاد الحديثة المتحررة لكي ترغمها ، عن طريق المتاعب الاقتصادية ، على الرضوخ والتخلي عن سياستها المتحررة . وهذا ما فعلتة كلا من انكلترا والولايات المتحدة مع مصر بعد تأميم قناة السويس سنة 1956 ، ولم ينجح ذلك في حمل مصر على الرضوخ ، وحصار العراق بعد حرب الخليج الاولى (ام المعارك) 1991.

حرب وقائية : تعبير يقصد بة تلك الحروب التي يشنها طرف في ظل قناعة بأن النزاع العسكري مع طرف آخر لا يمكن تجنبة. وفي حين تفترض الحرب الوقائية كذلك اقناع الطرف البادئ بالحرب بأنها ليست وشيكة ، فأنه

يكـون مقـدرا أن التـاخير في شـنها يـؤدي الى مخـاطرة أكـبر عـلى صـعيد نتائجهـا المتوقعـة . ويمييـز المنظـرون بـين تعبـير وقائيـة وتعبـير "أسـتباقية" الـذي يـرتبط معظـم الأحيـان بكلمـة هجـوم أو ضربـة ويسـتمد التعبـير الأخـير للدلالـة عـلى ان هجـوم الخصـم وشـيك ، ولـذا تـم استباقه بضربة أولى .

وتلجـأ الـدول في كثـير مـن الأحيـان الى وضـع مجموعـة مـن الشرـوط والمتغـيرات التـي تـدفعها في حـال وقوعهـا الى شـن حـرب وقائيـة . وهـي بـذلك تسـهل عمليـة اتخـاذ القـرار ، كـما تردع الخصم عن القيام بمجموعة خطوات متعارضة مع مصالح الدول المعنية.

عصيان : حركـة مقاومـة ضـد دولـة أو سـلطة صـاحبة سـيادة عـلى أرض العصـيان أو أفـرادة . وللعصـيان أشـكال متعـددة منهـا العصـيان المـدني والمسـلح والعسـكري وعصـيان العصـابات ، حيـث يحصـل العصـيان في اقلـيم أو في القـوات المسـلحة أو في المصـانع او البـواخر . والعصـيان حالـة مـن السلسـلة تتمثـل بالامتنـاع عـن القيـام بـالأعمال والمهـمات أو عـدم السـماح للسـلطات بممارسـة دورهـا ومهماتهـا كالجبايـة والأمـن والادارة .. وذلـك بهـدف الحصـول عـلى بعـض المطالـب أو المكاسـب مـن خـلال هـذة الطريقـة السـلبية . والعصـيان بـذلك أرفـع درجـة من الاضراب وأدنى من الثورة في سلم التحركات الاجتماعية ضد أوضاع سائدة .

عصـيان مـدني : عمـل او سلسـلة اعـمال يكـون القيـام بهـا عمـدا عـلى سـبيل التحـدي للسـلطات المدنيـة مـن اجـل الوصـول الى هـدف معلـن . شـكل مـن اشـكال المقاومـة السـلبية التـي لا تصـل الى حـد العنـف أو التمـرد ، ولا تقتصرـ عـلى تظـاهرات متفرقـة ومعزولـة يقـوم بها الافراد أو الجماعات . مظاهرة : الامتناع

عن دفع الضرائب او قيام الملونين باحراق جوازات السفر احتجاجا على سياسة التمييز العنصري في جنوب افريقيا ، أو الامتناع عن الالتحاق بالجيش ، أو حملة صيام ومقاطعة شاملة (غاندي في الهند)

علم ابيض : قطعة بيضاء من النسيج يرفعها الطرف المتحارب للدلالة على المهادنة واشارة الى طلب ايقاف القتال بغية التفاوض بين القادة العسكريين ابان دوران المعركة . وهو علم الهدنة ورمز التسليم والاستسلام بالنسبة للتخلي عن المواقع ايذانا بالاستعداد لوقف اطلاق النار او استسلام القوات المقاتلة للطرف الآخر . والراية البيضاء هي راية الصلح.

قرار مجلس الأمن رقم 242 : قرار اصدرة مجلس الامن الدولي التابع لمنظمة الامم المتحدة في 22 تشرين الثاني -نوفمبر من عام 1967 وجاء تعبيرا عن الخلل الخطير في ميزان القوى في الصراع العربي – الصهيوني ، وهو الذي لا شك كان نتيجة الهزيمة التي مني بها العرب في الحرب العربية – الصهيونية الثالثة (حزيران - يونيو 1967) . وقد جاء هذا القرار كحل وسط بين عدة مشاريع قرارات طرحت على النقاش بعد الحرب ومن ابرزها مشروع القرار السوفياتي والامريكي ، وذلك تفاديا لاقدام اي من الدولتين الكبريين على ممارسة حق النقض . واشترط واضع القرار اللورد كارادون ، مندوب بريطانيا آنذاك لدى مجلس الأمن ، ان القرار لا يقبل اي تعديل او مساومة فاما ان يقبل كما هو واما ان يرفض . لان اي تعديل ولو طفيف كان من شأنة ، حسب رأية ، نسف المشروع من اساسة . وكان الهدف من هذا الموقف هو المحافظة على الغموض الذي بالفقرة الخاصة بالانسحاب خاصة في النص الانكليزي . فقد ورد في المادة الاولى – الفقرة أ: " انسحاب القوات الاسرائيلية من اراض احتلت في النزاع الاخير " . اما في

النصـوص الفرنسـية والروسـية والاسـبانية والصـينية فقـد دخلـت ال التعريـف عـلى كلمـة أراض بحيـث لم يعـد هنـاك اي لـبس او غمـوض . (وزيـادة في الوضـوح فقـد بـادر منـدبو عـدة دول مثـل فرنسـا والاتحـاد السـوفياتي ومـالي والهنـد ونيجيريـا الى التصريـح ، قبـل التصـويت عـلى القـرار ، بـأن حكومـاتهم تفهـم هـذة الفقـرة بأنهـا تعنـي انسـحاب القـوات الاسرائيليـة مـن جميع الاراضي التي احتلت عام 1967 .

واضـافة الى قضـية الانسـحاب فقـد نـص القـرار عـلى انهـاء حالـة الحـرب والاعـتراف ضـمنا باسرائيل دون ربـط ذلـك بحـل قضـية فلسـطين التـي اعتبرهـا القـرار مشـكلة لاجئين . ومـن هنـا فقـد جـاء قبـول بعـض الـدول العربيـة بهـذا القـرار ، ومنهـا مصرـ والاردن ، يكـرس الاعـتراف بـالأحتلال الحاصـل في مـوازين القـوى وهـو احـتلال اسـتمر حتـى عـام 1973 حـين جـاءت حـرب تشرـين الأول - اكتـوبر لتفـرز توازنـا جديـدا اكـثر ملاءمـة للعـرب . وفـيما يـلي الـنص الحـرفي لهـذا القـرار الـذي مـا يـزال في صـلب كـل المفاوضـات والمسـاعي الدوليـة والعربيـة لايجـاد حـل الصراع العربي - الصهيوني :

أن مجلس الأمن .. اذ يعبر عن قلقه المستمر للموقف الخطير في الشرق الأوسط ..

- يؤكـد عـدم شرعيـة الاسـتيلاء عـلى الاراضي عـن طريـق الحـرب ، والحاجـة الى سـلام عـادل ودائم تستطيع ان تعيش فية كل دولة في المنطقة .

- ويؤكـد أيضـا ان جميـع الـدول الاعضـاء عنـدما قبلـت ميثـاق الامـم المتحـدة . قـد التزمـت بالتصرف وفقا للمادة الثانية منه .

1 - يعلـن ان تطبيـق مبادىء الميثـاق يتطلب اقامـة سـلام عـادل ودائـم في الشـرق الاوسط وهذا يقتضي تطبيق المبدأين التاليين :

أ - انسحاب القـوات الاسرائيلية مـن الاراضي التي احتلتهـا (في النـص الانكليـزي: " مـن اراضي احتلتها " في النزاع الأخير .

ب -ان تنهـي كـل دولـة حالـة الحـرب ، وان تحـترم وتقـر الاسـتقلال والسـيادة الاقليميـة والاسـتقلال السـياسي لكـل دولـة في المنطقة وحقهـا في ان تعـيش في سـلام في نطـاق حدود مأمونة ومعترف بها متحررة من اعمال القوة او التهديد بها .

2 - ويؤكد المجلس الحاجة الى :

أ - ضمان حرية الملاحة في الممرات الدولية في المنطقة .

ب -تحقيق تسوية عاجلة لمشكلة اللاجئين .

ج -ضمان حدود كـل دولـة في المنطقة واسـتقلالها السـياسي عـن طريـق اجـراءات مـن بينهـا انشاء مناطق منزوعة السلاح .

3 - يطلـب مـن السـكرتير العـام ان يعـين ممثلا خاصا الى الشرق الاوسط لاقامة اتصالات مـع الـدول المعنيـة بهـدف المسـاعدة في الجهـود للوصـول الى تسـوية سـلمية ومقبولـة على أساس النصوص والمبادىء الواردة في هذا القرار.

4- يطلـب مـن السـكرتير العـام ان يبلـغ المجلس بمـدى تقـدم جهـود المبعـوث الخـاص في أقـرب وقت ممكن.

قـرار مجلـس الأمـن رقـم 338 : قـرار صـادر عـن مجلـس الأمـن التـابع للأمـم المتحـدة بتـاريخ 22 تشرـين الاول - اكتـوبر 1973 ويـدعو الى وقـف اطـلاق النـار عـلى كافـة جبهـات حرب اكتوبر والدعوة الى تنفيذ القرار 242 بجميع اجزائه . وهذة فقرات القرار :

1 -يـدعو جميـع الاطـراف المشـتركة في القتـال الـدائر حاليـا الى وقـف اطـلاق النـار بصـورة كاملـة وانهـاء جميـع الاعـمال العسـكرية فـورا في مـدة لا تتجـاوز 12 سـاعة مـن لحظـة اتخـاذ هذا القرار وفي المواقع التي تحتلها الآن .

2 -يـدعو جميـع الاطـراف المعنيـة الى البـدء فـورا بعـد وقـف اطـلاق النـار بتنفيـذ قـرار مجلـس الأمن 242 (1967) بجميع اجزائة .

3 -يقـرر ان تبـدأ فـور وقـف اطـلاق النـار وخلالـة ، مفاوضـات بـين الاطـراف المعنيـة تحـت الاشراف الملائم بهدف اقامة سلام عادل ودائم في الشرق الاوسط .

تبنـى المجلـس هــذا القـرار في جلسـتة رقـم 1747 - ب 14 صـوتا مقابـل لا شيء وامتناع الصين عن التصويت .

مـع القـرار : اسـتراليا ، النمسـا ، فرنسـا ، غينيـا ، الهنـد ، اندونيسـيا ، كينيـا ، بانامـا ، بـيرو ، السـودان ، الاتحـاد السـوفياتي ، المملكـة المتحـدة ، الولايـات المتحـدة الامريكيـة ، ويوغوسـلافيا .

بلوتوقراطيـة : هـي حكومـة الاغنيـاء بمعنـى أن يكـون الحكـم أو السـلطة الفعليـة في أيـدي أصـحاب الـثروة وان النفـوذ الحقيقـي في الدولـة محصـور في دائـرة طبقـة الاغنيـاء بحيـث تتركـز السلطة بهـم . وبتـالي فالمعيـار الأسـاسي لهـا هـو المـال ومـدى الغنـى في تكـديس الـثروة وبتـالي النفوذ . وتتميز بصفة الفساد، حيث تنتشر الرشوة بكل صورها والارهاب بكل أشكاله .

Printed in the United States
By Bookmasters